打开心世界·遇见新自己
HZBOOKS PSYCHOLOGY

找回真我系列

社交恐惧症

王宇 / 著

机械工业出版社
China Machine Press

图书在版编目（CIP）数据

社交恐惧症 / 王宇著 . —北京：机械工业出版社，2021.1（2021.11重印）
（找回真我系列）

ISBN 978-7-111-67240-1

I. 社⋯ II. 王⋯ III. 心理交往 – 通俗读物 IV. C912.11-49

中国版本图书馆CIP数据核字（2021）第004634号

社交恐惧症

出版发行：机械工业出版社（北京市西城区百万庄大街22号 邮政编码：100037）	
责任编辑：李欣玮　向睿洋	责任校对：李秋荣
印　　刷：大厂回族自治县益利印刷有限公司	版　次：2021年11月第1版第5次印刷
开　　本：170mm×230mm　1/16	印　张：22
书　　号：ISBN 978-7-111-67240-1	定　价：79.00元

客服电话：（010）88361066　88379833　68326294　　投稿热线：（010）88379007
华章网站：www.hzbook.com　　　　　　　　　　　　　读者信箱：hzjg@hzbook.com

版权所有 · 侵权必究
封底无防伪标均为盗版
本书法律顾问：北京大成律师事务所　韩光 / 邹晓东

"与自我的战争"

我很高兴成为本书的第一位读者。王宇老师多年从事心理咨询工作，对社交恐惧症有如此深刻的研究，并撰写成书，帮助更多有此痛苦的人，对此我深感欣慰，也颇有敬意。我在长达几十年的心理咨询专业生涯中，见过很多患有社交恐惧症的来访者。虽然有的人可以勉强坚持工作和学习，但其痛苦难以忍受，为他们提供有效的帮助是我们心理工作者的责任。

社交恐惧症和其他的神经症一样，有一定人格的基础，俗话说"三岁看大，七岁看老"。社交恐惧的形成与早期环境和家庭因素，尤其是父母自身的人格特质及对孩子的教养方式密切相关。我的经历告诉我，正是父母培育出来的诸如胆小、退缩、敏感、焦虑、刻板、追求完美等人格特质，常常成为父母责备孩子、苛求孩子的理由。而当孩子完整地内化了父母的对待模式以后，孩子的心灵便更习惯于自责、自罪、自暴、自弃，甚至决心与自我分裂，这自然造就了他们与真实自我的持久矛盾，让他们陷入"自我战争"的深渊，以及与焦虑相伴的苦难生活。

许多人都知道要与敌人进行殊死战斗，当敌人变成自己的时候也会如此，所以很多人主张战胜自己，甚至告诫人们战胜自己是最重要的事，也是最难的事。确实有不少人"战胜"了自己——他们放弃了生命。更多的人选择进行"持久战"，让自己处在生不如死的痛苦境遇之中。

与"自己"这个敌人战斗还是接纳它，是极为关键的问题。顺其自然，悦纳自己，帮助自己适应生活，帮助自己快乐成长，这说起来容易，要真正做到还挺难。"顺其自然"是与当前主流文化相悖的文化，对很多人而言，也常常是与自己的文化相悖的。每当人们身处战斗之中的时刻，焦虑自然无从避免。由于无法接纳本来的自己，人们投入和自己的战斗中，自我矛盾自然导致无尽的焦虑和烦恼，并最终导致了"真我"与"假我"之争。

一个人内心的矛盾与冲突最终导致了症状的形成，而症状又强化了心理冲突——他对"自己"更加敌视了。对自己的敌视导致了自卑与自恨，为了逃避自恨，他就需要更大的成功和荣誉，他幻想成为一个更好的自己。最后，消除症状成了他的希望所在，但对此的执着只会越发加深他与自己之间的裂痕。

如何化解与自我的战争是心理治疗中的重点问题——是接纳你自己，还是战胜你自己，这是你必须要做的抉择。在这个过程中，你必然要经历很多痛苦，也要经历很多挫折，但只有在痛苦中求索，才能加深你对自己与生活的认识，并促使你最终与自我和解。

蜕变之路虽然艰苦，但也是来访者必须经历的成长之路，这关乎人性的成长与解放。真正的幸福与治愈来自"悦纳自己"，相信本书可以帮助你认识你自己，并最终成为你自己。

周正猷

南京都市心理咨询中心主任

南京脑科医院医学心理科原副主任、主任医师，南医大教授

被禁锢的心灵

　　心灵被禁锢想必是世上最残酷的责罚。当一个人的内心被束缚,不能活出真实、本来的自我时,就算他表面上活得精彩,也不过是一个囚徒而已。活在看不见的围栏之中,有时会比真正的囚徒还要痛苦,他就像一个会动的木偶。他想做人生的主宰,其实只不过是一个傀儡。

　　他虽然早已迷失自己,却对这一切毫无觉知;虽然人生早已被扭曲,他却不自知。他只在乎看得见的症状,却没有"看见"被扭曲的自我与人生。

　　带着"原罪"而来的他,今生只是一直在寻求救赎。不管外在是否光鲜,他的内心都住着一个受伤的小孩。内在的伤痕可能来自童年,也许他从来没被真正地爱过,也许他一直被束缚、要求和逼迫,在成长中难以找到价值感与归属感,因此他内心充满焦虑。这样的焦虑就好像一个无底的黑洞,需要他不断用那些可以给他带来价值的东西——金钱、成就、被爱或者完美的形象来填补。不是他想要成为一个更好的人,而是他不得不成为一个更优秀甚至完美的人——他必须成为"神",才能摆脱作为人的卑微。

　　就像同魔鬼签订协议一般,他出卖了灵魂,以换取财富、地位和荣誉——那些可以让他不自卑的东西。

他无法面对本来的自己，于是就在内心建构了一个理想化的自我与世界，因为在这里他是安全的。就如卖火柴的小女孩，他把幻想当成了生活的一部分。渐渐地，他甚至忘记了自己和生活原本的样子。如果能一直活在梦中，想必他就什么病都没有了，他的"自信"完全建立在流沙之上。当风暴来临，一切将原形毕露——他想隐藏的、他想逃避的、他无法直视的，终将把他淹没。

他的"解决方法"注定失败，因为他没有努力地成为他自己，而是试图成为一个并不是他的人。对于被恐惧驱使的人来说，只要可以减轻恐惧，他愿意用任何东西来交换，甚至是灵魂。而这一切必将成为他的枷锁——越是躲在"更好的自己"当中，就越不敢面对本来的自己。他"应该是"的人，已经凌驾于他"本来是"的人之上。虽然这给了他暂时的安全，但就好像是给他套了一个壳、穿了一件紧身衣，让他不能随心而活。

他为想象中的自己而骄傲，也为现实中的自己而自卑，总是找不到真正的自信。就算他的内心充满冲突与挣扎，他也会为了维系虚假的形象而不断掩饰。在别人眼中，他总是那么"正常"，这并不能说明他真的好，只能说明他演得好，于是没有人了解真正的他。他和别人保持着安全的距离，他太过在意别人的看法——别人的肯定是他的价值来源。他渴望自由，却也害怕自由，害怕伪装掩饰的面具被识破，因此他宁愿活在安全和熟悉的环境中。

就算他活在苦心经营的乌托邦之中，"清算日"总归会到来，他必将为自我的迷失付出代价。他会把一切愤怒与痛苦都归咎于某个人、某件事或某种症状，唯独不会认真审视自己。他幻想问题解决就可以"找回自我"，找回失落的荣光，在彻底绝望之前，他会执念于"方法"，而懒得审视自己以及走过的人生。

认识自己是一切疗法的核心。心理治疗的重点不在于症状的解决，而在于帮助人实现人性的成长。治愈也不旨在让人成为一个更好的自己，而是要助人找回真实的自己。这个自己也许不优秀，却是你内心最真实、最渴望成长的部分。

找回自我并非易事，它必将是一场赤裸裸的战争——现实对抗幻想，真我对抗假我，成长对抗禁锢。虽然这很难，但最终找回自我是可以通过努力实现的，正如歌德在《浮士德》中所说：

> 不屈不挠追求的人，
> 　就不是不可救赎。

REVIEWS
网友点评

　　这本书能帮助我们多看清楚自己一点，看清自己的人生到底被什么控制，是什么造成自己人生的悲剧。只有找到答案，才有机会走出这魔咒。

——运龙

　　"治不好了"犹如醍醐灌顶！症状仅仅是表象，自我救赎才是根本。症状是经过包装的礼物，只有借由它才能破茧重生，但你需要忍受常人难以忍受的痛苦，并拒绝幻想的诱惑，之后你才能更好地理解：向死而生！

——春雪

　　所有去处，都有来路。不是症状纠缠着我们，而是我们一直不肯放过症状，治愈只有在放下"治愈"的时候才会姗姗来迟。与自己和解，才能接纳他人及这个世界的不完美。

——顺顺

　　深入剖析与治疗的部分写得很好，甚至不仅适合社交恐惧症患者阅读，就算作为神经症的治疗读物也很有帮助。这本书将来也许会成为经典。

——喃喃

　　生命是一个自然流淌的过程，我们却在一个封闭的信仰体系里无法自拔。如何在外界与自我的夹缝中寻求和谐共生？如何在变化流转中把握生命延展的脉络？吾将上下而求索！认识自己是一切疗法的核心，摆脱心灵的枷锁是治疗的方向，活出真实的自我是治愈的目标。相信这本书可以帮你找回本来的自己。

——徐琼

太多人被社交恐惧所困扰，过分在意别人的想法，敏感到要让自己的一言一行都合乎别人心中的标尺。别人的想法有那么重要吗？他们看似离想要做的自己越来越近，却离真正的自己越来越远，因此越陷越深，不可自拔。醒悟过后才会发现一直追求的优越、讨喜的形象，像镜花水月般不切实际。我想到一句佛经："依般若波罗蜜多故，心无挂碍。无挂碍故，无有恐怖。远离颠倒梦想，究竟涅槃。"

——张雅芬

认识自己，面对自己，成为自己，这注定是一场心灵的洗礼，由此可以获得生命的成长。

——杨眉

症状只是冰山一角，内心的冲突才是根源。了解本来的自己，看清楚幻想和现实。继续做一个病人还是做一个凡人，选择权一直在你自己手中。症状和痛苦都源于我们看不清真实的自己和对真实的自己的不接纳。疾病和痛苦只是现实和我们的幻想冲突的结果，它们迫使我们认识我们自己，理解自己，接纳自己。

——ME.

有时挺感谢自己得病了，虽然它让我经历了这么多年的痛苦折磨，常常处在崩溃的边缘，但也是它让我隐隐看清了一些生活的真正意义。当然最后还要谢谢王老师的书，真的是振聋发聩！

——犁牛子

一个有病态执着的人，就算没有外显的症状，依然会活得不开心、不快乐。治疗的过程不是治好症状，而是逐步发现和了解自己，接纳不完美的自己。不必着急，也不必自责，毕竟来时的路不是自己选择的，但是以后的路可以自己选择。谢谢王老师！

——韩晴

自负的外表是对真实自己的恐惧，恐惧越大，自负就越严重。这一切都可以总结为不敢面对真实的自己，这个真实的自己曾经可能没有得到真正的爱和接纳，然后一直活得提心吊胆、如履薄冰，从没有获得过片刻的安宁和真正的放松。虽然真实的自己像断臂的小孩，但是我愿意成长，即使摔得满脸是伤。对我而言，这才是生命的开始！王老师，谢谢你的那些深入我心的表达！

——亮

王老师的话句句珠玑，说到我心坎里去了。曾经的我也是活在幻想世界里的人，一心只想追求所谓的"荣誉"，以为只要自己努力就可以得到它，结果越是追求，越是高要求，就越得不到。自负开始逐渐变为自卑与自恨，各种症状便开始出现，它们成了我逃避现实、维系自负的借口，驱逐症状成了我最高的追求。其实这种性格与家庭的环境、自己的经历有关。"祸兮福所倚，福兮祸所伏"，过去的荣誉为今天的痛苦埋下了伏笔，今天的痛苦也为深刻认识人生、接纳平凡的自己提供了契机。

——锤子

这是我迄今为止看到过的对社交恐惧最专业、最准确的解析，感谢作者的无私奉献!

——石头

    面对现实确实太难了,神经症患者在现实生活中完全失去了方向感,更没有安全感。可能有一天当他发现自己在理想和现实之间的矛盾中被摧残得遍体鳞伤的时候,才会发自内心地对自己产生怜悯和同情,不再一味地苛责他自己。只有对自己的爱才能帮助他获得直面现实的勇气,才能帮助他在现实生活中找到新的方向。

——WY

    王老师的文章句句箴言,能让自己把自己扫描一遍,像对着镜子一样,看到自己身上之前不曾看到的问题。如果所做的一切都源于恐惧,只会让自己越陷越深,背离爱的轨道。说到底,一切都源自自我价值感太低,总想做点什么来证明自身的价值。小时候没有得到关注,缺少赞美,长大后要么通过取悦别人来弥补童年缺失的温暖,要么通过奋斗来自我包装,让别人羡慕。有人说富养的孩子是幸福的,这里富养既是物质上的,也是精神上的,如果家长给予孩子足够的赞美、鼓励,孩子就不会被别人用一颗糖骗走。

——小梁子

    我开始慢慢有所领悟了:我总是一味地强求、逼迫自己,不是战胜别人就是取悦别人,来获得一种快感和爱。原来我是怕别人发现真实的自己,不敢暴露,一个劲地伪装,把所有缺点和不足都小心翼翼地掩饰起来,让别人看到我是一个"完美"的人。无论是努力优秀、伪装表演还是讨好取悦,都不过是为不直视自己找的理由。

——jacky. 辉

这本书带给我的是一种方向和态度，书中所讲是宏观、理论性的，我们需要在现实中对自己用心反思与了解，才能将其内化为自己的领悟。这两年来我痛苦、恐惧过很多次，但往往痛苦一段时间后总能带给我对"为什么会这样"的理解，进而我也更能理解王老师在书里说的是什么意思，比如，这段时间我慢慢意识到我不敢直视自己。

——竹风溪墨

我是谁？我很小的时候就问自己，一直以来都在问，直到现在才越来越清楚自己是谁：一个不愿承认、不敢面对的凡人。

——一粒阳光

我希望这本书可以帮到更多人，希望这个世界上的每个人都能学会爱，希望每个人都能勇敢地面对自己的伤痕，希望我们能享受生命的美好，能够活出自己最幸福的模样！

——黎娅

推荐序 "与自我的战争"
前言 被禁锢的心灵
网友点评

PART 1 第一部分　对社交恐惧的初步治疗

第一章　了解社交恐惧 / 2
第二章　社交恐惧的认知行为治疗 / 18
第三章　森田之道 / 40

PART 2 第二部分　对社交恐惧的深入分析

第四章　透过现象看本质 / 60
第五章　理想中的自我 / 66
第六章　"应该"之暴行 / 76

第七章　自负：天生我才 / 94

第八章　自卑与自恨 / 104

第九章　爱的缺失：内心最深的伤痕 / 116

第十章　对金钱、权力、地位的执着 / 144

第十一章　被"爱"救赎 / 152

第十二章　所谓"爱情" / 168

第十三章　迷失自我 / 179

PART 3 第三部分　真正的治疗：找回自我

第十四章　"方法"与"态度" / 192

第十五章　"治不好了" / 204

第十六章　所谓"上进心" / 219

第十七章　症状存在与人格扭曲 / 229

第十八章　禁闭岛：幻想与现实 / 235

第十九章　勇气：唯一的答案 / 244

第二十章　自由：真正活一回 / 253

第二十一章　痛苦的意义 / 260

第二十二章　我是谁：病人还是凡人 / 267

第二十三章　认识你自己 / 273

第二十四章　顿悟：有深度的觉察 / 287

第二十五章　治愈：成为你自己 / 294

附录　社交恐惧症日记 / 310

后记　孩子五岁了 / 334

对社交恐惧的初步治疗

PART 1
第一部分

第一章

了解社交恐惧

◎社交恐惧是怎样的体验

人们往往容易把一些饱受煎熬的社交恐惧症患者看成性格内向与孤僻的人。实际上,性格的内外向与社交恐惧基本上没有关系,外向的人也可能对社交产生恐惧,也不可避免地会对别人的看法敏感。有时,人们会主观地认为社交恐惧症患者的朋友很少,实际上也许恰恰相反,他也可能会有很多朋友。所以,社交恐惧和一个人的社交能力并没有多大关系。

不同的社交恐惧症患者的体验和症状表现可能截然不同——有的人只要在人前就会紧张;有的人则在特定的场合和特定的人面前才会感觉不自在,而在其他场合完全没有问题。一个患者所恐惧的情境或人,对另一患者来说可能不是问题。就算面对同一症状或情境，每个人所在乎之处和恐惧的理由也是不同的。比如余光恐惧患者中，有的人担心影响学习和工作的效率，而有的人则担心被别人认为是猥琐之人，还有的人担心自己的目光会影响别人，且有深深的愧疚感。

一位患者写道："我并不害怕聚会，甚至偶尔会成为气氛的调动者，但我时常只想一个人待着。虽然我有朋友，但我没有办法说心里话。有时在路上遇到认识的人，我也会本能地躲开。也许是我伪装得太好，就算我和别人说我有社交恐惧症，别人也会以为我在讲笑话。"

社交恐惧是一种隐形的伤痛，它不像生理疾病可以获得他人的理解和关心。有时为了避免被别人同情或瞧不起，患者往往会伪装和掩饰，不愿意别人对自己了解太多。因此，社交恐惧症患者有时在他人看来也许完全没有问题，他把自己伪装得很好，他不敢暴露真实的自己。

虽然他也试图打破被禁锢的生活，控制紧张的情绪，不要那么不合时宜，但在和别人接触的那一刻，他就会被恐惧打垮。在现实面前他总是感到无力与无助，他只能躲在一个人的世界里。他的生活也已被简化为：怎么做才不至于那么糟糕呢？他已经不再是他自己了，他做什么或不做什么，完全是受恐惧的指使，而不是为了更好地发展——他仅仅活着，而不是在生活。他就像是一只小羊在狼群中偷生，他对生活的热情在恐惧面前不断褪色。

就算他逃避了，他依然是痛苦的，他也看不起这样一个畏缩、怯懦的自己。有时，就算还没有进入令他恐惧的情境，预期焦虑也会让他如坐针毡——他总是设想自己在人际交往中表现得如何笨拙和愚蠢。在他人看来简单的人际交往，在他看来就像战场，每一次他都要鼓起壮士断臂的勇气才能进行。

就算别人没有真的排斥与贬低他，低人一等的自卑感也会让他在人际交往中变得小心翼翼，生怕招人反感。这样的不安全感让他疑神疑鬼，别人说的中性的话都会被他解读为是对自己的嘲讽。最后，他难以真正信任他人。

网友"木返"在知乎上这样描述自己的症状和生活状态。

> 我是来找组织的，以下是我的症状：
> - 害怕别人注视我超过三秒。
> - 害怕聚会。不管是熟人还是陌生人，去之前脑海里会预演流程，担心无法融入。
> - 害怕不小心伤到别人，很多时候不敢发表意见。
> - 很少敞开心扉。
> - 拥有大于等于零个、小于等于两个朋友。
> - 痛恨演讲，痛恨辩论。
> - 总觉得身后被一双眼睛盯着。
> - 出门在外60%的时间都处在心跳和紧张之中。
> - 世界上只有一个地方能让我完全平静下来——家。
> - 出门在外，总担心各种突发事件。
> - 害怕打电话、接电话，尤其是陌生电话。
> - 更喜欢短信、QQ、微信。
> - 很少主动联系朋友。
> - 总担心被世界遗忘。
> - 很容易心慌，紧张心跳是常态。
> - 害怕一切需要发言、表现的活动。
> - 担心他人评论。
> - 活得不洒脱，容易自卑。
> - 说话声音很小。
> - 与别人初次见面，别人总觉得我是个极其安静、默默地躲在

小世界里的姑娘……之后的评价就不一定了。
- 内心世界丰富，想象力无限。
- 安静，容易给陌生人距离感。
- 直视人的眼睛，结果就是——像突然失重一样，血冲大脑，"嗡"的一下。
- 觉得处于不用展现自己的环境里真是太温暖、太有爱、太幸福了。
- 羡慕那些活泼开朗、外向灵动的孩子，觉得他们像快乐的天使。
- 封闭，即使思想很开放。
- 害怕在社会上生存。
- 觉得"大方"这个词永远不属于我。
- 打招呼 or 不打招呼？这永远是个问题。
- 永远在尴尬，永远在尴尬，永远在尴尬。
- 照相也是世界上最可怕的事情，请千万不要来拍我。
- 害怕麻烦别人，害怕别人厌烦的表情。
- 害怕欠人情，面对别人给予的好处和温暖总有受宠若惊的感觉，很惶恐，总想着加倍还回去。
- 在社交场合做个动作、说句话，都会尴尬得直冒汗。
- 总觉得要孤独终老。

诸如此类，作为一个内心世界极其丰富的女生，简直要流下泪来。真是太喜欢网络了，这是一个可以掩饰自己现实身份的宝地（看来脱不了"宅"了）。可以不用戴着面具扮演角色，在这里自由发表言论！反正你们都不认识我啊！

一些人在现实中充满恐惧，在网络上却可以打开自己。这种现象有几个原因：一是别人不知道他是谁；二是就算他说错话，也来得及修改；三是别人看不到他那张尴尬和紧张的脸。因此，有些人在网络上和在现实中简直判若两人。

患者和常人好像生活在两个世界——常人眼中的人情往来，在患者眼中就如同被审讯；常人眼中的快乐时光，在患者眼中很可能就倍感煎熬。总之，患者无法客观地看待自己、他人及这个世界，他像一只惊弓之鸟，一阵风都能把他吓出一身冷汗。

家，成了他安全的港湾；"宅"，成了他无奈的选择。生活圈子越来越窄，他也因此错过了很多人际关系和事业上的机会。

内心充满了冲突与怨恨——他讨厌现在的自己，却又无能为力；他痛恨那些伤害过他的人，却又无力自保；他想成为理想中的自己，但怎么努力都无法消除那些症状，他只能在理想与现实之间不断挣扎。

社交恐惧对人的影响是多方面的，不仅会引发人们情绪和行为上的变化，还会影响一个人的感知、思维与对未来的看法。

□ **对感知的影响**

当他不得不与别人交往或面对使之恐惧的情景时，他的大脑往往一片空白，整个人变得迟钝、不知所措，根本听不进去别人讲的话，完全沉浸在恐惧和慌张中。他像是"灵魂出窍"般地不断审视自己的言行，也不断想别人是如何看他的，越这样做他就越难以将注意力集中在与他人的交流上。当别人皱一下眉或打个哈欠时，他会认为是自己的无趣影响了对方的心情，觉得这是自己的错，并有强烈的负罪感。

同时，他也会出现明显的焦虑症状——脸红、出汗、发抖、身体僵硬、头晕眼花、恶心、呼吸困难。

□ **对思维的影响**

恐惧的体验会引发灾难化的思维，诸如"别人都发现了""别人会离我而去""别人都会瞧不起我"。而如此灾难化的想法会更进一步强化恐惧体验，形成恶性循环。

负面想法就像是一个不断自我实现的预言，患者越认为自己会遭人嫌弃与讨厌，就越会在和别人相处时敏感于别人对自己的态度。有时，他会认为别人的闲聊、一颦一笑都与他有关，甚至认为别人都在议论、嘲笑他。这样，他就更加坚定自己不讨人喜欢的信念。

思维会影响一个人的行为，当一个人的思维过于消极，行为过于退缩，想必也就没有谁喜欢和他来往了。于是他进一步确信是自己的错，是自己影响到了别人，没有人愿意接纳自己。

切记，对负面的、灾难化的想法进行干预，有利于阻止此种恶性循环进一步发展。

□ **对行为的影响**

由于害怕被否定、被伤害，患者会无意识地退缩与逃避，而无法逃避时他就会伪装甚至压抑自己以迎合周围的人，并尽力维系完美的形象，这样他才能感到安全。但这样做的结果是，他的圈子越来越小，他越来越孤独与自卑，甚至觉得活在自己一个人的世界中。

不扛起解决问题的担子，就永远无法解决问题。敢于面对令我们恐惧的人与情景，才有利于打破禁锢——无论短期内是受益还是遭受挫折，长远利益才是最重要的。

□ **对未来的看法**

未来对患者来说是灰色的，一想到可能会被别人嫌弃与否定，他就不寒而栗。他不敢按照自己所期望的样子去生活，只想活在安全的圈子里。即使他逃避了那些让他恐惧的人和事，也逃不掉"预期恐惧"——对即将发生或有可能发生的事情的恐惧。比如，一位女性患者还没结婚，连男朋友都没有，却开始担心自己结婚后不会带孩子，不会和孩子的老师相处，不会处理婆媳关系，甚至无法处理好和未来亲家的关系。

实际上，思维、行为、感知以及情感并不是相互独立的，它们往往相互作用来影响一个人。一个人如果自认为很愚蠢，就会担心被人嘲笑，而恐惧体验会让他的表现更不如人意。他可能会脱口而出，词不达意，进而更加逃避社交情境，反倒丧失了成长的机会，变得越来越自我封闭。而他的思维也因此变得越来越负面，最终陷入对未来的消极预期当中。当他不得不面对恐惧情境时，整个人会变得异常紧张。此时此刻他更害怕别人发现他的紧张，认为他是一个不正常的怪人。

◎ 社交恐惧症的心理诊断

判断自己是否属于社交恐惧，不仅要根据主观体验，也要依据专业的诊断标准。当然，确诊还需要到相关医疗机构和心理咨询中心，由专业的治疗师进行判断。

> **美国精神病学会《精神疾病诊断与统计手册》对社交恐惧症的诊断**
>
> 1. 对社交场合或表现自己的情境有显著且持续不断的恐惧。在这些情况下，他担心做出丢脸或令人尴尬的事，或表现出焦虑症状。值得注意的是，患社交恐惧症的人不一定真会做出丢人或令人尴尬的事，他们仅仅是担心会做，有时甚至不会表现出典型症状，只是感到可能会有尴尬的事发生，并因此感到害怕和焦虑。
>
> 2. 一旦处于让人感到恐惧的社交场合，他几乎无一例外地会产生焦虑。患有社交恐惧症的人所害怕的，可能在他人看来完全没必要紧

张：在电话中交谈、促膝长谈、进入一个满是人的屋子，或是在一群人面前讲话。但这些对社交恐惧症患者来说，真的太难了。

3. 他能够认识到恐惧和担心是多余的、毫无道理的。社交恐惧一个令人苦恼的后果是，你知道让你焦虑的情境并不可怕，但你就是无法停止焦虑，也无法放松下来。

4. 他会避免处在让自己感到恐惧的社交场合或表现自己的情境中，如不能避免，他会非常焦虑，痛苦地忍受这一切。

为了强调正常的社交焦虑与临床诊断中的社交恐惧之间的差异，诊断手册又添加了一些基本的评判点：社交恐惧必须影响到生活，引起较大程度的痛苦，并至少持续六个月。

专业诊断是一种概括性描述，它依然不能涵盖所有类型。在临床中，社交恐惧的表现也千差万别。为了更好地细分各种社交恐惧亚型，下面将用"症状"来对社交恐惧分类。

◎社交恐惧症的"症状"分类

□ 对视恐惧

在与人交往的时候，他会恐惧与别人对视，担心目光不正常被别人发现。有时，他也会认为自己的目光影响了别人，让别人也变得不自然和紧张，而此时他会非常自责与恐惧。

"我工作后遇到了很多不顺利的事情，工作环境复杂，而我争强好胜，所以得罪了一些人。从此，我就开始在意留给他人的印象，尤其是领导，担心得罪领导会影响我的发展机会。不知道从什么时候开始，我发现自己的眼神不自然、比较凶，且会影响别人，让别人也变得不自然。于是，我就会回避目光接触，也会回避一些社交场合。因此，我更加不自信，担心症状会影响我的人际关系和事业的发展。"

□ 余光恐惧

每个人都有余光，这本是再自然不过的事情。但对患者来说，这成了一种无法容忍的症状。他认为用余光看人是一种不正常或猥琐的表现，担心别人发现，从而把自己当成一个不正常的人。所以，他会极力控制余光，但这些努力又徒劳无用，毕竟余光本就不可控。

"我的症状是余光恐惧，在与人交往中，比如一起聊天、开会、吃饭等场合，我总会用'余光'看人，我觉得自己的余光影响了别人，深感自责。余光已严重影响了我的工作和生活，我不愿主动与同事、朋友聊天、交往，越来越孤僻，生活的激情没了，身心很疲惫，生活很无趣。我觉得自己活得很累、很虚伪。"

□ 赤面恐惧

赤面恐惧又称脸红恐惧，是指患者在他人面前易脸红，但他又无法接受自己脸红，从而引发心理上的冲突。脸红本是一种很常见的生理现象，患者却解读出了很多象征意义，比如不成熟、幼稚、被人误会等。为了解决脸红的问题，他绞尽脑汁：比如喝点酒，别人就会以为脸红是因为酒精的作用；有时他喜欢吹空调的冷风，这样就不会感到脸上发烫了。

"初中时，一个女生向我借钱，当时我正好没钱，我第一次觉得自己的脸发胀、难受，自己感到脸红了。后来，脸红成了我致命的缺点。记得一个女性朋友和我打招呼，我突然脸红，当时周围有很多人，这让我觉得特别难堪。我一直不敢谈恋爱，害怕对方发现我的脸红。其实，即使在我一个人的时候，如果发现自己脸红了，我也会特别焦虑。我也不知道这是为什么，总之感觉脸稍有发热，我就异常紧张……"

□ **表情恐惧**

当一个人过于在意自己的表现及他人的评价时，就会对自己"鸡蛋里挑骨头"——他会对自己的表现极其敏感，注意力会集中到任何可能招致别人反感的地方。当这种敏感神经关注到表情时，他就会异常担心自己表情不对，会招人反感。越是如此，他对自己的表情就越不自信，害怕被别人误会。

"我目前的症状是，如果别人看我，我就特别紧张。我也担心我的表情会被别人误会，比如我给别人一支烟，我的脸如果动了一下，就担心别人对我有看法，认为我小气。因此，我就会细致观察别人的表情，看看他是不是对我不满。于是我在人际交往中变得特别敏感，连保姆都不敢雇……"

□ **手抖恐惧**

一些疾病会引发手抖的现象，如帕金森综合征、脑动脉硬化、脑缺血、药物与酒精中毒等。而手抖恐惧患者并没有器质性病变，只是因为害怕手抖，反倒引发了手抖。

"因为父母严格的管教，从小我就有追求完美的性格。我紧张时会出现全身发抖的情况，而手抖的情况更是明显。一次，一个女同事说我写字很用力，从那时开始我就关注起这个问题来，越关注结果反而越严重。从此，我的生活发生了重大的改变——只要是需要写字的场合我都想逃避，比如去银行办理业务。从此，我好像落入黑洞，以前阳光的我，现在变得像做贼一样，生怕别人发现我的问题。"

□ 口吃恐惧

口吃是一种言语流畅性障碍。世界卫生组织把"口吃"定义为：一种言语节律障碍，在说话过程中，个体确切地知道他希望说什么，但有时由于不随意的发音重复、延长或停顿，从而在表达思想时产生困难。

我个人就存在口吃的情况，学生时代也因此被人嘲笑，但我并没有太放在心上。其实，口吃充其量就是一个人的缺点而已，如同一个人长得矮或胖，也不能说是一种病。只有你对此恐惧，口吃才会影响你的生活。这也可以解释，为何一些人越关注，口吃就越厉害。

"我是口吃患者，口吃给我的生活带来了很多痛苦。我和熟悉的人讲话还好，但是和不熟悉的或很长时间没见面的人讲话时，就会出现口吃。一直没有出现口吃还好，如果出现了一次，我就会很敏感，非常自责和紧张。在说话的时候我也会尽量避开一些容易让我口吃的字和发音，在生活中能发短信解决的问题我就不打电话，在电话中半天说不出对方的名字是最让我尴尬的。因此，我现在能少和别人接触就少和别人接触。"

以上仅仅是列举了一些在临床中经常会出现的症状，但社交恐惧症的症状远不止这些——凡是患者自认为会丢人的事情、会被他人看不起的方面，都会引发他的恐惧，诸如放屁、长得黑、头部和身体的抖动、走路不自然、相貌不端正、泌尿问题、嘴的气味、狐臭等，不胜枚举。

有多少种会丢人的事情，就会有多少种症状。他无法接受症状就是因为他无法面对丢人和被否定的可能性。因此，真正的问题不在于症状，而在于他无法接受现实——每个人都有缺点及被人否定的时候，也没有人能和所有人都搞好关系，并给所有人留下好印象。治疗的重点不在于症状的消除，而在于心态的调整——如何接纳一个不完美的自我。

◎ 社交恐惧的成因

为何会患上社交恐惧症，不同的学科和理论会给出不同的结论。对于社交恐惧的成因，学界依然没有给出一个唯一、确定的"真理"，各种学说只是从其特定的视角来解读社交恐惧的成因。

下面根据本书的理论框架谈谈社交恐惧的成因。

□ 家庭因素

父母的个性与教育方式对一个人的人格形成有极其重要的影响。如果一个人在童年缺乏爱、温暖、肯定与尊重，或在过于溺爱、纵容的环境中长大，他就无法正确地看待自己。他要么自命不凡，要么妄自菲薄，总之他无法处理好和自己的关系。而和他人的关系其实就是自我关系的一种投射，因此他同样处理不好和他人的关系。各种流派虽然对社交恐惧的成因各有论述，但在家庭关系对一个人的影响上有着高度一致的观点。

"我爸爸从我小时候起就很苛刻，小时候只要他在身边我就不敢出声，因为他总是很凶，还总说我们没出息。他因为一点小事就骂我们，比如说哪里脏啦。他管得很多，还会打我和我哥。可能因为他总是骂我，不怎么表扬我，我就认为只要我做得很好他就不会骂我了。可是我总做不到他认为的好，因此我自卑，我也有完美主义倾向。我希望自己的一切都很完美——能做到镇定自若、很有气质、很美丽，我希望大家都很喜欢我。可这一切我都做不到，我变得敏感，看到人缘很好的同学很羡慕，我也不知道该怎么办。有时候我还会刻意讨好同学，有时候又不太愿意理他们。我希望能和别人一样自如地进行社交活动，我想变得能接受自己，自信点，不那么害怕，不那么焦虑。"

患者大多有一个苛责的爸爸或妈妈，当他犯了一点错误时，就会受到责骂或毒打。他没有被父母温柔地对待，也没有得到应有的尊重与认可，在他内心深处始终不相信自己是可以做到的、自己是足够好的。他甚至认为如此弱小的自己无法在这个恐怖的世界生存下去。因此，他学会了乖巧，学会了伪装，逼着自己优秀，以满足父母的期望。

试想，一个孩子没有被父母温柔对待，还不断地受到伤害，他如何能建立对周围的人和世界的信任与安全感？

在心理治疗上，有这样一句话："孩子的问题就是父母的问题。"这句话可能有些极端，但也不无道理。在治疗中，我经常会发现患者父母的问题甚至更为严重，不过是把自己的问题转嫁到了孩子身上，让孩子无力承担，孩子最后恐惧现实，也无法面对自己。

□ 人生观与价值观

虽然病态的父母伤害了我们，但无形中我们也会继承他们的人生观与价值观。他们愤世嫉俗，我们也会对这个世界持有负面的看法；他们残暴苛刻，我们也会如此苛责自己；他们爱慕虚荣，我们也会用"成就"来衡量一个人的价值……

"努力去得到父母的认可，是想要获得很少感觉到的被接纳感和归属感，然而这样的努力，仍然不能让我得到直接或者间接的认可与接纳。所以，很小的时候，我就经常觉得，也许是自己不够好，不够优秀，所以父母才不认可自己，不接纳自己。

"母亲严苛，父亲冷漠，我长久不能得到认可，得到最多的是否定和批驳（直接的否定、间接的否定，或者被我观察和推敲到的否定）。这让年幼的我对于得到家人的认可更加渴望，甚至大大超出一般孩子所需求的程度。同时这也让年幼的我开始经常怀疑自己的价值，怀疑自己是否真的一无是处。随着时间的推移，我养成了自我观察、自省的习惯。

"我对自己越来越多地审视和自省。生活中，无论怎么做，都得不到家人真正的认可和接纳，所以我对自己的要求越来越高，越来越苛刻，苛刻到一个平凡人很难达到的程度。而这些心路历程，通过外表是完全看不出来的，一种自恨开始酝酿。

"逐渐地，我对自己的要求已经非常高。就这样，自己经常因为认为自己不好而恨自己、自我怀疑，并且对自己进行大面积的否定，从而继续逼着自己出类拔萃，逼着自己更优秀。

"从小受到母亲的教育是'你要做大事，所以你要更用功、更优秀、更完美'，为了得到母亲的认可和赞赏，我就学习成功学，看伟人故事，用他们的思想、行为习惯等来要求自己，而这更提高了我自我接纳的标准，更强化了这种自我不接纳。后来虽然这使得我几乎所有的老师、同学都说我优秀，但我的内心仍然自卑，仍然不安。

"自己像个没有意义的乞丐，极端乞求外界的认可。这只带来了多年的迷失，为了更好地取悦外界，也给自己戴上了越来越多的面具。"

不是他不好，而是他对自己的要求比谁都高，当然他只是继承了母亲的价值观——你要做大事，所以你要更用功、更优秀、更完美。虽然这样的价值观让他更努力，甚至比周围的人更优秀，但这也成了他自我接纳的条件，也成了他的枷锁。当他无论怎么努力都无法达到自己所期待的、所要求的标准，他就越来越瞧不起自己。他的初衷虽是试图超越自己，结果却越来越无法接纳自己。

□ 幻想与现实

无法满足父母的要求，无法达到对自己的期待，他就会躲在美好的幻想之中——"我希望自己的一切都很完美，能做到镇定自若，很有气质，很美丽，我希望大家都很喜欢我。"完美的幻想总好过残酷的现实，幻想给了他希望，给了他力量，给了他一个全新的自我。

虽然他和大多数人一样生活着，内心世界却早已陷入幻想的王国之中。他已经不是一个脚踏实地的人，就像飘浮在半空中。内心深处的伤痕有多深，他幻想中的自己就有多伟大。伟大并不是来自他的实际能力，而是来自他想当然地认为自己就应该卓尔不凡。

但这一切只是他幻想出来的，他只是用他并不具备的能力来苛求自己，用他并没有的权力来要求别人，用他并没有的地位来凌驾于这个世界之上，因此他的内心充满了冲突——幻想与现实的冲突。

当他活在理想化自我的幻想之中，他就不再按照实际的自我来要求自己，来计划自己的人生。因此他只会贪婪地要求自己，诸如"我应该完美无缺""我应该和每个人都处理好关系""我应该比别人强，而别人都应该尊重我"……他不会发现这一切病态，他只会一味地去满足这些病态。

他的病态人格也因此形成。所谓病态人格，是指一个人一贯的非理性追求、行为方式及价值观的集合。病态人格最突出的表现是执着，他执着于名誉、权力、地位、被爱、被尊重，以及任何可以凸显他价值的东西。在他内心深处，他认为自己可以做好一切、控制一切、心想事成，自己就应该是一个超人。

□ 内心的冲突

极致的完美与成功在现实中是无法达到的，因此他在"理应如此"与"事实如此"之间产生了严重的心理冲突。而症状与痛苦也正源于此——他因不能成为幻想中的自己而痛恨现实中的自己，他也因为现实中的一切不是他所要的而愤怒。他内心的潜台词就是，我不应该是这个样子的，我的生活也不应该是现在的模样。

他的内心充满冲突，或者说正在进行着一场战争——理想化自我与真实自我之间的战争。他总是幻想消灭症状，改造现实中的自己，成为一个更好的人。他无论怎么努力都无法做到，他就是不愿放弃。就算他来治疗，也是想让治疗师帮助他达成心愿。

停止内心冲突的关键不在于执着，而在于懂得放下。在这个治疗过程中，他需要勇敢地面对他所逃避的生活与自我，也需要通过症状看清自己内心的冲突，并醒悟自己一直活在梦中而迷失了真实自己的事实。当他可以放弃"自我"之时，才能找回"自我"。

接下来，我们就由浅入深地开启找回自我的旅程吧！

CHAPTER.2
第二章

社交恐惧的认知行为治疗

◎ 直面的勇气

"我是一个社交恐惧症患者,已经五年没有生活在集体中了,也没有和其他人有过任何接触。我既期待咨询,又怕得不得了——我怕过于紧张,会有什么不礼貌的地方。

"先说一下我的症状,最近一次与人接触是在旅行的时候。在这三天中,我呼吸困难,不敢和别人目光对视,只觉得脑子里嗡嗡地响,真的想从山上跳下去。我一天到晚不说一句话,从早到晚表情都一样,觉得别人都把我当成怪人看。

"我清楚自己的性格有问题,尽量避免和人发生冲突。被人孤立让我觉得颜面尽失。因为不想得罪人,所以我变得很忍让。我就像做错了什么事情一样，说话也不对，不说话也不对；笑也不对，哭也不对。我越在意别人的情绪，别人反倒越会伤害我。

"总之，我现在很自卑，有的人那么坏，心眼那么多，我不是对手，我只有受欺负的份。最后我只能待在家，基本上不出门，天天都在逃避。我好像待在一座与世隔绝的孤岛，思维和语言已经迟缓了……"

他好像是一个被吓坏的孩子，为了避免受伤害，躲到了一个人的"孤岛"，与世隔绝。他虽然也向往外界的精彩，但太弱小，无法按照自己所期望的方式去生活。而在别人看来很简单的事情，在他看来都变得异乎寻常地可怕。那些试图让自己振作起来的话，最终也只沦为一句句空洞的口号。

时间会让人变得麻木，从开始的惊慌到后来的无觉，他甚至适应了如此病态的生活模式。虽然逃避会让他暂时好过些，但逃避的恶果是他的内心无法变得强大，也无法发现他所恐惧的原本并不可怕。如果不在生活的磨砺中去体察和发现这一切，他永远无法发现真相，也永远无法摆脱恐惧。

冰冻三尺，非一日之寒。如果不是一点点地退缩，也不会导致自我封闭，更不会让恐惧愈加泛滥——你所逃避的，终将把你淹没。

可以从以下问题彻查自己的生活：

> 1. 你是否因为恐惧而不敢上班或上学？
> 2. 你是否故意逃避人群，选择孤独？
> 3. 你是否在隐藏自我，以防别人发现你的"本来面目"？
> 4. 你是否担心别人觉得你有病，而伪装自己？
> 5. 你是否为了让别人接纳，而不敢活出自己？
> 6. 你是否活在一种封闭或半封闭的生活模式之中？

7. 你是否幻想症状消失之后再开始生活？
8. 你是否还一直在"想"，而非脚踏实地地做点什么？

如果对以上的问题回答"是"，那么这就是你需要努力的方向。

直面恐惧的过程必然会引发内心的阻抗，患者往往期待好了之后再开始生活。他与恐惧达成了某种妥协——只要免除恐惧，甘心放弃一切，哪怕是自由。他成了一个被压迫的奴隶，只要不饿死，就绝不反抗，而妥协的结果就是一步步陷得更深。

因为恐惧而选择"安全"，看似是合理的选择，却也失去了在痛苦中觉察与了解自我的机会。和生活中其他事情一样，困难并不会变少，只能是我们变强。依赖"安全"的副作用就是困难没有改变，而我们越来越弱，以至于之前不害怕的事情现在看起来都成了灾难。

战胜恐惧需要破釜沉舟与孤注一掷的勇气——我们要面对令我们恐惧的情景，敢于暴露缺点，直面内心的恐惧。这意味着我们不再掩饰，不再伪装，不再模仿别人。一位男性患者为了变成一个成功和优秀的人，整天有意无意地去观察和模仿那些成功人士是如何待人接物的，因为他想自己有一天也可以成为他们那样的人。他发现多说话可以交到朋友，更容易受到别人尊重，从高二开始他就逼着自己多说话，却好像练得走火入魔了。以前很轻松的人际交往，现在对他来说都成了负担——模仿别人，其实还是在逃避自己。

另一位女性患者对社交非常恐惧，和别人在一起时就会很紧张，不知道说什么，和异性或领导在一起时这种情况更为严重。她每天都过着两点一线的生活，没有业余爱好和聚会。就算在办公室里，她也不主动和人说话，仅仅和他人保持工作上的接触。虽然孤独又无奈，她却连孤独和无助也不想让别人发现，她的痛苦从来没有人能懂，她一直在控制与掩饰自己。敢于活出真实的自我是治疗的关键所在，面对现实的过程就是面对自己的过程，就算真实的自己"丑陋"，可能被人排斥，我们也要大胆地活出自己。

一些患者更喜欢"想"而非"做"——他更期望在"想"中解决问题，似乎想通了，一切就自然解决了。但闭门造车地"想"，想必又是一种逃避现实的理由而已。一位男性患者因为对人际交往，尤其是和异性交往感到恐惧，一直没有谈过恋爱。几年前，一位治疗师就问他，你为什么不敢看别人的眼睛？这个问题他想了五年，结果到头来，他依然不敢和异性交往。他在我这里做治疗的时候，我谈到要"先跳入水中，才能学会游泳"，结果他花了半年时间思考什么是跳入水中。他依然和当年没有什么不同——他更喜欢思考咨询师的话，而不是在实际生活中去努力。他一直幻想这些问题都想通了，在人际关系中他就不会感到恐惧了，他就变得会说话了，甚至比那些会说话、受人欢迎的人更受欢迎。

后来，我收到了他一封简短的邮件："王宇老师早上好，我知道了，想什么也不能彻底改变我现在的状态，是我太急了，急着改变，想一下子就不一样，倒不如多做一点实事。"

幻想着通过思考而不行动，就能解决自己的问题，就可以消除恐惧的人，必然不能如愿，因为他一直是在纸上谈兵。而还有一些患者则对社交技巧的训练特别着迷，他幻想掌握人际交往的"密码"，就可以在社交中游刃有余。他会逼着自己参加各种社交训练班，希望提高社交技巧，通过这种方式来摆脱恐惧。但技巧并不能让一个人受所有人欢迎，技巧也无法逃避所有的否定，技巧并不能让他成为理想中的自己。一位女性患者目前读大学一年级，不过她从高中开始就存在害怕别人注视、担心别人发现她容易紧张和不善言谈的缺点的问题，所以她经常逃课。后来她疯狂地参加各种自信或社交训练班，也看了很多关于人际交往的书籍；为了能有更多的话题，她涉猎各个方面的资讯，希望在人际交往中不会冷场，能滔滔不绝。如此的努力不但没有让她找回人际交往的自信，反倒让她更紧张——她更加担心自己不能表现得完美。

　　社交技巧虽然可以告诉她该怎么做，但也容易让她过于在意表现，对他人的评价敏感，此时，技巧反倒会拖累社交。而且押注于技巧，也说明她内心依然执着于逃避自己的不足与别人的否定，这样只会让她更无法接受一个不优秀、不完美的自我。治疗的关键不在于把自己变得更好，而在于有勇气接纳自己的不好。

　　先扛起解决问题的担子，才能解决问题，害怕什么就去面对什么，绝不逃避、退缩，是任何心理疗法所不可缺少的一部分。只有这样才能为以后的路打下坚实的基础，不然一切都只是空中楼阁。比如，一位男性患者害怕脸红，大一一年过去了，他竟然没有和班里的女生讲过话；另一位患者担心余光会影响别人，在不得不与他人交往时，他总是戴着墨镜；还有一位患者每次和异性在一起时总要先喝点酒，不然就不敢见面……不管是因为余光、脸红、紧张、外貌、社交能力，还是担心给别人留下负面印象而逃避社交——去面对令你恐惧的情境，去暴露最真实的自己，是很有必要的。

　　虽然逃避可以让我们暂时感觉好过一些，可以暂时不必面对"失败"的自己，并可以继续维系完美形象，但从长远来看，逃避并不能解决问题，反倒会让问题变得更加复杂难治。

> 人总逃不过现实，面对是医治的重要一步！

◎负面的想法

　　患者在与人交往时，头脑中往往会出现各种负面想法，诸如：别人不喜欢和我在一起，别人认为我很古怪，我的表现一定很糟糕，别人看穿我了，我让别人感到不舒服……这些负面想法让他越来越紧张与不自信。更糟的是，他坚信这些想法是正确的——他相信自己和别人不一样、古怪、不合群或者很蠢。

这类负面想法往往具有如下特点：

> 1. 认为自己难以被别人接受
> 2. 认为自己行为不当
> 3. 认为自己的表现缺乏吸引力
> 4. 认为别人具有批判性
> 5. 认为自己是一个异类
> 6. 认为自己低人一等
> 7. 认为症状会影响别人
> 8. 认为别人都将离自己而去

在社交中他只会习惯性地忽视积极表现，总是盯着不足，在这种"好是应该的，不好是不应该的"的苛求下，脑中满是表现不好的记忆，眼中都是那些所谓不喜欢自己的人的排挤。整个人就好像掉进了黑洞，越来越觉得自己失败、无用、可憎、病态、不正常。

他也会把自我否定外移，认为别人也一定如此看待自己，从他人那里也必然得到一些负面评价，自己也难以达到他人的要求。所以，他更害怕一些看起来长得凶、具有批判性的人，而在一些面善的人面前，他才感到一丝轻松。

他总是不能够放松，因为他会从一个旁观者的角度来审视自己的表现，而这样做的结果是，有限的注意力被分配到了外界威胁性的细节上，他更无法自然地和别人相处，紧张的时候大脑会一片空白，这样就更容易造成当前社交活动的失败。

在负面想法的作用下，他会越来越恐惧，越来越退缩，越来越放不开自己。生活圈子也会因此变得越来越小，之后他就更相信自己不可爱，不被人接纳。

找到并改变这些负面想法，对治疗来说具有积极的意义，有利于打破这样的恶性循环。

首先，我们应该培养对自己想法的敏感性。当情绪变化时，我们需要体察自己的感受，试图发现心底是怎么想的。

如果情绪可以讲话，它想和我说什么呢？

这件事对我意味着什么呢？

我到底害怕什么呢？

对这些问题的思考有利于搞清楚我们内心的想法，尤其是那些影响情绪与行为的负面思维。

例如：一位女性患者在做作业的时候抬头看见了老师，而老师也看着她，她就担心老师误会自己对他有好感，之后就不敢再看老师，故意看着其他地方。后来发展到她看其他异性也会这样，她刻意回避目光接触，也害怕自己的余光会被别人发现。

余光其实并不可怕，可怕的是它对你的意义。当你认为它会让别人误会，让别人反感，甚至对别人造成伤害时，你自然会对余光产生恐惧。你对这些想法越坚信不疑，你就越能找到"证据"来证明其正确性。比如，你坚信你的余光看到别人时，别人也跟着举动不自然或用手挡住脸，他们一定是被你"伤到"了。

虽然这些"证据"都是因为患者的敏感所致，他却依然坚信是自己影响了别人，内心更加恐惧余光。但余光是人的一种本能，就好像运动后会出汗一样自然，越是与之对抗越会让一切变得失控。

他无法顺其自然，是因为对"症状"灾难性的看法与评价，下面简要分析各种症状对应的负面思维。

1. 对视：怕自己的眼神不对劲，进而影响别人对自己的看法和自己的形象。有时，他也害怕自己的眼神会"伤到"别人，或者担心别人从自己的眼神中解读出恐惧与怯懦，进而会被人贬低和嘲笑。看别人时担心影响别人，不看别人时担心不礼貌，他都不知道眼睛该看哪儿了。

2. 余光：首先，他可能担心余光会让别人不自在，担心紧张会传染给别人；其次，他也可能担心余光会影响做事的效率，尤其是当他把学习和工作看得非常重要的时候——他越想百分之百地集中注意力，余光就越会影响他的专注力；最后，他可能害怕别人因为他的余光觉得他品行不端或不正常。

3. 脸红：一些人认为脸红是幼稚、不成熟的表现，担心别人因此小瞧自己。有时脸红意味着异性之间的喜欢，但患者并不是真的喜欢对方，因而害怕别人误会自己，认为自己放荡。

4. 手抖：丢人、出丑、没面子、伤自尊、别人认为自己有病。

5. 表情：首先，表情包含了丰富的情感线索，所以一些人担心表情出错，让别人误解；其次，一些人对自己的表情很不自信，认为自己表情太凶、面目可憎，会吓到别人。更有甚者会觉得自己像是一片阴云，走到哪里就影响到哪里。

就算来做治疗，患者都坚持认为其"症状"让我不舒服，只是因为我是咨询师，所以一直在忍受，他担心总有一天我会受不了他的。因此，我咳嗽、皱眉等细小的动作都会被他解读为，我已经被他影响或开始厌倦他了。无论我怎么解释，都无法消除他的顾虑和担心。

在治疗中他尚且如此扭曲我的想法和感受，可想而知在生活中他是如何扭曲他人想法的。此时，他就像是一个自编自导的导演，而身边的人只不过是他的道具。比如，一位女性患者就连和爸爸一起看电视都认为自己的余光影响到了爸爸，进而产生了强烈的负罪感。她其实根本就不知道爸爸真实的感受，只是把爸爸代入了她的"剧情"而已。

她谈道："我害怕与任何人交往，害怕与别人对视，害怕别人总是看着我，所以我总用余光去注意别人，想控制都控制不了。我一与人在一起就会紧张不安，目光慌乱，不知道看哪里，面部表情僵硬。我总觉得自己什么都不好，让人难以接受，有时对着镜子都觉得自己好陌生，也不知道要怎样才能与别人正常交往，过上正常的生活。我茫然没有方向，更多的时候深感绝望！"

"眼睛"对她来说是一个难题——她既不敢看别人（害怕别人会因为自己的眼神而紧张），也害怕别人观察自己（怕别人发现自己的眼神及表情），因此就回避目光接触，进而用余光去观察别人（用余光观察别人是否在看自己），但又担心自己的余光引发别人的反感……虽然她总是试图控制自己的眼神，让眼睛看起来更正常，但这一努力最终只是让她头昏脑胀。

她害怕自己会影响别人，更确切地说，她认为自己已经影响了别人，别人因为她的紧张而不舒服。她感觉自己像是一个罪人或一片阴云，担心再这样下去，没有人会接纳她。

如此灾难化的想法让她只想逃离人群，她不想伤害别人，也担心被别人伤害，所以她总是想努力为别人做点什么来弥补她的"过失"。

如果对这些灾难化的想法不加审视与评估，它们就会在头脑中"胡作非为"，成为控制她的力量，让她对人际交往的情境越来越恐惧。

她只是沉浸，却从未反思——我的想法是正确的吗？我的眼神真的有那么可怕？这一切是想象还是事实？

"理性思维"在乎事实和证据，而不是遵从感觉。它认为想法并不等于事实，因此想法可以被分析、被质疑。比如以前的人一直认为地球是平的，但在大量的事实证据反对下，这个观念被扭转。很多患者会感觉"别人都在关注我",但这种感觉根本就不可能是事实,毕竟他并不是明星,别人为什么总要盯着他呢?这只能说明他太过敏感而导致草木皆兵,同时也说明他太想获得每个人的关注。这是一个矛盾的问题——他幻想被关注,但又害怕被关注。

所以,并不是别人关注他,这仅仅是他内心冲突的一种外在投射而已。失败也是如此,一些患者觉得自己毫无价值,这同样不是事实。看待事物的角度有多种,为何不能从最美的角度来欣赏自己呢?

一位女性患者总是觉得自己工作能力不够,社交能力不强,是一个失败者,也害怕别人发现这一点,她尽量不与他人深入接触。就算别人对她好,她也觉得别人不了解自己,如果了解她,一定会远离她。因此和别人在一起或别人看着她时,她总是紧张不安。几年来,她总是漂泊,从一个城市换到另一个城市,她不敢做一份工作或待在一个城市太久。越是如此,她越觉得自己失败。就算有人对她好,她也觉得这是对失败者的同情。

否定自身的价值与积极因素,不断放大自己的不足,结果只会让她觉得自己越来越渺小,而别人越来越高大。但这并不说明她真的一无是处,而仅仅说明她用了一个不公平的视角与评价体系来衡量自己和别人——她总是盯着自己的不足,并放大别人的优点。在这种比较之下,她成了世界上最失败的人。

当她把自己定义为失败者之后,她的生活也将按照一个失败者的模式来进行。这样,她就真的一点点落后于同龄人,她就更确定自己失败了。

理性思维的好帮手是行动——积极行动、探索与求证。只有打破之前自我保护的生活模式,只有敢于挑战未知与恐惧,只有在迷雾中探求真相,才能帮助我们走出负性思维的怪圈与禁锢。

一位女性患者写道："我患病的经历始于一次和邻居聊天，几句问候之后我就无话可说了。我开始紧张，结果大家都很尴尬。然后，她回避，离开，我也回避。渐渐地，只要与人谈话，几句问候之后，我就会产生这种尴尬的紧张情绪。而这种情绪是会传染的，也就是说，我紧张时，对方也感觉到了，也会跟着紧张。所以，我变得越来越'宅'，怕与人交往，然而内心却渴望与人和谐相处。我的愿望一直都很简单——做个平凡人，进行正常的人际交往！

"从一开始无话说时紧张，到后来一开口与人说话就尴尬，再后来只要与人处在一个空间里就不自在。这种情绪时时刻刻在重复、加重，我真的快崩溃了。看着别人回避我，我真的很难受。我有一个同事，只要我在，他就不自觉地紧张。他的表现形式是咳嗽、吐口水，声音很大，就像催命符似的时时在提醒我这个让人难堪的事实。"

这其中有诸多疑点，但她一直坚信自己的判断。她竟然也会把我因为感冒而引发的咳嗽解读为被她影响，而我的解释又被她认为是掩饰。

既然道理无法减轻她的顾虑，那么只有用事实来验证——与其活在自己的顾虑中，还不如直接去问问别人的感受，看看他们到底是怎么想的。

如果想知道真相，必须得知对方真实的想法和感受，而不是我们自以为的。一位有余光恐惧的患者在一周之内问了18个人，问他们是否被自己的余光影响，或者他们是否发现自己的余光。虽然如此"鲁莽"的行为并没有让他完全治愈，却减轻了他的恐惧，引发了他更深层次的思考。毕竟大多数人压根就不知道他所谓的"余光"为何物，当然更没有被他所影响。当他大体可以相信自己的余光并没有那么可怕之后，他开始思考一个更深层次的问题——为何我这么怕影响别人，为何我这么在乎形象。

虽说行动可以破解谜团，但大多数人不敢卸下面具。直接问别人就等于扯下了遮羞布。偷偷摸摸的心态就像利于细菌滋生的潮湿环境，自己越是隐藏得完美无缺，就越容易陷入灾难化的想法中，并活在自己杜撰的世界中。

当局者迷，旁观者清。

如果不能换一个视角，不能从现实出发，不能打破之前的束缚，那么就无法看清楚这一切。所以，醒悟与勇气是打破负性思维和看清真相的途径。这些努力都有利于我们的思想产生从量到质的变化——顿悟。

◎ 回归理性：摆脱负性思维举例

□ "不善言辞"就不会被人接纳

社交能力和语言表达能力是人际交往中非常重要的部分，对人际关系敏感的人非常在意言谈举止，诸如是否会说话、是否幽默、是否说话圆滑、说的话是否被人重视等。因此，当表现没有达到期待时就会变得紧张、自惭形秽，害怕别人不接纳自己。

一位男性患者工作后因不会说话受到舅舅的否定（舅舅是领导，在家族中很有地位），他突然意识到自己的社交能力很欠缺，之前他一直以为只要学习和工作好就可以了，其他的不重要。而他的表哥是一个能言善道的人，看见表哥可以游刃有余地和别人交往时，他就更自卑了。每年到舅舅家拜年，就是他最纠结的时候。当询问内向与不善言辞对他的意义时，他谈道："不擅交际，在酒桌上表现不好，就不能有发展，就不是一个有能力的人，别人也会因为这一点而否定我。"

"会说话"真的是人际交往乃至人生成败的关键吗？

如果我们理智一点就会发现，其实很多成功者也并不是能言善道的人。比如推销员也许比他们的老板更会说话，他们却未必有他们的老板成功。

好口才只能说是人际交往及事业成功的良好条件，但不是决定性因素，就像个子高是打篮球的优势，却不是全部。毕竟，无论是人际交往还是事业都需要一个人的投入、执着和用心。好口才仅仅是成功的条件之一，而且并不是必要条件。

退一万步说，就算不善言谈是一个缺点，但谁没有缺点呢？上述男性患者其表哥同样会有很多不足。这个世界上本就没有完美的人，接受本来的、真实的自己才是最重要的。

记得我年轻时也因不善言辞而自卑，但杂志上的一句话对我有很大的帮助——"很多青年因为内向而自卑，其实并没有必要，内向的人能给人诚实稳重的印象，这恰恰成了人际交往中的一个优点。所以要保持本色，甘于寂寞，以朴实自然的面目出现在交际圈，你不仅会得到别人的认可，甚至会得到一些人的欣赏。"

□ 我是一个失败者

一些人因为自卑而对和他人交往感到恐惧，而自卑的理由往往是某些能力的缺失或以往的失败经历，抑或是和别人相比的不足。当失败成为标签时，他整个人就会不断向下自由落体——在生活中他越来越抬不起头来做人。

一位女性患者认为自己很失败，总是能记住自己做不好的事情，却总是忘记自己成功的经历。就算有些工作是她可以胜任的，她也总是会轻描淡写地说："我能胜任的工作其实是一些不重要的、任何人都可以做好的工作。"当她辞职时老板挽留她，她也认为如果老板发现了她的无能，就绝不会挽留她了。她总是能轻易说出诸多自己失败的例证，却几乎想不到有什么成功与可取之处。她不敢和以前的朋友联系，害怕别人看不起她。

成功是什么，失败又是什么？有价值是什么，没有价值又是什么？想必不同的人对这些问题的回答也是不同的，因为每个人的评价尺度与衡量标准不同。用钱来做一个类比：如果一个人有一百万元，也许在一些人眼中他是有钱人，但在一线大城市，他连一套房都买不了，所以一百万元在大城市，反而又不算什么。因此，结论往往因标准的不同而不同。

有时，成功和价值取决于我们的比较对象。你是在和优秀的人还是在和一般的人做比较？你是盯着"ABC"还是"XYZ"？总有比我们强的人，如果总是和那些优秀的人比，那么很少有人是成功的、有价值的。

成功和价值也与一个人对自己的期望有关，当总是幻想大成功时，就看不到小进步；当总是幻想鹤立鸡群却不能如愿时，就会否定和排斥自己。因此，不是他不好，而是他对自己的要求太高了。

☐ **只有成功，我才有价值**

成功，已经成为全社会追求的目标，但把一个人的价值全都寄托于是否成功，是否超越别人，是否比别人强，则是一件很危险的事情，毕竟世上并没有永远的强者。并且，对于抱有"只有成功，我才有价值"生活信条的人来说，就算他已经成功了，也依然会焦虑，因为他害怕会失去这一切。

这种价值观有时来自父母，来自父母对孩子寄予的过多的期望。当这种期望成为是否接纳与爱孩子的条件时，这种价值观就会潜移默化地影响孩子的生活与孩子看待自己的方式。

一位男性患者就受到父母期望的严重影响。小时候，父亲告诉他只有开朗活泼才能受到别人的欢迎，他努力变得开朗。后来，当他学习好时父亲就会露出欣喜的笑容，他就拼命学习。当他终于无法继续保持出色，无法继续比别人强的时候，他就感觉对不起父母，也对不起父母的期待。同时，他既看不起自己，也看不起身边那些不成功的人。

另一位患者虽然很成功，但他依然非常焦虑，他害怕在人前表现得不好。如果有一点做不好，他就很不安，很焦虑，无法接受自己。他的口头禅是：这点事情都做不好，还能做点什么？所以他的目标就是在各个方面都做到完美，只有这样他才有安全感。

如果一个人的价值建立在比别人强、出色、成功的基础上，他总有一天会陷入自卑。他总有失败和不如意的时候，此时他就会从成功的骄傲跌落到失败的恐慌之中。或者，他就会活得两极化，一会儿自负，一会儿自卑，总是难有一颗平常心。

真正的自信并不是来自外在的成功，而是来自内在对自我的肯定与接纳。这一切并不是建立在某些特定条件之上，而是一种无条件的自我接纳。通过外在的条件建立自信，并不是真正的自信，而是一种虚荣心的满足，是另一种狂妄的自负而已。因此，摆脱条件化（只有成功，我才有价值）才是接纳与爱自己的第一步。

□ **我的价值来自他人的肯定**

一些人把他人的看法看得特别重要，甚至用别人的看法来衡量自己的价值。他的生活重心也在别人身上，而不在自己身上。当怎么努力都无法获得他人肯定时，整个人就陷入恐慌之中——别人的肯定成了他人生的支柱。

一位患者写道:"我的症状主要是当面对一些我觉得无法应付的人或事时,我就很焦虑,眼睛无法直视,视线变得模糊。我就觉得身边的人肯定发现了我出丑。此时,我就很想走掉。平时上班我很少和别人说话,同事的观点我几乎不会反驳,而对于他们的要求我也不知道怎么拒绝,我怕他们报复我。看到比较厉害又不喜欢我的人,我就很怕他,和他说话也不敢看他。慢慢地,我不再和别人说话,更别说开玩笑或吹牛了。"

一个人如果把价值建立在被他人接纳的基础上,就说明他缺乏自我接纳。他只是用别人的接纳来填补空洞的内心,缺乏内在的支撑,所以才需要外在的肯定。一位女性患者从小母亲就不断地在她面前说:"你这样怎么见人?别人该怎么看你呀!"她不得不试图做好母亲期望的一切,也因此觉得周围的人总是在评判她,她总是试图讨好身边的每个人来获得安全感。当她无法维系别人的肯定时,她的世界崩溃了,整个人陷入了恐慌之中。

总是在乎别人怎么看,就会无意识地在行为和表情上去讨好别人,以此来换得别人的接纳。但这无形中也让他成了一个"小跟班",不能和别人平等相处,也因此,内心会潜藏很多对他人的愤恨与不满。

靠他人赋予和从外界找寻的价值总是不牢靠的。一个人如果不能从内心接纳自己的好与不好,就算被人肯定,他得到的依然不是真正的安全感——真正的安全与价值源于自我的接纳,而非他人的肯定。

□ 余光与对视,不可承受之重

眼睛是心灵的窗户,这扇窗户可以折射出一个人的内在状态,比如紧张、焦虑、不安、不自信、病态等。因此,它成了暴露一个人内心的"间谍"。

当紧张的眼神让别人感觉到不适，眼睛是不是成了伤害别人的"罪犯"？

当别人发现我们眼里的恐惧，是否会觉得我们很没用？

当别人发现了我们的余光，是否会觉得我们不正常？

眼睛，该死的眼睛，为何成了烦恼的根源！

这些担忧对"目光恐惧"患者来说并不陌生，但眼睛的问题只是表象，根本问题在于他内心的恐惧——他害怕别人的否定，害怕自己不正常，害怕被他人忽视及远离，害怕无法成为他所期望的人，并赢得人际的和谐。

当一个人无法承受否定与伤害，无法接受本来的自我，无法直面内心的恐惧，就会一味地沉浸到对眼神的纠结之中，哪怕他的眼睛压根没有问题。他总是幻想眼睛问题的解决，所有问题都随之迎刃而解，他又可以成为他想成为的人。但如此的幻想只会让他更加与自己的眼睛对抗，无法与自己和解。

□ 我是一个异类、一个不正常的人

社交恐惧症患者往往会因为诸如脸红、口吃、手抖、紧张、余光、对视恐惧等症状而把自己当成异类或不正常的人。在人群中，他会异乎寻常地恐惧，害怕别人发现他的"问题"而嘲笑他。因此，在人群中他总是隐藏自我，隐藏"症状"。但这种"潜伏"生活不但不能消除恐惧，反倒会让他更坚信自己的"与众不同"。

一位女性患者因为脸红而痛苦，她总是担心被人发现自己脸红。她和陌生人在一起反倒放松一些，因为萍水相逢，她不必在乎自己的形象和别人的眼光。但在熟悉的人面前，她就会异乎寻常地紧张。当被询问为何对脸红如此敏感时，她说脸红会让别人觉得她不正常。她非常希望给别人留下一个完美的印象，生怕有做得不好的地方。在脸红之前她就非常在乎自己的外貌、着装、说话等方面，这些是可控的，但脸红不受控，因此她对脸红极度恐惧。

在治疗中她总是和我强调脸红有多么不正常，我们暂且不去辩论脸红是否正常。一个人总是期待自己各个方面都正常，也许这才是真正的"不正常"。

有时她也会观察别人，发现周围的人同样有很多问题，但别人似乎并没有把这一切放在心上。为何别人可以有"问题"，而我不能有？这引发了她的思考。

心理问题的本质不在于表面症状，而在于不能接纳自我。因此，任何和患者幻想中的完美自我不符的东西都能引发他的恐惧，诸如放屁、泌尿问题、表情严肃、长得凶等。越是以一个绝对正常的标准来衡量自己，就越无法接受表面症状的存在，并给自己扣上"不正常"的帽子。

□ 我的"症状"会影响别人

有时患者会坚持认为自己的"症状"，比如紧张、脸红、余光、对视等会影响别人，让别人也变得紧张和不自然，因此心中充满了愧疚与自责。有时他也试图安慰自己，但理智的语言无法消除他的顾虑与担忧。

一位患者这样写道："在与人交往中，比如聊天、开会、吃饭、看电视等场合，我总会用'余光'看人，觉得自己的余光在影响别人，从而深感自责。这种余光恐惧已严重影响了我的工作和生活，我不愿主动与同事和朋友聊天、交往，搞得自己很孤僻，激情好像都没了，身心很疲惫，生活很无趣。我觉得活得很累、很虚伪，我渴望别人理解，但不敢将病情告诉他们，因为社会上的人对心理疾病患者还是很歧视的。

影响了别人，这到底是客观事实还是主观臆断？

第一，心理学上有一个概念叫作投射，我们容易把自己的想法投射到别人身上，认为别人也是如此认为的。当认为自己影响了别人时，别人的任何细微动作，诸如眨眼和皱眉，都会被我们当作影响了对方的证明，结果就是我们更坚信是自己影响了别人。

第二，在患者圈里有一个常见的现象，即不同类型的患者相互不能理解，例如一个余光恐惧患者把症状讲给一个手抖恐惧患者听时，手抖恐惧患者会认为余光是多小的事啊，至于这么紧张吗？就如一位放屁恐惧的患者在群聊里说自己的症状时，其他患者都笑他为"这么大点屁事"而纠结。这也说明了"症状"本身并不可怕，可怕的是我们把它"妖魔化"，之后又"剧情化"，最后成了"惊悚片"。

第三，当一个人不允许自己影响别人，害怕自己会影响别人，把别人的感受放在第一位时，其实他已经迷失了生活的本质——他不再是为自己而活，而是为别人而活。想必，这里的问题已经不再只是影响别人，而是已经升华为：为什么不能为自己而活？为什么总是要取悦所有人？难道还想获得所有人的肯定？难道想让自己成为一个完美无瑕的人？

□ 别人都在针对和伤害我

一些患者对人群恐惧的原因是害怕被伤害，而他们所认为的伤害可谓多种多样，诸如被打、被骂、被否定、被非礼、被强暴、被杀等。所以他总是尽力逃避他所恐惧的情景和人群，虽然他本人有时也知道是自己过于敏感，但被伤害的恐惧让他无法用理智来思考。

一位男性患者在人多的地方就紧张，害怕别人关注自己，害怕别人发现自己的目光不对劲，也害怕被打、被骂。在超市，就算是身边的老太太推着车子，他都害怕对方用购物车撞他。为了不被伤害，他总是试图假装很强势。一次和陌生人乘电梯，他害怕对方看他，就故意看着别人，努力显得自己很强势。

在一个不安全的世界中找到绝对的安全，这本身就不可能实现。但对具有病态自尊的人来说，不被伤害和强者形象就是他人生的支柱。他害怕被伤害并不是因为伤害无法承受，而是因为这会打破他的强者幻想，从而意识到自己的弱小，意识到自己和别人一样会死亡、被伤害、被打、被欺负……

一位女大学生如此描述心境："我不明白，我为何宁愿自杀也不愿接受被伤害。如果被伤害，我会崩溃的。或许我早就崩溃了，我太敏感了，我有时会控制不住地想杀死自己或咬自己直到感觉疼，疼的感觉比恐惧的感觉强烈我才会松开。在生活中我其实从来都没有被打过，但我依然害怕被打，害怕得要死。当自己脆弱到不堪一击时，我就告诫自己：不要像一个娘们似的。不过我又笑了，因为我本来就是一个女人。也许是因为我总是试图把自己扮演成一个女汉子，一个强者，一个毫不脆弱、绝不会被伤害的人，才如此害怕被伤害吧。"

一个人越是沉浸在强者幻想中，越无法接纳真实的自己，也就无法面对现实——每个人都有被伤害的可能。他也总是试图以"强者"姿态来生活，来捍卫自尊。但他不是神，不可能时时刻刻保护自己不受伤害。他总是恐惧，并为可能受到的伤害而焦虑，但这并不是说外界真的就如此可怕，而是他固执地要逃避所有的伤害。

□ 别人都在看着我

患者往往有一种强烈的被关注和被审视的感觉，就算实际上并没有人在关注他，他都能感到有一双眼睛在时时刻刻地监视着自己。因此，有人的地方就会让他感到紧张。严重时就算一个人在家，他都感觉有双眼睛在看着自己，也许在窗外，也许在某个位置。他知道这是想象出来的，但他就是无法放松下来。

一位患者写道："有一个症状让我活得疲惫、痛苦不堪——当我要做一件事情时，无论做什么，做之前头脑中总感觉'有人在看着我'，然后就想'他会怎样看我'。于是做事情时根本就无法集中注意力，心思全部放在了这些担忧上。这样做事时就会去监控自己的一举一动，又因为确定不了'他人的看法'，所以我做事紧张焦虑、小心翼翼，做完之后又会担忧他人的看法。最严重的时候，我发现竟然在监控自己的呼吸，监控自己的躯体感觉。就好像我在呼吸、在感觉的时候，都在想着'他人会怎样看我'，又因为不确定他人的态度，我的呼吸都让我紧张。时间长了，我就变得很麻木，像没有躯体感觉一样。所以，我整天昏昏沉沉，魂不守舍。"

"有人在看我"是一种想象。此种想象来自一方面他想要博得别人的关注，另一方面他又害怕别人的关注。他是一个完美主义者，总是希望别人看到的自己是完美的，总是幻想自己被所有人接纳和肯定。因此，他会监控自己，也会对别人敏感，只有如此才能达到他完美的期待与要求。然而，他总是不确定"他人的看法"，所以总是处于焦虑之中。

其实，这一切根本就和别人无关。他就像是一个戏子，有人的地方就是舞台，他始终在表演，不能放下对完美自我的执着，不允许自己搞砸这一切。在痛苦的背后其实隐藏着一颗贪婪的心，如果不能放下对被所有人肯定与认可的幻想，也就注定无法拥有平静的心情。

□ **别人都讨厌我，憎恨我，鄙视我**

当一个人不喜欢自己时，就会担心别人也讨厌他。此时，他会变得非常敏感，容易将别人细微的表情和动作（比如皱眉、咳嗽）解读为一种对他的否定。有时患者的敏感几乎到了妄想的程度——就算别人在闲聊，他都担心是在议论他；就算别人随口说一句"有病"，他都担心是在讲他；就算别人多看他两眼，他都认为是发现了他的"问题"；就算别人说一些中性的话语，他都能解读出否定的意味……比如，一位女性患者在班级里只要有人讲脏话、难听的话，她就会认为是在讲自己，所以无心学习，进而感到前途茫然，终日忧虑。而另一位女性患者，非常担心别人发出"丝"的声音，当被询问为何如此敏感时，她说"丝"和"骚"发音类似，所以会认为这是别人在骂她骚。

此种现象只是说明他们内心对自己的憎恨，当一个人越自恨，就越会在内心谩骂自己；而越是如此，就越会把如此的自恨投射到他人身上，认为别人也一定是这样看待自己的，进而把别人的一些与己无关的言行联系到自己身上，解读为一种对自己的否定与鄙视。

真正可怕的不是别人，而是我们内心对自己的憎恨。当可以接纳自己时，就会发现外界也因此变得和谐，或者说，外界一直都没有变，是我们内心的冲突减弱了。此时，我们才能客观地看待自己，客观地看待周围的人。

CHAPTER 3
第三章

森田之道

◎ 森田之道

森田正马教授认为：神经症发生的基础是神经质，其表现是精神内向，内省力很强，有疑病倾向，对自己的心身活动状态及异常都很敏感，过分注意、担心自己的心身健康，生存欲强，求全欲也强。他们经常把人们司空见惯的正常生理反应或轻度不适感视为病态，精神过度紧张，忧心忡忡。久而久之，这会导致疾病，并于心身之间产生恶性循环，使病症愈演愈烈。

神经质症状纯属主观问题，而非客观产物。它是由患者的疑病素质所引发的精神活动中的精神交互作用所致的。注意力越是集中在这些"症状"上，感觉就越敏锐，"症状"也就越严重，形成恶性循环。

所谓"症状"其实是来自患者过于关注所谓的异常反应，又因为恐惧与注意力固着于此，从而产生的精神交互作用。最后，这种感觉就变得敏锐起来，而敏锐的感觉又会进一步引发注意力固着于此。这样一来，感觉与注意彼此促进、交互作用，致使该不良感受愈发强烈。

另外，森田教授认为，神经症患者是"完善主义者"，他们往往在欲求与现实之间，在"理应如此"和"事已如此"之间形成"思想矛盾"，并力图解决这些现实无法解决的矛盾，对客观现实采取主观强求的态度，致使症状越来越严重。

例如，一位男性患者每天都要照镜子看眼睛和嘴是否正常，且极其害怕别人的关注。问题源于他看到电视中领导讲话在不说话时嘴是闭着的，而他突然意识到自己的嘴闭不严，从此就对自己的嘴特别关注，担心被别人看成怪人。他整天都在想这件事，晚上都焦虑到无法入睡。后来他又开始担心自己的眼神是呆板的，每天出门前都要在镜子前看眼神是否不对劲。因此，他总是用余光去关注别人，但又恐惧自己的余光会看异性的敏感部位或别人的包，让别人觉得他是流氓或小偷……

社交恐惧的症状，比如对视、余光、脸红、手抖恐惧等，如果追根溯源，患者原本都是健康人，只是体验到了一些一般性的感觉或体验，又因为"完善欲"，而把一般人也会出现的感觉或体验当作病态的异常现象，引发了恐惧及预期不安。又由于精神交互作用，这种感觉逐步加深，逐步强化固着，乃至成为长期的症状。

具有神经质倾向的人求生欲强烈，内省力强，若将专注力指向某种不适，这种不适就会愈演愈烈，形成恶性循环。森田疗法就是要打破这种精神交互作用，同时协调欲望和现实之间的对抗关系，主张顺应自然，为所当为。

对此，森田正马谈到，这种神经质疗法，就是对疑病素质的情感施加陶冶，针对精神交互作用这一症状的发展机制，消除思想矛盾，并顺应注意力、情感等心理状态，根据患者的症状和体会，使之体验顺从自然的态度。这乃是一种根本性的自然疗法。

打破精神交互作用，改善完美主义个性是治疗的关键。所以治疗不是战胜症状，而是从症状的形成机制去了解症状成因，并体悟到自然非拙笨的人力可以改变，以顺应自然的心态缓解主观与客观的冲突，进而改变患者对症状的态度——从对抗到接纳。

□ **顺应自然**

> 对于症状除了顺应自然，别无他法，只有而且必须顺应自然才行。患者倘若想逃避这些痛苦和恐惧，或想战胜它、否定它，都是无济于事的。这些做法都会使神经质越来越被痛苦束缚，使精神冲突、思想矛盾越发严重，症状也更加复杂。关于神经质的疗法，必须打破思想上的矛盾，这必须是整个疗法的着眼点。怎样才能打破这种思想矛盾呢？一句话概括，就是放弃人为的拙笨意图，顺从客观存在的自然状态。企图依照人为的设计，随意支配自己的想法，或如打算让河水倒流那样，不能如愿以偿，只会徒然增加烦恼。那么什么叫自然呢？夏热冬寒就是自然。顺从并能忍耐，这属自然。
>
> ——森田正马

四季变化、生老病死、人无完人，这些都是"自然"，但患者因为"完善欲"，总是和自然对抗，又因为相信"人定胜天"，结果浪费了精力，加重了病情。

一位男性患者不敢和别人对视，且对自己在社交中的表现很不满意，又非常在意别人对自己的看法，害怕别人的否定。这一切都源于工作上的一次失误，最后他又被公司裁员。接连的打击让他变得不自信，产生自我怀疑。他发现自己不善沟通与交流，成不了大事。之后和别人在一起时，他就逼着自己找话题，这样反倒让他对交流更加恐惧。没什么话题的时候，他就紧张和尴尬，而且感到对方也跟着尴尬起来。

当我问他希望通过治疗达到什么样的目标时，他说希望能很快在人际交往中打开局面，说话到位，受人欢迎，不紧张也不尴尬，当然更不会影响别人。他急于让我告诉他一些"神奇"的方法，这样他就可以实现他的期待了。

其实，他真正缺乏的不是方法，也不是社交技巧，而是面对真实自己的勇气。他总是幻想变成社交能手，但这不现实，毕竟从小到大他都不是一个善于社交的人，他是为了"做大事"，才一味地逼迫自己成为社交能手。

"顺应自然"——他必须接受一个不善言谈的自己。毕竟这是一种客观存在，如果总是用主观幻想来改变客观事实，就会产生思想矛盾，引发更强烈的自卑与敏感。

一个女高中生整天想要消除脑中对异性的想法，她认为这些想法是不应该存在的，比如想到异性的名字、做爱的画面，或是用余光看对方的敏感部位。她认为这样不合常理，也显得太花心了。她极力克制自己的大脑，不去想这些不好的东西，久而久之形成了强迫，这些画面反倒固着在她的头脑中挥之不去。

这其中的"自然"是，她是一个情窦初开的女生，想异性很正常，花心也是她这个年龄要经历的。但她因为超高的道德要求与价值观，一味地否认这些自然，否认自己对性和异性的渴望，从而认为它们是不应该有的。因此，主观想象和客观现实产生了冲突，最终形成了病症。

顺应自然的核心在于面对与接受自己仅仅是一个普通人，并不能把一切做到尽善尽美，也无法让所有人都喜欢自己，任何对现实的否认与挣扎都是徒劳的。

□ 为所当为

"顺应自然"的核心是接受现实，而"为所当为"的核心在于面对现实。

森田疗法帮助神经症患者领悟顺应自然的生活哲学，放弃控制不可控之事，但还是要在顺应自然的前提下"为所当为"，即去承担起人生的责任。森田疗法专家高武良久指出：不能忘记我们的行动会造就我们的性格这一客观事实。正是这一点，才是神经质性格得以被陶冶的根本理由。

森田认为，一方面要对症状采取归顺自然（接受现实）的态度，另一方面还要随着本来就有的生的欲望，去做应该做的事情（面对现实）。森田疗法要求患者带着症状去生活，害怕见人没关系，该见的人还是要见，带着恐惧与人交往。"为所当为"要求患者该做什么马上就去做什么，尽管痛苦也要坚持。

一位男性患者之前一直在工厂工作，也得到了主管的赏识。但因为一次工作失误被别人笑话，所以受了很大的刺激。之后他变得非常敏感，别人吐痰，他都会觉得是在针对他，并且感觉别人都在看着他，因此感到抬不起头。后来，他还产生了余光恐惧，担心别人发现他的不正常，从那之后他就不敢去上班了，一直泡在网吧里。

当然，他来治疗是急于摆脱症状，他非常担心别人会因为这些症状的存在而认为他不正常。症状已经成了他生活的障碍，不解决症状他就无法面对生活。

但"为所当为"不是等待症状消失再开始生活，而是要带着症状去生活，直面所逃避的人生。无论这个过程要承受怎样的痛苦与无奈，都需要面对这一切。"为所当为"不是一种练习，也不是一种消除症状的方法，而是一种生活态度，一种对自己的人生负责的态度。不管症状是否消除，我们都需要承担起人生的责任。

在"为所当为"的初期，症状和恐惧会变得比之前更强烈，毕竟直面现实必然遭遇恐惧。但从长远来看，我们的收获却是因此而变得更真实与自由。

□ 事实为真

> 所谓思想，原本就是从事实产生的东西，无外乎是对事实的记述或说明，而正确的思想必然与事实一致。因为想按个人思想来创造或安排、改变客观事实，所以才常常发生矛盾。缠夹的所谓"恶智"，《般若心经》所谓的"梦想颠倒"，都可以说是这种原因引起的。例如，我们可以想象，倘若加足劲，赤手空拳也可以在空中试飞一番。然而这只有在睡梦中才有可能做到。那只是梦想，不是事实。在思想矛盾中，尽人皆知的例子就是人必然会死，无论怎样害怕也不起作用，反正最后是必死无疑。若想赶走它、否定它或战胜它，这都是不可能的。我所谓的"正常心态合于道"中的"正常心态"，简单解释就是日常生活中应有的原本状态，而"道"就是客观事实的真理。
>
> ——森田正马

"理应如此"——患者对生活和自身状态的要求；"事实如此"——无法改变的现实与必然。

社交恐惧症患者的"理应如此"往往是，我应该被别人肯定和尊重，我应该比别人强，我应该是完美的，我应该被所有人喜爱。或者是，我不应该有缺点，我不应该是这样的，我不应该有失败，我不应该被别人嘲讽……在这种"应该"之下,他"理应"成为一个成功的、被所有人都喜欢的、集所有优点于一身的人。而"事实"恰恰相反,现实中的他有缺点、有不足、有不喜欢他的人、有他搞不定的事。因为不能接受"事实如此",所以他"病了"。患病虽然痛苦,但把自己当成一个患者,就给"理应如此"留有余地。他认为只要治好了自己,就又可以实现他的"理应如此"了。

一位余光恐惧的患者害怕看女生的敏感部位。起因是一次他和表姐讲话,无意中看了表姐胸部一眼,结果表姐动了一下衣领。他就感觉被表姐发现了,表姐会由此认为他是一个龌龊的人。从此,他就一直控制自己的余光,担心再看异性的敏感部位。

其实,被异性吸引,这是再正常不过的事情,但这位患者一味地用理智来克制本能,这种努力必然失败。错误不在于他的眼神,而在于他一味地试图维系他所谓的"正人君子"形象。

森田教授对此是这样评述的:我们的思想矛盾如此之多,岂不就是因为思想和主观体验到的事实不一致,将它客观化后投影在外界加以扩张,因而越发远离了事实吗?禅家所谓的"恶智"大概就是这种情况。

一位高中生因为社交恐惧一直休学在家。事情的起因是,高二时,他想让人际关系变得更好,让自己在别人心中的地位更高,所以就想变得更开朗,更受欢迎。但这种刻意的努力,不但没有给他带来更高的人气,反倒让他变得敏感和紧张,不敢与人讲话。本来自然轻松的人际交往,到头来却成了沉重的负担——越想好好讲话,却越是连话都说不出来了。他后来干脆不读书了,把自己封闭在家里,切断了和过去朋友的一切联系。

本来好端端的生活,被他的"恶智"(想要在人际交往中有更高的人气指数,更开朗,更受欢迎)破坏了。想象本来就和事实有出入,他却执着于主观幻想,进而产生了思想矛盾,最终把自己搞得"人不人,鬼不鬼"。

其实,所有的恐惧都来自他无法面对这样一个现实:我也可能给别人留下一个不好的印象。他的"恶智"大概就是——我要完美无缺,给所有人都留下好印象,没有人会否定我、看不起我。因此,他无法接受症状的存在、别人的否定、形象不佳,而这一切都说明他没有"事实为真"。

□ 放下执着

所谓矛盾,是我认为应该如此、必须如此,而实际上结果和想象的相反,形成思想冲突。"事实为真"意味着对现实的服从,而不是一味地强求。

一位男性患者存在诸多症状,比如害怕异性、害怕被别人关注、担心对视,也担心会紧张、脸红、手抖。初中时他学习不错,但有一天出现了一个奇怪的症状,他突然不敢看语文老师的眼睛,担心老师觉得他的眼神不自然,眼睛发直,所以尽力回避与老师的目光接触。开始这只是针对语文老师,后来他发现和所有老师在一起都会紧张。为了解决这个问题,他就逼着自己和老师对视,这样反倒让他更不自然,成绩也一天不如一天了。

上大学后,虽然学习压力没有那么大了,但他发现和异性接触时容易紧张,接触越是喜欢的女孩他就越放不开。之后他就想改变自己,逼着自己多和异性接触,让自己多讲话。在经历了一系列和异性交往的挫败后,他更加害怕和异性交往。

后来他也接受过心理辅导,咨询师说他心理素质不好,他好像找到了方向。之后他就想尽办法提高心理素质,比如为了锻炼胆量,他在公交车上朗读课文，也在学校操场上大声叫过，还骑自行车上千公里回老家。虽然这些努力让他暂时好了一些，但最后他依然是老样子，该绝望还是绝望，该抑郁还是抑郁。

他注定失败，因为他寻找的依然是战胜"症状"的方法，他依然没有对症状和现实臣服。"顺应自然"的意义在于接受事物和自己本来的样子，恐惧就恐惧，紧张就紧张，余光就余光，不自然就不自然。就好像天冷了要加衣服，水多了会溢出来，这一切都是自然反应，企图和现实作对只会徒增烦恼。

临床中发现，很多患者对心理治疗的理论了然于心，但依然无法从内心挣扎中走出来，就是因为他无法放弃对消除症状的执着。放下执着，简单来说就是"死了这条心"，但患者固执地认为这是一种病，既然是病就可以治好。很多患者把症状当成病，殊不知，真正的病不在症状，而在于对所谓"正常"的执念。只有放弃对去除症状的执着，才能打破精神交互作用，减轻思想矛盾，进而达到无所住心的目的。

一位男性患者整天担心会被人害、被人下毒，因此在生活中小心翼翼，担心得罪他人。他来治疗就是想解决这样的焦虑。他认为自己运气不好，但还是很有能力的，如果不是因为症状他早就发财，早就找到漂亮姑娘了。但因为这个症状，他整日活在恐惧和焦虑之中。

"死了这条心"就是承认每个人都会死，或早或晚，或这样或那样，总归是无法避免的。因此焦虑是无法消除的，只能带着焦虑去生活。

他却对找到某种神奇的治疗方法心存幻想。他往往会对一些宣称可以立竿见影、保证治愈的广告感兴趣，或幻想可以用催眠或某种神奇的药物、仪器帮他战胜症状。想必，只有他对"治愈"死心，才能好好反省，才有可能接受一个不完美的自己。

◎ 森田误区

森田疗法是一种面对生活的态度，却被一些患者当成去除症状的方法；森田疗法教人放弃病态的执着，却被一些人当成执着的手段；森田疗法注重内涵，却被一些人解读为形式……因此，在森田疗法的实践中存在诸多误区。

森田教授提出，要以事实为真的态度面对生活，要以接纳的态度包容自己。"理应如此"与"事实如此"反映了患者内心冲突关键之所在，"恶智"的存在阻碍了患者领悟放下执着。治疗并不是简单的症状缓解，更多的是个性的陶冶。

□ 是态度，不是方法

森田疗法是一种人生态度，而不是去除症状的方法，但很多患者沉浸在对方法的执着中而无法体会森田疗法的真谛。

一位男性患者在社交中害怕和别人对视，总是感觉不会说话，表情不自然，因此回避社交，尤其是和异性的交往。更严重的是，就算睡觉他都担心呼吸会影响别人。虽然他一直试图努力走出来，但他的努力仅仅停留在思想层面，而在生活中依然不敢和别人接触。当我指出他逃避生活，没有做到"为所当为"时，他就努力完成我留的任务，逼着自己和女孩说话、参加聚会。但最后他"能量耗竭"了，又退缩到了自己的世界中。

他依然把"为所当为"当成治愈手段，而非人生态度。在他的内心依然抗拒自己——他不能接受一个不会讲话、紧张、不自然、无法让所有人喜欢的自己。

如果依然把治愈当成症状的解决，那么他只会被现实撞得"头破血流"。毕竟，真正的治愈是放弃对"治愈"的执着，甘心接受缺陷、不如人之处和别人的否定，并停止一切无谓的抗争。

顺应自然，顺应的不仅是客观世界的自然，也包括自己作为一个人存在的自然。而"为所当为"就是，就算痛苦也要面对生活，而不能躲到一个人的世界中。

□ 是体会，不是语言

一些人把森田理论背诵得滚瓜烂熟。当恐惧时他会告诫自己"顺应自然"，当逃避时他会告诉自己要"为所当为"。例如，一位失眠患者失眠时就告诉自己睡不着就睡不着吧，结果他满脑子都想着"睡不着就睡不着吧"这句话，反倒更干扰了睡眠。

因此，森田疗法是行动而非语言，或者说要领会其要义而非把它当成口号。

"王宇老师：

"您好，我是向您咨询过一次的女大学生，我买了您的书还有一些森田方面的书，状态好一阵歹一阵的，可能是我没有领会到书里的精髓，所以我还是感觉没有真正走出来。

"但是老师，我对"顺应自然"有一些疑惑，仿佛走入了误区，希望能得到您的指点。您在书中强调要放下这些完美主义的病态追求，我也发现了自己的病态追求，就是希望周围人都觉得我很好、很完美，希望成为焦点。前一段时间我致力于消除这些病态要求，比如睡不好、脸上痘痘多时，我就对自己说："不要在意啦，不好也不要紧，自己就是这个样子，要接受最真实的自己。"但是，好像这样的劝说并没有在心理上起什么作用。我每次遇到同样的事还是会纠结、难过。"

安慰自己"不要在意啦，不好也不要紧，自己就是这个样子，要接受最真实的自己"本身并没有错，错在她的"口不对心"。这些话没有真正走进她心里，她的内心依然幻想完美、成为焦点。她只是把这些话当成减轻焦虑的手段而已，她依然不能接受自己的不完美。

只有用心"体悟"到自己的执着，只有发现自己的"恶智"，只有明白"顺应自然"的真谛，才能接纳症状与不完美的自我。这一切并不是语言的命令，而是一种内心的感触，如此才能达到医治的效果。

> 所谓体会，是亲身实践、验证之后获得的具体感受。而所谓理解，是根据推理判断得出的"应该如此""必须这样"等抽象知识。不过最深刻的理解是在具体实践和体验之后产生的。犹如不吃梨，就不知道梨的滋味。
>
> 所谓释迦牟尼苦行修炼六年之后始得大彻大悟，是什么意思呢？这就是"诸行无常，生者必灭"一语所表述的事理，而且分析到最后也就是"人纵有死"的意思。由此可见，所谓领悟，主要是主观上亲身体会到了诸行无常这一自在的至高境界，而不是理解性的认识。理解和体会，在彻底领悟之后，两者就可以达到完全一致。但是，如果局限在思想矛盾和迷惑不解之中，其差距之大，真是说不清边缘。
>
> ——森田正马

□ 森田式强迫

森田疗法本是教人"向善"，但对一个病态执着的患者来说，森田疗法反倒成了他与现实对抗的手段。他虽然在形式上完全按照森田疗法的教导去做，但实质上依然把这一切当成逃避现实与自我的手段。最终，他反倒落入了"森田式强迫"中无法自拔——拘泥于治疗的形式，而非疗法的精髓，他幻想自己成为一个"森田战士"来实现他的"治愈"

幻想。

一位男性患者因为害怕否定与失败，一直都在逃避人际交往、逃避生活。为了解决问题，他整天沉浸在对森田疗法的研究中。为了"体悟"，也为了"为所当为"，他总是拼命给自己找事情做，不敢停下来，似乎一停下来就有违森田教义，就治不好了。因此，就算大过年他都逼着自己不和亲戚来往，一个人躲在家里找事情做，他幻想成为森田战士，减轻紧张和恐惧，进而成为一个受欢迎的、成功的人。

他虽然在做，但他的"做"不过是一种"逃"——他幻想通过"做"来维系"理应如此"，进而逃避"事实如此"。他太过执着以至于"走火入魔"，因为不能放弃伟大的幻想，所以他把森田疗法当成"修炼"的工具，最后沉浸在理论里而忽视了生活。这本身已经脱离了该疗法的本质，成了一种强迫。

一些患者为了做到极致，竟然在家里构建了森田式的住院治疗环境，竟然也如书上所说，封闭在家里十几天，不下床、不说、不动。他幻想通过这种"住院森田"可以打破束缚。但如此可笑的刻意模仿只会让他成为一个笑话，如果森田疗法本身成了一个人的包袱，那么还不如放弃对森田疗法的执着。森田疗法强调对生活的体悟，而不是对疗法本身。越是沉浸在疗法里，远离现实，远离生活，就越会加深思想矛盾，加重病情。

◎ 案例举例

□ 案例一

一位女性患者害怕人多的地方，也害怕别人发现她的紧张和"苦瓜脸"。这种情况主要出现在饭局、聚会、唱歌、照相等情景中。当处在令她恐惧的情境之中，她就特别紧张，脸色难看。她害怕别人误会自己不喜欢对方，也害怕别人认为她小气、害怕花钱。她变得非常敏感——害怕看别人，也害怕被别人看，一个人在家都会觉得有人在看她。

初中时她突然不敢看男老师，怕老师误会自己对他有好感。从那时起她就开始幻想——自己非常完美，多才多艺，特别有才华，被所有人羡慕。因此她甚至有了整容的想法。

她来治疗的目的是，能在别人面前放松自然，不再一副"苦瓜脸"，如果唱歌更好，跳舞更好，更受别人欢迎就完美了。

她来治疗是让我帮助她去除症状，这样她就可以更受欢迎。她之前所有的努力，也都是为了实现这样的目标。

要解决问题，我们首先需要了解问题的成因及发生、发展的机制，这样我们才能对症下药。她从小就对别人的看法非常敏感，对自己的表现也非常敏感，从眼神到表情，她害怕因任何细节问题而引起别人反感。虽然症状不断变幻，但一个核心从来都没有变——维系完美形象，获得所有人的肯定与羡慕。

而她的求治目标也暴露了她的"恶智"——"自己非常完美，多才多艺，特别有才华，被所有人羡慕"。

"更完美"和"看不起"之间有一种隐含的关联，越期盼完美，就越害怕别人看不起；越害怕别人看不起，就越幻想完美。此种关联让她深陷"理应如此"与"事实如此"之间的矛盾，产生强烈的心理冲突，进而自我怨恨。她一直期望完美无缺、受人欢迎，但现实中有缺点、有不足，也因此无法让所有人都喜欢她，可她无法接受这样的现实。

当我提醒她，真正的治愈不是把缺点都改掉，而是学会接受不完美时，她反驳道："难道上进心、追求更好的自己有错吗？"她认为自己的要求并不高，只是比一般人好一点，在所有方面都得到别人的肯定。

在所有方面都得到肯定，这难道只是比别人好一点？在各个方面都比别人好一点，这难道不是"恶智"？

她也幻想成为身边的人，只要不是她自己。但如果真的可以成为身边的人，她又不愿意了，因为身边的人也有诸多她无法接受的问题，比如矮、胖、丑，并且也没有人被所有人喜欢。其实她想成为的人，并不是一个真实存在的人，而是集所有人的优点于一身，可以获得所有人欢迎的超人。想必她永远都实现不了，毕竟这是在做梦。如果她不能放弃"恶智"，顺应自然，就无法停止内心的冲突，也永远都好不起来。

□ 案例二

一位男性患者总是担心脸红被别人发现，并且嫉妒心也特别强，担心同事比自己强，但同时也害怕别人发现他的嫉妒心，所以活得特别纠结。

初中时老师让其他同学回答问题，没有叫他，他很不悦，但他又担心别人知道他内心的想法，认为他是一个嫉妒心强的人，所以那节课他紧张得脸红起来。这种情况也经常在他的生活中出现，比如吃饭，如果别人吃了他喜欢吃的菜，他内心是不想让别人吃的，但他又非常担心这样"小气"的想法被别人知道，担心别人认为他是一个吝啬的人，所以吃饭时他都无比紧张。当有人在他面前夸奖别人时，他内心就不高兴了，因为他一直想超越所有人，难以接受别人比自己强的现实，但他又怕别人知道自己心里的想法。所以，他总是在别人面前伪装成一个没有脾气、没有意见、什么都可以的老好人。

一次他坐火车，对面是一个女孩，这个女孩和他身边的男人聊得很投机，结果他又自卑又嫉妒，但又要装成一副满不在乎的样子。为此，他都想参加卡耐基口才训练班，成为那种能说会道的人。最后他来治疗，但依然幻想成为一个人见人爱的人。

他多希望被"治好"啊——治好了,他就可以脸不红、心不跳,落落大方,在女孩面前谈笑风生,让周围的男孩都羡慕嫉妒恨。这多美妙呀,想必没有一个男人不希望成为这样的人,他正是抱着这样的美好愿望来做治疗的,希望我能帮他圆梦。

我对患者说:"如果我有这本事,就先把自己变成万人迷,把自己变成成功人士,该多好?"

但患者依然坚信自己有能力,只不过是症状影响了他的发挥。就好像"苏乞儿"一般,正是因为被废了武功,才成了一个失败者。他内心一直认为他不应该是这个样子的,他应该是风流倜傥、玉树临风的。

他就好像是一个不死心的赌徒,只要尚存一点幻想他就不会放弃。

而他整个人也因此变得特别虚假,他不想"完美形象"破碎,所以总是活在面具背后。他只是伪装成一个有"修养"的人,但实际上他并不是,因此总是担心别人识破这一切。他既没有活出本来的自己,也没有直面现实本身,他只是活在一个"完美"的套子里。

打破这一切思想矛盾的关键就在于,他要放弃对完美自我的执着,以真实的自我和别人打交道,而不是躲在面具背后。但这一切说起来容易做起来难,毕竟对"赌徒"来说,语言无法让他放弃,只有在他失去一切时才有可能醒悟。这类患者需要更多的打击和痛苦,就好像《西游记》中"九九八十一难"一样,少一难都不行。他需要在治疗上备受打击,对"治愈"死心,也需要在生活中备受摧残,对"成功"绝望,还需要直面完美形象的破碎,体会到自己的平凡……

□ **案例三**

"王宇老师讲的是不错,但忽略了一个问题,那就是很多患余光恐惧症的人知道这种心态是多余的,并时刻想摆脱这个处境。发作起来,他也想赶走这种想法,但是越想赶走就越赶不走,即使马上告诉自己要顺其自然，不要胡思乱想，都没有用。并且他会对给周边人带来不好的情绪非常自责，感觉自己就是一个气氛的污染者。所以希望老师讲一下，如何能摆脱这些多余的想法，我本身就是一个有余光恐惧长达16年的人，至今无法摆脱，痛苦无法形容，但是从未放弃治疗。"

想法是不可控的，紧张焦虑的感觉也是赶不走的，任何人为的消除余光和焦虑的感受的努力都是徒劳的。

16年来的痛苦与纠结，说明他的内心依然在抗拒，或者说这么多年过去了，他依然无法接纳余光存在的事实，更无法面对余光带来的负面影响。简单来说，他一直都没有顺应自然，依然主观强求，幻想余光消失，进而获得人际的和谐。

"从未放弃"表面上是好的，但从另一个角度来说，这是不是一种病态的执着？这么多年，他依然没有放下"别人"，也不曾放下"控制"。他依然想要用"顺其自然，不要胡思乱想"来控制余光，依然试图在别人面前隐藏自己。

不去影响别人，似乎是一种善良的品行，但是否也说明他试图维系被所有人接纳和肯定的"恶智"呢？也许只有放弃如此的执着，才是变好的开始。

□ 案例四

"我患上社交恐惧症八年了，现在就是怕见熟人，觉得没话说，对生活没有热情。见了熟人，心里总是想着我该怎么表现，怎么才能表现得热情、开朗。但越是这样就越是紧张，当然别人会感觉到我的不自然，我完全是在紧张中完成与他人的交往的。家里来了客人，我也尽量客气，总是弄得自己很累。现在我试着去接纳自己，告诉自己顺其自然，不想说话就不说，可是我又觉得太冷漠。我会假想很多场景，比如同学来了，我可以像见一般客人那样不想说话就不说吗？

"我想要拓展自己的性格，成为愿意与人交往的人。不需要多么如鱼得水，我只要内心感觉对生活有热情，能轻松交朋友就好。

"我在医院上班，有的朋友就找到我，想在我的科室输液，我表现得有些冷漠，其实自己本来就过得郁郁寡欢，哪有心情管别人。在医院我基本没有人际交往，只待在办公室，别人都串科室，说说笑笑。十多年了，我都没怎么去过别人的科室，太可笑了吧。这两年我也尝试过各种办法，也看过一些心理方面的书，但都没什么用。

"王宇老师，我最想知道的是，现在，应该说是明天，我该怎样去想，怎样去开始一天的生活。我该怎么做才能对生活有热情、有信心呢？"

这些年她所有的努力都是为了改变这样一个紧张和怯懦的自己——"我想要拓展自己的性格，成为愿意与人交往的人"。想法虽好，但在现实中她并没有成为她想成为的人，因为她缺少了最重要的"顺应自然"，她总是在"主观强求"。

开朗、热情在人际交往中固然重要，但过于执着，甚至通过"保持快乐"来维系一个良好的形象，以期赢得他人喜爱，这本身就是一种强求。这背后反映的问题是对他人的"讨好"，也说明她没有自我，整个人好像"变色龙"一般试图给所有人都留下好的印象。

人活着重要的是"做自己"，而不是讨好别人。整天幻想怎么做来讨好别人，赢得他人的接纳，这本身就是病态的。这是对真实自我的压抑，是一种伪装。这不但不能帮她找回自信，反而让她越来越不自信，真正的自信源于自我的接纳，而不是建立在他人接纳的基础上。就算无话可说，就算表情呆板，就算有人不接纳，我们都需要做自己，而不是为了迎合别人而刻意改造自己——我们注定无法赢得所有人的认可。

十多年来，她并没有在单位交到朋友，因为她总是封闭自己。逃避成了她的生活模式，虽然逃避可以让她少一些痛苦，却也剥夺了她的成长机会。她无法意识到，其实真实的她并没有那么糟糕。所以，带着"症状"去生活，而不是逃避生活，才是当务之急。

"我最想知道的是，现在，应该说是明天，我该怎样去想，怎样去开始一天的生活"——总是想着该怎么想，总是想着该怎样做，其实这就是在演戏。以本来的自己去和别人交往，不带任何掩饰和伪装，直面别人对你的种种看法，不要把精力花在"怎样做才能被他人所接纳"这一问题上，这才是真正的"顺应自然"。

当然，最本质的是要放弃对"理应如此"（所有人都喜欢我，我可以和每个人都"和谐"相处）的执着。当"理应如此"与"事实如此"的冲突减弱之后，想必她的自由度会增加。此时，她想说什么就可以说什么，想做什么就可以做什么，而不必看别人的脸色，也不会被恐惧所牵绊。她会因此变得越来越真实，而不是为了讨好别人而假装热情、自信。她也会多为自己考虑，而不是一直为别人而活，她会开始关心自己的想法和感受，并在生活中勇敢地活出本来的样子。

对社交恐惧的深入分析

PART 2
第二部分

CHAPTER 4
第四章

透过现象看本质

为什么是我,而不是别人?这是患者心中的疑问。他一直觉得自己是一个还不错的人,并没有做过伤天害理的事情,为何老天会如此不公平?因此,他的内心充满了疑惑与怨恨。

心理治疗的任务就是帮助一个人了解症状存在的意义,并通过症状发现内心深处的冲突与挣扎。然而,患者总是觉得自己是"症状"的受害者,认为只要症状消失,天下就会太平。他往往希望治疗师有高明的建议,可以又快又好地帮他消除症状,就像到医院看病,和医生说了病情,之后医生对症下药,自己等着被治愈就可以了。遇到问题就解决问题,这种处理问题的方式在寻常的事情上也许行得通,但在心理问题上行不通,因为心理问题带有太多主观情感和潜意识的诉求。我们的理智与客观性往往会受到扭曲,非理性的欲望与要求会主宰内心。不能静下心来好好反思症状的来源与背后的意义,只是一味地沉浸在对方法的寻求上，如此的努力最后只能成为一种自娱自乐。

一位患者说：

"是我的心灵太脆弱了吗？我怎样才能变得坚强呢？

"我决定去打工，锻炼意志品质，就这样硬着头皮去小区门口的包子铺干了五天。五天后学校就开学军训了，正好符合我的想法，磨炼自己的意志。因为我在军训时很努力，还被评为"优秀个人"。军训期间，食堂招勤杂工，看到同学在做，我也跟着报了名。不是我家境不好，而是希望通过工作来磨炼意志。

"每天早晨，我都会去操场跑步。早饭我通常只吃两个馒头，或者不吃，我认为饥饿也是锻炼意志的一种方式。平时没事我还会去学校门口摆地摊。后来我想到了一些更绝的方法，自己不是好面子，不能接受别人的否定吗？等操场上人多时我就在那里大喊大叫，让别人来嘲笑我，想必这种方法会更好地磨炼意志。虽然别人都以为我是精神病，但为了治疗我顾不了那么多了。就这样，凡是我觉得能够提高心理素质的方法，我都尝试过。"

要提高心理素质，总要发现心理素质差的原因。如果不找到问题的根本，只是用一些诸如大喊大叫、饥饿疗法、暴露疗法等疯狂的方式以求提高心理素质，只能是缘木求鱼。就好像一个人锻炼勇气不能用头往墙上撞，毕竟这是傻，而不是智慧。

症状的存在到底意味着什么？症状的背后到底隐藏着什么？我们总是责怪症状影响了生活，却没有醒悟——也许不是症状一直纠缠着我们，而是我们一直不肯放过症状。

正如心理学家卡伦·霍妮在《我们时代的神经症人格》中所谈到的："神经症患者往往病态地对某一生活情景做出反应，这一生活情景对一般健康人却并不意味着任何冲突。因此，情景不过是揭示了早已存在的神经症而已。所以，治疗的重点不在于症状，而在于性格紊乱本身，因为人格的病态是神经症中持续存在、反复发生的现象，临床意义上的症状却可能不断变换。形象地说，我们可以说神经症症状并不是火山本身，而仅仅是火山的爆发。导致疾病发生的冲突正如火山一样，深藏在个人内心深处不为人知的部分。"

症状的存在向我们提出了一种含蓄的警告——我们身上有什么东西已经出了问题，它要求我们彻底检视自己。因此，心理治疗的重点不在于方法的寻求（虽然大部分患者非常热衷于此），而在于病因的剖析。其实，社交恐惧症诸如脸红、口吃、对视、余光、表情恐惧一类的症状，是人之常情的小问题，只不过因为面子、自尊一类的病态心理作怪，患者才和症状产生对立。由于急功近利的心理及浮躁的社会现状，他往往容易被各种宣称可以快速有效消除症状的治疗所吸引，浪费了时间与金钱。但这也不完全是坏事，毕竟有时撞南墙也能帮助一个人成熟，有利于他领悟到问题的本质，而不是仅仅停留在头疼医头、脚疼医脚的肤浅层面上。切记，对心理问题的治疗绝不是闪电战，而是一步一个脚印的持久战，往往需要数月甚至数年时间。

每个症状的背后都隐藏着患者所没有意识到的隐秘动机。我们总是责怪自己的病态行为或过度的情绪反应，却没有反思："到底在恐惧什么？我可以从这种行为中获得什么？是什么促使病态行为一直维系至今？"如果我们能找到症状背后的原因及动机，相信我们距问题的本质会更近一步，对自己的了解就更深一层。

下面通过一个案例来更好地理解这一点。

一位患者的症状表现为——与越是重要的人在一起，他就越担心自己的表现及给对方留下的印象；在越是半生不熟的人面前，他越容易紧张。整日里他总是感到好像有"一双眼睛"在监控着自己，这双眼睛既关注他的言行，同时也关注别人的表情和态度。他说这双眼睛似乎是在寻找一种"确定感"——他不确定自己在对方心中的形象和位置。

因为这双眼睛的存在，他整日紧张不安，当"眼睛"出现，他只顾关注周围人的一言一行和自己的言谈举止，而这些画面就会在头脑中定格，不断闪现，让他无法集中精力做事情。他整日小心翼翼，却痛苦不堪，尤其是在领导身边或有人以责备性的语气对他说话的时候。

不仅在人际交往中，在工作和学习中他也总是很着急，急着完成任务。当他还是学生时，就总是想一下子看完一本书；而在工作之后，他也总是逼着自己又好又快地完成工作。但越是要求自己做好，效率就越低，他就越焦虑。因此，他陷入了一个怪圈之中：想努力却使不出劲，想提高效率却总是慢慢腾腾，想赢得领导的肯定却总是不被重视。

治疗之初，他只是想消除这些症状之后做回一个正常人。但要解决这些问题，必须理解这些症状存在的缘由——世上没有无缘无故的怕，也没有无缘无故的焦虑。

"一双眼睛"是一个大问题，在很多社交恐惧症患者身上都曾出现过，有的患者会把它形容为一台摄像机，总感觉它在监视自己，就算在治疗室中也是如此，让他无法放松。那么这双眼睛到底来自哪里？它的存在到底有何意义？

他谈到这双眼睛有两个作用——监控自己和观察别人。当询问为何对自己的表现和别人的反应如此敏感时，他突然意识到，也许这样做是为了获得！

"获得"，好一个"获得"——事实上，如果一个行为持续存在，那么这种行为一定可以给人带来益处，并且这个益处一定大于付出。病态行为的持续存在，一定是因为潜在的收益比损失更多。就像买彩票，他可能获得的远远大于他因此失去的，虽然他总是得不到他想要的。

很多人只关注到痛苦，却没有发现潜在的获益。虽然这双眼睛的存在让他紧张和痛苦，但也可以起到控制自己的表现和别人的看法的作用。这说明，在形象和痛苦之中他选择了形象，而甘心承受痛苦，当痛苦达到一定强度，他难以承受，所以来寻求治疗。不过他来治疗并不是想要放弃形象的维系，而是想要找到既能维系形象又不痛苦的方法，但鱼和熊掌不可兼得，他终将不能如愿。

在"眼睛"的控制下，他试图表现得更得体，给别人留下更好的印象。结果也许并不是这样的，他的初衷却是如此。为了表现得更好，博得他人的肯定，他不放过任何一个细节，而这样做的代价是，他几乎无时无刻不活在被他人审视的焦虑之中……

当询问为何一定要维系完美形象时，他说如果不这样做，就会感到自己没有价值。他接着说："其实，我不仅是想超越所有人，对于任何一个人，我想各个方面都比他强……"

"症状"的背后隐藏着这样的动机——超越所有的人，超越所有人的所有方面；讨好所有的人，获得所有人全方位的肯定；做好所有的事，每件事都必须做到尽善尽美……

如果一个人对自己有如此的要求和期待，那么他注定无法接受自己，无法面对现实。毕竟，在现实中没有人能做好所有事情，也没有人会超越所有人，更不会有人能让所有人都满意。所以，症状背后往往潜藏的是各种病态欲求，而各种病态欲求交织在一起则形成我们自身病态人格的素描。

如果可以透过症状发现人格上的病态之处，也许他就不会责怪运气不好，或过去的某件事、某个人让自己陷入社交恐惧之中了，也就可以理解为什么会是自己而不是别人了！并且他也能够觉悟，如果一个人在人格上的缺陷与病态没有被发现，没有被纠正，那么就算穿了新鞋，依然会走老路，就算不落入社交恐惧这个坑，依然会遇到其他心理上的问题与冲突。所以，这才是心理治疗真正的任务所在——帮助一个人认识自己，领悟到人格与症状之间的关系，并可以真正成为自己，而不是一味地躲在虚荣背后。

恐惧的背后是"获得"——当一个人越想获得别人的好评，获得完美的形象，获得超越他人的成就，获得所有人的接纳，获得高人一等的优越感时，就越会害怕失去这一切。而对"获得"的执着程度，决定着恐惧的深度。

这样也就可以更好地理解患者为何怕人——毕竟人可以识破他的假装，可以看到那个本不完美的他。所以"人"成了一种极其可怕的存在，一些患者告诉我，他只和那些不懂事的孩子或极为和善的人在一起时才能轻松一些，毕竟孩子不会评判，和善的人不会否定。

"由表及里"之后，我们会发现一幅截然不同的画面：一个人痛苦是因为他贪婪；一个人恐惧是因为他执着；一个人逃避是因为他要维系——他一直在维系理想化的自我与生活，他期望超越他人，获得肯定，维系价值。正因他想要"获得"，所以才如此害怕"失去"，进而产生症状。但是，他所执着的"完美自我"到底是一种客观存在，还是纯属主观幻想呢？这是一个需要好好想想的问题。

CHAPTER 5
第五章

理想中的自我

> 神经症患者在对荣誉的探求中,迷失在幻想的、无限的与无边的机遇王国里。很明显,他表面上可能会过得像他家人或社区中的人一样,正常生活、工作并参加消遣的娱乐活动。然而,他并不知道自己正生活在两个世界中(至少不了解它)——隐秘的私生活与公共的生活。无论神经症患者多么不愿意面对现实来反省自己,"现实"都已把他强分为二。他也许很有天分,但本质上仍像其他人一样——除具有一般人的缺陷外,还会遭遇很多人都会遭遇的困难。他的实际情况无法与他如神的想象一致,外在的现实也不曾将他当神般看待。对他而言,一小时只不过是六十分钟而已,他必须像其他人一样排队等着,计程车司机或老板也待他一如常人。
>
> ——卡伦·霍妮

在生活中，有人活得心安理得，有人却活得焦虑不安；有人知足常乐，有人却永远不满足；有人悦纳自己，有人却对自己厌恶至极……造成不幸的原因当然各有各的不同，不过其中一个重要因素就是内心的冲突——"想要的"与"得不到"。他幻想可以做好每件事情，和每个人都处好关系，并获得所有人的尊重与认可，可悲的是他总是求而不得。因此，他和这个世界之间，甚至和自己之间，产生了深深的裂痕，而这样的裂痕的产生是因为他已经沉浸在想象的王国之中——在幻想中他认为自己是优秀的、有能力的、被人尊重的、处乱不惊的。所以，他在生活中极力维系完美的形象，不愿把不堪的一面暴露出来。他认为幻想中的自己才是真正的自己，而现实中的自己只是一个"陌生人"。

我们再来看一位患者给我写的信：

"我今年20岁，读大二，共有八年社交恐惧经历，现在应该是目光恐惧加表情恐惧。我是从初中一年级开始患社交恐惧症的，但小学的时候就已经有所表现。小学时有个男同学上课一直看着我，时间长了我就觉得有点紧张，可能怕他觉得我不好看而不喜欢我。

"上初一之前的暑假，我在家看小说，并幻想所有人看见我都眼前一亮，都很喜欢我。可能从那时起我就开始注意，旁边有人走过就感觉会有人看我。所以从初一开始只要有人的地方我就控制不住地紧张，但我总是用微笑掩饰着。同学却觉得我很奇怪，当我紧张时同学就会用奇怪的眼神看着我，这时我就很不舒服，我不想被同学发现。有些同学也由于这个原因不喜欢我，甚至还有些人说我恶心，我也不明白为什么，可能是我紧张时的表情不好看吧。

"我自卑，我有完美主义心态，我希望自己各方面都很完美，能做到镇定自若，很有气质，很美丽，我希望大家都很喜欢我。可我都做不到。我变得敏感，有些同学不愿意帮我或者语气不太好时，我总觉得是因为自己不好别人才这样对我的。我感觉如果我有事，不一定会有人帮我，我总是很孤独。当我看到那些人缘很好的同学时就很羡慕，可我不知道该怎么办。

"每个自卑的人可能都会用自傲掩藏自卑。有一次我和一个同学吵架，我说如果我长得像你那样就自杀了。那次以后就有一大群女生找我麻烦，说我'拽'，要打我。不过这也让我意识到不该这样自傲。

"有人的地方我就会很紧张，不敢与别人对视，怕别人发现我眼神紧张，手脚经常出汗，有时会嘴角抽搐，有时面对电脑也会很紧张，胸很闷，很难受，不敢视频通话，上街也会紧张。紧张的时候，我就会尝试想快乐轻松的画面，不过这并不能缓解我的紧张。我这个人胆子又比较小，在老师等权威人士面前很害怕，有时在全班面前发言声音会颤抖，越颤抖越紧张。有时别人说一句'别那么紧张'，我就更紧张了，害怕别人发现我紧张以后就觉得我不正常。和熟人在一起好一些，和陌生人在一起会更紧张，因为第一印象比较重要，我又想让别人喜欢我。"

她病情恶化来自暑假的幻想——正是因为她幻想让所有人眼前一亮，让所有人都喜欢她，所以她慢慢开始注意别人的眼光和自己的表现。但如此敏感不但没有让她表现得更加完美，反倒让她产生了社交恐惧症状，诸如表情紧张、不自然、不敢对视等。

"我有完美主义心态，我希望自己各方面都很完美，能做到镇定自若，很有气质，很美丽，我希望大家都很喜欢我。"她越是希望变得完美，就越对自己的紧张和表现不佳感到恐惧，也就越不能接受现实中的自己。症状，也正是源于此。

当一个人在维系主观的完美自我形象时，就注定害怕现实的自我。一个人越活在自我感觉良好之中，就越害怕来自他人的否定。正如经济泡沫，这一切只是虚假的繁荣，并且泡沫越大越害怕被刺破。

患者犹如活在梦中，他赋予了自己无限的力量和崇高的能力，他相信自己与众不同，完美得如同天神一般，并因此忘记了自己本来的样子。用"梦中人"形容他最为恰当，虽然他依然可以和现实接触，却深陷自己编织的幻想之中。他错把幻想当成了现实，在现实中他才如此恐慌。当然，如果没有现实他就什么病都没有了，就如没有真相，那么谎言也会变成真理。

对活在幻想中的人来说，他实际拥有的并不重要，重要的是他认为自己应该是怎样的，他一厢情愿地在想象中构建自己的样子，塑造自己。就好像唐·吉诃德一样，他认为应该行侠仗义，受人尊重，具备圣人般的品德，但这一切不过来自他的想象与对自己的美化罢了——他本来没有却硬说自己有，他本来不是却硬说自己是，他本来不行却硬说自己行，他本来活在梦中却硬说这一切是真的。

每个人都会有想象，想象本身是无害的。但当一个人沉浸其中，他的幻想就已经不再是一个静止的画面，就如同皮格马利翁的雕像㊀，成了活生生的形象。

当一个人爱上了自己的幻想，那么幻想中的人就慢慢从静止的画面成了一个有血有肉的人，开始有了生命力，有了性格，有了脾气，有了情感，甚至有了对现实中自我的控制力——幻想的自我慢慢取代了真实的自己。

最后，他进行选择、判断的尺度就不再是从实际的自己出发，而全然从幻想中的那个人的标准、喜好、能力出发——他喜欢什么，不喜欢什么；他能接受什么，不能接受什么；他向往什么，讨厌什么；他做什么，不做什么；他应该表现出怎样的情感，不应该表现出怎样的情感……他真实的自己越来越不重要，幻想主宰了他的生活。

正如一位患者写道："我开始幻想，然后把幻想中的自我当成真我，

㊀ 希腊神话里有一个雕塑家，名叫皮格马利翁，他爱上了自己雕塑的一个女神雕像，把雕像当成有生命的美丽女郎，日夜倾诉着期望。在皮格马利翁的期望和爱护下，雕像果然变成了真人，与他白头偕老。

我的内在驱力就是一直追求达到幻想中的样子，所以我的精神状态几乎都是神游，做事情都不知道为了什么，对我来说不管做什么，只要完美、成功就行。越是这样我就越恐惧和焦虑，越努力就越失败，我经常性地陷入极度的烦躁、抑郁、绝望当中，我也经常想用自杀来结束这一切。

"当然，我也想通过治疗来将自己治好，我一直在看心理治疗方面的书籍和视频，从中我看到了很多情况跟我差不多的患者。虽然我懂很多心理治疗的知识，也照这些去行动，但我的目标错了，我依然想通过治疗变成幻想的样子，所以我把治疗当强迫和口号了。这样强迫自己，不仅病情没有好转，还经常陷入极度的矛盾和烦躁当中。算了，我还是该追求完美就追求完美吧，该表演就表演吧，因为我的内心深处已经默认自己是一个完美、不平凡的人，所以我才会害怕外面的世界，我怎么做都不是我自己了，我已经迷失了自我。"

这一过程就像被魔鬼附身一样可怕，他从一开始被魔鬼迷惑，到慢慢被魔鬼吞噬，最后魔鬼成了控制他的力量，深入他的骨髓。而他再也无法左右自己，真实的自己慢慢被流放。当然，这是他主动的选择，正如"魔鬼契约"——魔鬼许诺给他他所不具备的才智、能力、荣誉，让他可以超越自己，结果精神匮乏的人就受到了魔鬼的蛊惑，最终把灵魂出卖给魔鬼。

> 个人最初可能有比较无害的，把自己描绘为某种充满魅力的角色的想法。接着，他在头脑中创造出一个他"实际上"是、可能是、应该是的理想化形象。然后是最具有决定性的一步：他真实的自我逐渐消失，于是可以用来实现自我的精力被用来使理想化的自我成为现实。他的"要求"是企图保持他在世界上的地位，即适合并支持他理想化自我的完美性、重要性的地位。
>
> ——卡伦·霍妮

一位患者是如此描述这一过程的：

"我的完美主义好像很强大。以前在我把自己关在家里的半年里，除了昼夜颠倒、形如活尸一样，还有就是看言情小说与电视。我把自己想象成女主角，幻想能得到所有人的喜欢，如果有一些心机，反而又有罪恶感。就像现在，我每天还会幻想，下班走在回家的路上，会幻想女主角的忧郁、落魄却孤清，感觉自己的一举一动都在聚光灯下，会幻想自己的行为和女主角的一样。完美的白日梦经常出现在我的意识中——言情小说里的女主角呆呆的、无心机，最重要的是很多人都喜欢她，还有悲天悯人的美，淡雅如菊，有一种活在诗意浪漫之中的感觉。你知道吗？就在这时，我的完美主义又出现了，我觉得自己很有才，真实的自己就被这种完美幻象制约了。我的一举一动，都是心里幻想的女主角的行为。就比如，等红绿灯时，我会流露出天真的表情，就好像进入了小说或电视剧里。还有在开会时，我会突然想到自己写了一封特别好的建议信，而我还不图名利。这和幻想中的形象如出一辙，我意识到了。日常还有很多这种例子，我觉得很可笑，我刚来公司却幻想自己做此等伟大的事，讨厌自己不自量力，还会在其他优秀的同事面前羞愧。如果我不讨厌完美主义，为什么会这么难以启齿呢？还有我对你的完美幻想也是一个制约，毕竟我对你的幻想是满怀爱心、兼济天下、舍己为人……"

她并不讨厌自己的幻想，她只是讨厌自己做不到幻想中的一切——她应该是呆呆的、无心机的，还有悲天悯人的美，淡雅如菊。韩剧中的女主角成了她对自己的期待，后来她干脆就把自己当成了"女主角"。真实的她慢慢褪色，而幻想开始主宰生活。

一些患者小时候非常喜欢看《三国演义》《水浒传》、成功学或名人传记一类的书，然后幻想自己是其中的人物，如此的幻想慢慢渗透到生活的各个方面，他开始按照伟人和圣人的标准来要求自己、塑造自己，幻想最终吞噬了理智。结果无害的幻想慢慢成了对自我的要求，而自我的要求成了他自以为拥有的能力与品德，之后理想化的自我已经不再是头脑中所空想出来的人物，反倒成了一个活生生的、有血有肉的人了——幻想的形象成了他自己。

这一切就好像是温柔陷阱，他在其中完全忘了现实与无奈，就像毒品一般，当人们摄入，似乎就忘了一切的痛苦，沉浸在极乐的世界之中。当然代价就是迷失了本性，不再是他自己了。

但在现实中他根本就达不到幻想所要求的高度，他也因此常常陷入自卑与自恨之中。他注定不平静：一会儿窜入云端，一会儿陷入地狱；一会儿高高在上，一会儿卑微无能；一会儿要改变世界，一会儿又陷入深深的绝望。

表面上和常人无异，但他犹如活在个人化的童话世界。在这个世界中，他是优秀出众的、受人欢迎的、完美无缺的。在这个世界中，他宛如天神一般，又犹如英雄般受人敬仰。他比普通人更脆弱，易于被伤害，因为他幻想的世界经不起任何现实的检验与打击。有时他不敢照镜子，因为镜中的自己并没有想象中的漂亮。他也害怕拒绝和否定，因为这些都会让他失去想象中的光芒。

他生活的重心也从成为他本来的自己，变成对理想化自我的维系，他的生活发生了本质的变化。幻想成了操控他的人生的力量，他活着的目的也被简化为对荣誉的执着——要在工作与学习中比常人更努力；在与人相处中，更是要与人为善；在人品上，要具有圣贤般的品德；在对待人生上，要比一般人更有追求……

为了证明自己的卓尔不群，他不能不成功、不能不受欢迎、不能不完美无缺——他力图实现幻想中的一切，力图成为理想中的自己。当然，他也因此陷入无尽的痛苦之中，因为他无论怎样努力，都无法把幻想变成现实。

　　一位患者写道:"我依然怕别人认为我不正常,把我当异类,我一直都在伪装,我不敢对任何事持任何态度,害怕引起别人的注意,害怕别人看我的表情,害怕对视,害怕别人看我的嘴,害怕别人看我的身体,害怕别人看我的姿势。如果别人在看我,我会紧张得不敢动,害怕别人看不起我,然后抛弃我。我害怕外出,害怕任何人,很痛苦。要是能变回从前那个自己就好了,不但不紧张焦虑,还高人一等。以前我总是很聪明,别人不会的我会,别人不懂的我懂,我数学好,老师说数学好什么都能学好。我玩游戏比别人厉害,别人都很一般,我智商比别人高,我长得帅,周围人都这么说我。当我做不到这些时就很痛苦,我一会儿感觉自己的嘴有点突,一会儿感觉自己的腿短,一会儿感觉自己的头大,很难受。每天起床都感觉动作不自然,每次在别人面前的表现都很失败,每次都感觉自己的目光、动作像个异类,真的好烦躁、好痛苦。我看不起自己,也看不起身边的人,当没有表现出应该的样子就很痛苦,当没有同事强势就很生气,当不如别人就觉得很无能……"

　　为了维系幻想,他在既往经历中更容易记住成功,而遗忘失败;更容易扩大优点,而粉饰不足;更容易隐藏自己,而不能坦露真心……慢慢地,他越来越看不清自己。比如一位男性患者一直活在伟大自我的幻想中,虽然现实中他有能力,却并非伟大——他只是巧妙地逃避了失败,粉饰了缺点,凸显了成功,在他如此反复人为加工的基础上,他成了一个"伟大的人"。比如,他挣钱多,但同行中很多人挣钱比他多,他内心就鄙视那些挣钱比他多的人,认为那些人只知道挣钱,自己比他们有文化,有修养。当然,一些大学教授比他有文化,不过和这些人比,他又认为自己有商业头脑,比那些"书呆子"强,并且他认为真正的精英在民间。在两性关系上，他也非常"纯洁"，瞧不起那些乱搞男女关系的人，其实如此"出淤泥而不染"仅仅是为掩盖他在两性关系中的无能，他害怕被拒绝，压根就不敢争取。在这样的自我安慰下，他永远是最好的、最出色的……这让我想起了他的梦，他总是会做和行业领袖、领导人齐肩的梦。

这样的骄傲自大并不一定像"煤老板"一样显示在外，毕竟这一切是他自编自导自演的话剧，是他的"秘密王国"。只有在治疗时他才有勇气把这一切和盘托出。这一切都是在他内心秘密进行的，如果不加注意与分析，就连他自己都意识不到其存在。在和别人的交往中，他反而容易给别人留下随和谦逊的印象，因为他需要一个和善的面具来掩饰内心的狂妄自大。

经过如此三番五次的包装，他成了一个"完美"的人。就算他有问题，也不是他本身的问题，而是症状的错。他一直幻想症状解决了，他就可以再次伟大。他把自己和症状分得很清楚，就像天使与恶魔一样，症状并不属于完美的他。因此，他比常人更容易焦虑，他害怕失败、被拒绝、被否定、被伤害、被抛弃、被轻视……他害怕任何会让他"平凡"的东西。正如一位重点大学的学生非要退学，究其原因就是学校的"牛人"太多，他无论怎样努力都无法与其齐肩，所以他对那个让他"平凡"的环境充满恐惧。

他入戏太深，插上鸡毛还真把自己当凤凰了。所以患者往往对权力与地位、美德与人品、口碑与评价非常在乎，毕竟只有获得更大的成功，只有得到更多的肯定，只有拥有更多的美德，他的理想化自我才能显得更加真实可信。

越是沉浸在理想化的自我中，就越执着于极致的完美，他就越要在各个方面取得无懈可击的成功。例如一位男性患者告诉我，他在工作和生意中不想要别人的任何帮助，他想要没有"毛刺"的成功；而在人际交往中，他也极力处好和每个人的关系，甚至想让自己讨厌的人喜欢自己；他还有处女情结，希望自己的妻子也无可挑剔。因此，他找不到他想要的妻子，也不敢找妻子，他担心婚后妻子指着电视机说："老公，你怎么没有电视里的那个人成功？"

> 天才的潦倒不遇，是瞎撞瞎碰似的偶然如此，还是环境和他内心的性格使他必然如此？是他心灵跟现实的冲突呢，还是那粗鲁的现实恃强凌弱，向他高尚的心灵开仗呢？
> ——《唐·吉诃德》

他就如唐·吉诃德一般，活在黑白颠倒的世界中：真正的品德与能力并不重要，重要的是他认为自己应该具有怎样的能力与品德，然后就会把自己幻想成、塑造成幻想中的人物，拥有、具备其所拥有、所具备的一切。然后，他就疯狂投入自编自演的脚本中，不惜把自己的人生搞成一个笑话——他犹如活在幻境中，已然分不清幻想与现实。

当然，每个人对人生都有美好的期待，每个人都希望成为更好的自己，但更好的自己是一种可能，而不是强求，患者却错把"应该"当成希望，把"幻想"当成现实。他最终成了幻想的囚徒，并活在"应该"之暴行中。

CHAPTER.6
第六章

"应该"之暴行

当一个人把理想化自我当成真我时,也注定要受其指使。他应该是一个怎样的人,已经凌驾于他本来是一个怎样的人之上。此时,幻想取代了真实,应该取代了真心——如果他幻想如超人一般,他就应该战胜一切;如果他认为自己完美无缺,他就应该没有任何缺点与不足;如果他把自己美化成一个圣洁的人,他就不应该有任何人性的污点;如果他认为自己高人一等,他就无法接受别人任何一丁点的歧视与否定。他内心会固执地认为,别人都应该尊重他,并对他另眼相看。因为活在幻想之中,他就无法客观评价自己的能力与权力,他会用自己所不具有的能力与品行来要求自己,也会用他所没有的权力与地位来苛求别人。虽然理想化自我让他有了一种凌驾于他人之上的优越感,却也如同紧身衣般束缚着他。

一位患者写道：

"读了你关于非白即黑的理论后，我感悟到我一直希望自己是一个各方面由'不是缺点也不是优点'及'优点'组成的一个人！我希望所有人对我的所有方面持有'不否定也不肯定'或'肯定'的态度！因此，我的缺点、别人对我某个方面持有否定的态度是我最恐惧的！！！因为以上原因，我会强迫性地去改正我的一切缺点！然而无论怎样努力都无法改正我的某些缺点，我就回避这些缺点，以此来自欺！但当我不得已去面对缺点、去面对否定时，我就会绝望，我恨不得马上结束生命！"

他不允许自己有缺点，不接受任何人的否定，当他无法改变又无法直面这一切时，就会陷入深深的绝望与自恨之中。

另一位男性患者写道：

"对做人做事我抱有什么样的标准呢？先谈做人吧，一个成功的好人要达到以下条件：首先，要有钱有势，长相好看；其次，要有同情心和好的人际关系，不能有婚外性行为和不良嗜好，要孝顺长辈，为人和蔼可亲，而且不能在背后说朋友的坏话。而我认为这些是可以通过努力做到的，这也是我想修炼成圣人的原因或者说是动力吧！而做事的标准有以下几点——首先，不能有失误，以免带来经济损失；其次，要所有人都赞同和满意，要避免一切不该有的错误……"

虽然他对自己有圣人般的要求，但在现实中他是这样一个人：

"从小我就是个遇事喜欢逃避、竞争缺乏勇气的人，喜欢和一些不强势的人交往，那样我才能找到自信，久而久之我慢慢形成一种自己很懦弱的观念，慢慢在心里看不起自己，总觉得不能独立生活，永远干不成大事，永远不会成功，直到现在还是这样。"

他的要求和他自己形成了强烈的反差——他应该是一个"巨人"，现实中却是一个"矬子"。但他没有意识到"应该"之暴行，却把这一切美化成只要努力就可以做到的追求。其实，他所谓的向善的努力，不过是对自己的逼迫——你必须成为我要求你的样子，不然你就什么都不是！

当然，病态的要求总会被患者所美化。他会认为，这不是"应该"而是"希望"，并认为人难道不应该向着更好的方向发展吗？不应该完善自己吗？

希望来自爱，而"应该"来自怕；希望来自内心的充盈，而"应该"来自内心的匮乏；希望带来幸福，而"应该"会让人变得焦虑。"应该"成了悬在他头上的剑，他害怕做不到一个更好的自己。因此，在生活中他充满了焦虑——就算别人没有看不起他，他都会为别人可能会看不起他而恐惧；就算他没有失败，他也会因为可能会失败而失眠；就算他没有被抛弃，他也会因为可能会被抛弃而恐慌；就算他没有犯错，他也会因为害怕犯错而反复检查或逃避责任……他总是为了达不到的"应该"而痛苦，并一味否定自己，认为是自己不够好，不够努力。

因为害怕达不到其"应该"，所以他会不停地逼迫自己。此种力量非常强大，强大到理智已经无法左右他的心。而现实的得失也全然不在他的考虑范围内，重要的只有满足"应该"之要求。举例来说，一些学生为了获得好成绩，会逼迫自己高强度地学习，甚至有人在高考前把自己逼到吐血；有些人不允许自己犯错误，竟然会逼迫自己不断检查核对，以确保万无一失，以至于无法正常工作和生活；有的人为了让自己理解书本上和老师说的每一句话，竟然逼迫自己理解到百分之百，最后却产生了阅读障碍与听力障碍（尤其是外语听力）；有的人为了维系和谐的人际关系，会去讨好那些不喜欢他的人，甚至会对对方的一言一行敏感……种种的"应该"让他失掉了顺其自然的"平常心"，结果他反倒做不好任何事情。

他对"应该"越是执着，对那些破坏其"应该"的东西就越是敏感与恐惧。比如，一位患者认为自己应该百分之百理解我说的话，结果他就对那些会分散他注意力的东西极其敏感，比如没有关好的柜门、身体的不适、领口有些紧之类的小问题。在社交中，他应该表现完美，他应该获得每个人的喜爱，所以他就会对诸如脸红、紧张、余光、对视、他人的表情极其敏感，他不能接受任何会破坏他的"应该"的"症状"，也无法面对别人对他哪怕极其微小的不满，或是他想象中的否定——就算别人没有看不起他，他都认为别人已经开始看不起他了。

所以，他注定是一个"悲剧性人物"，毕竟他的"应该"仅仅是一种主观强求，因此，他注定会痛恨自己的无能、无用。就算他意识到其"应该"的存在，也不愿意放弃对自己的要求。一位患者谈到放弃了"应该"，他就真的成一个普通人了，他要求的高度已经成了他自我的高度，在内心深处他不仅不痛恨这些"应该"，反倒认为这些"应该"成就了他。比如，一位男性患者总是无法原谅自己和朋友一起做背德的事的经历，他说如果这么轻易就原谅了自己，那么他也就和周围那些没有道德的人一样了。他把自己标榜成一个"有道德的人"，所以宁愿在内心责罚自己，并被"应该"道德绑架。

病态的"应该"仅仅是对自己的一种暴行，根本就不是一种让自己变得更好的纯真努力。这种暴行背后隐藏着对真实自己的恐惧与排斥，它并不是想发展自己的能力，而是想扼杀本来的自己。

一位男性患者写道：

"看见家境比我差的人，我会担心自己的表情动作会让别人觉得我在小瞧他。比如和爸爸去饭店里吃饭，爸爸穿着西装衬衫，很体面，像有钱大老板一样，那些服务员很热情地招呼我们，我就很尴尬。我想到爸爸是老板，而他们底层员工一个月才拿那么点工资，却做得这么辛苦，真可怜。其实我认为人人平等，人格无高低贵贱之分，我对人都是一样平等尊重的。但我担心自己的表情或者动作会让他们以为我在取笑他们，所以我很客气、很拘谨。他们上菜或是倒茶递水，我都要说'谢谢'回应他们，双手接着，好像反客为主了。

"还有在家境贫困的人面前，我觉得自己不应该很开心，应该'收敛'一下。比如有一次住院，来了一个新病友，他说家里很穷，承担不起住院费，想早点出院，每天都满脸忧色，我很同情他。但在和别的几个家境较好的病友聊天开玩笑，说些诸如玩乐、享受之类的事情时，那位家境较贫困的病友如果在旁边，我就觉得很不自在，觉得不应该这么高兴。别人那么可怜，我们却这么大肆快乐，真是不应该，只有等他走了我才能自在地和他们聊天。"

似乎他所做的一切都是出自善良的美德，但实际上这不过是一种"应该"之暴行——我应该是一个悲天悯人的人。这一切不过是在演戏，演给别人看，也演给自己看。他越是不敢承认与接受自己人性的自私与丑陋，就越是要装得犹如救世主般普度众生。

他注定是不真诚的人，毕竟他既不得不做"凡人"都会做的事情，又要和"凡人"拉开距离，因此他只能活在主观的幻想之中，并无意识地忽视客观自己的"劣迹"——其实他和常人没有什么不同，只因为他对自己的要求比别人都高（即使他做不到），就因此觉得自己与众不同。他只是表面看起来是一个"极好"的人，但这一切不过是受"应该"的逼迫，而非真心使然——表面的真诚只是为了掩盖他内心的伪装；表面的追求只是为了逃避他内心的恐惧；表面的品德只是为了掩盖他内心的丑陋……他俨然已经成了"应该"的傀儡。有时，他对此也心知肚明，所以害怕和别人过于亲近，因为他担心别人发现他的"真面目"。

他也因此缺乏真正的情感。对人好，是他应该和善；逼迫自己努力，是他应该成功；品行高尚，是他应该具有圣人般的品行；孝顺父母，是他应该做一个有孝心的人……越是被"应该"绑架，就越缺乏对事对人的真心，或者说他已经远离了内心的情感中心——他早已不再是真实的他，他早已不是在用真实情感与他人及世界相处。他就像演员在扮演一个角色，他说什么、做什么、喜欢什么、讨厌什么，都是按照"剧本"来的，而不是从他内心来的。如果他愿意，他也可以和他讨厌的人成为朋友，不是出自感情，而是因为他觉得应该和每个人都处好关系。

"应该"如同暴君一般统治着他，不能实现"应该"时，逃避成了最好的选择——他无法做到最好的事情，从来都不敢努力。因此，他做事情的风格就是要么就做到极致，要么就不做。一位女性患者为了逃避失败，每到高中考试时总是请假，她却还在自我安慰：不是我不好，是我没考。后来她总是听村里人议论谁考上了，谁没考上。她担心考不上大学被别人笑话，最后干脆就不读书了。另一位患者告诉我，只要是他无法做到最好的事情，他从来都不努力；只有那些他确定可以做好的事情，他才会尽全力。这种套路有一个最大的好处就是，当他没有做好，没有符合他"应该"之要求时，他总能为自己找到理由开脱——不是我没有能力，只是我没有努力罢了。

因此，一个人的痛苦并不是来自现实的伤害，而是来自没有达到其"应该"。如果一个人认为应该得到所有人的肯定，但依然有人不喜欢他，那么他内心就会产生恐慌的情绪；如果他的"应该"是要自己做好一切，只要他有没做好的事情，就会形成心理冲突；如果他的"应该"是要超越所有人，那么只要有人比他强，就会令他恐慌。所以，当一位患者发现自己不会弹吉他时，他非常愤怒，他的"潜台词"就是，我怎么可能不会弹？当女友和他分手时，他也非常震惊：她怎么可以和我分手？当别人没有尊重他时，他也气得发狂：别人怎么能这么对待我？当现实中的自己没有满足他"应该"之要求时，他内心会体会到自杀般的痛。而另一位女性患者，一味地因为过去被人揩油的经历而自责，我告诉她每个女人都或多或少有过类似经历，她却依然无法原谅自己。而她不原谅自己是来自这样的"应该"——我应该纯洁无瑕，我应该有能力保护自己。所以，被揩油这件事同时破坏了两种"应该"——破坏了她的纯洁性，也打破了她的全能感。因此，她陷入了强烈的自恨之中。

种种的"应该"集合起来就好像是一张网，一张法网。有的患者会形容自己头脑中有一个议会或法庭，似乎自己做什么、不做什么都要经过其审判。因此，有时他宁愿什么都不做，毕竟怎么做都是错，怎么做都无法让内心的"暴君"满意。

有些患者不敢拿主意，不敢做判断，很多事情都要依赖身边人帮他做选择。"选择困难症"也说明了"应该"的存在——我不应该犯错。犯错，他就会被内心的法庭审判，因此他就把选择的责任推到别人身上。这样就算犯错了，也是别人的错，他就可以免于内心的责罚。

有时，他也会通过拖延与逃避来缓解压力，毕竟对于明知无法做到尽善尽美的事情，拖延与逃避才是最好的选择。他并不是懒，而是怕，怕自己不能达到内心极致完美的要求。就像一个高中女孩，从初中开始就不愿意写作业，每次都拖到很晚，因为不能蒙混过关，她必须搞清楚每一个知识点，不能有任何不懂的地方，因此写作业都成了不可承受之重，最后干脆就不写了。这样至少可以让她暂时轻松一些，不至于被压力压垮。

因此，这一切是在极大地浪费生命，对于一些没必要做到完美的事情他也要逼迫自己，并且花大量的时间和精力来维系完美幻想。又因为对失败的恐惧，他逃避了很多原本对人生有意义的事情，为了让别人看得起，他还要装出一切都好的假象，因此他疲惫不堪，整个生命也被他搞成一副过期的节日礼品盒的样子——外包装很好，但里面的水果都开始腐烂了。

　　这一切就如同"西西弗斯神话"——西西弗斯得罪了神，被神处罚。他的工作就是每天早晨把一块巨大的石头从山脚下推到山顶上。于是他推啊，推啊，挥汗如雨，终于在傍晚把大石头推到了山顶上。可是正当他刚想休息一下时，巨石就"咣当咣当"从山顶上滚落回山下。于是第二天早晨，西西弗斯又要重新开始推石头到山顶，石头又从山顶滚落，日复一日，年复一年，他的人生也因此变成了一场苦役。一位患者告诉我："我应该怎样，已经取代了我想要怎样。"他就像一个傀儡般丧失了对生命的主导权，"应该"成了他生命的主宰——他善良是因为他应该品行高尚，他努力是因为他应该成功，他勤奋是因为他应该比别人强。他的情感与真实需要已经被扭曲，他已经分不清哪些是真心喜欢的，哪些是被"应该"所指使的。就如一个女孩练习跳舞，在很努力却依然没有得到老师的肯定之后，她开始对跳舞的动机产生怀疑。她突然意识到，也许她压根就不喜欢跳舞，只是希望通过跳舞来博得别人的关注与肯定。如果放弃"我应该被人关注"这样的要求，她对跳舞也就没什么兴趣了。而换一个角度来说，也只有放弃其"应该"，她才能对跳舞或其他事情产生真正的兴趣，而不是被"应该"所指使。

　　"应该"之暴行让患者永远无法对自己满意，因为他想要的是全都好，超越所有人的所有方面，因此他永远也体会不到什么叫自信与满足。而当他达到某些"应该"之要求时，他只会变得自负和狂妄。正如一位患者开玩笑说："天晴了，雨停了，我又觉得自己行了。"他要不就自负，要不就自卑，总之他找不到真正的自信。

　　当我提醒他，正是"应该"才让他如此痛苦，他反倒认为自己的要求和常人没有什么不同——我只想会说话，这不正常吗？我想要拥有良好的人际关系，这不是无可厚非吗？但不要忘记，其实他本质上是一个"贪婪""有了一就想要二"的人。比如，如果他的心理问题与症状真的得以痊愈，他真的就可以安心做一个普通人？不会，因为他正常了，他又会想着如何成为"齐天大圣"了。如果他练就了一副好口才，他就会满足了？不会，他只会翻过这个问题，又会在身上发现其他不符合其"应该"的地方，比如他可能又会对身高与外貌不满。他永远都不会对自己满意，因为他无论怎样都无法满足"应该"之要求。

当一个人内心无法接纳自己，就会把如此的否定投射到外界，认为是外界无法接纳他，是别人对他提出了近乎苛刻的要求与标准。比如一位男性患者一直躲在家里，当被询问为什么不找同学玩时，他说别人都是以"查尔斯王子"的标准来要求他的，他现在又胖，又不优秀，又不讨人喜欢，出去一定会被别人否定和排斥，因此还是一个人最安全。当一个人把别人想象得很可怕、充满批判性，就好像随时会在他身上挑毛病时，也许可怕的不是外界，而是他自己——他一直在用"查尔斯王子"的标准来苛求自己。

他如此苛求自己，当然也会要求他人。因此他在交友和恋爱上往往存在困难，他非常善于发现别人身上的缺点和问题，也难以真正在内心深处接纳他人。就算表面上他和别人维系和谐，但内心深处依然对身边的人持有贬低和轻视的态度，因为他人同样没有满足他的"应该"，没有达到他幻想中的完美。他喜欢的人往往在远方，比如某个作家、历史人物或明星，那些有光环而他又不真正了解的人，因为他只会在这样的人身上看到闪光点，而难以发现缺点和不足。就像一些患者在找我治疗之前，往往幻想我是带着光环的，在治疗过程中他发现并了解真正的我，发现我也是不完美的，也存在凡人身上的诸多陋习，也就对我失望了。

当然，他会把这一切放在心里，不会表现出来，平易近人的表象会让他人认为他是一个容易相处的人，但这只不过是一个面具——他把自己对他人的苛责压抑到了心里。一般而言，他只能对亲近的人（比如伴侣、孩子或是父母）表露出"坏脾气"。所以，一些人评价自己像人格分裂一般，在家里和外面判若两人，因为在家里他可以很真实，在外面他就不自觉地戴上了面具。

他对别人的评判往往容易两极化——要么好，要么坏。之间的转变也会很突然，他会因一件微不足道的小事情，就改变对一个人的看法与评价；他缺乏包容，往往会因为一些事情对他人心存芥蒂。

而对那些他认为符合他"应该"之要求的人，他又会莫名崇拜，并且想依附对方寻找安全感，这种情况容易出现在心理治疗、宗教崇拜、偶像迷恋和恋爱关系中。在爱情中，他往往会被一些"能量体"吸引，这些人往往具有他所不具备的能力或达到了他的"应该"。他会迷恋对方并产生依赖，这在治疗上被称为"病态的依赖"——通过依附对方寻找安全感，并且通过对方的爱与接纳，他才可以找寻到自我价值感。当然，这种关系也难以持久，毕竟他爱的仅仅是一个被他美化的人，而不是那个真实存在的人。

他难以停止内心的冲突，因为他的"应该"本身就充满冲突。比如，维护自己的自尊与面子，就可能和别人发生冲突；而和别人发生冲突，就不能满足他和每个人都相处得好的要求。一位男性患者害怕得罪人，日常生活中总是压抑愤怒和不满，但积累了一段时间之后，他突然意识到自己成了一个软弱可欺的人，结果因为他"不应该是一个软弱的人"，他就开始强迫性地报复那些欺负过他的人。他找机会羞辱对方，或在背后使坏。但一系列的做法又让他觉得自己很不正常，又因为"我应该是一个正常的人"，他又不安了，担心别人发现他的病态。总之，他的不同"应该"之间就是矛盾的，就像他同时有几个老板，最后都不知道听谁的了，他无法同时满足他所有的"应该"。

比如一位患者写道："我不能被批评，不管是善意的还是恶意的，表面上我会谦虚接受，心里却会发火。但我又有被批评的需要，因为那样显得我这个人比较谦虚、好相处，能拉拢人心，能满足我事业上的雄心。但这样我又不满了，因为太好说话容易受别人欺负，一件小事都会让我很纠结。我的满足感建立在挫败他人、打败他人的基础上，就是说别人能做的事我也要能，我要比别人更幸运，我要绝对的安全，安全也意味着我比别人强，我什么都不能输。不论追求什么目标我的欲望都很强烈，所以就算得到也不会快乐。"

"应该"之暴行让他与自己之间产生了深深的裂痕，因为他不能原谅自己，不能接纳自己，因此他永远都是一个罪人。他从来不会审视这些要求是否现实，就像他心中有个暴君一样，只问结果，不问过程。他甘愿受苦，只因他对未来抱有期待，对自己存有幻想。这也如同"整容"一般，他今天所承受的一切，在他看来是为了一个更"美丽"的自己，因此他并不痛恨这些"应该"，只会痛恨自己的"丑陋"。

因为不能摒弃幻想，他不愿停止"应该"之暴行，他的目的只有一个：让自己超越平凡。他的自我评价总是在不断摇摆，一会儿他觉得自己如天神一般完美，一会儿又因做不到那些"应该"而自惭形秽。他终究无法正确地看待自己，也因此无法善待自己。他以为"应该"是通向幸福之门，却无形中陷入了痛苦的深渊。

◎ "应该"之暴行举例

□ 我不应该有任何缺点

人无完人，这是一个理所应当的道理，但对那些已沉浸在完美幻想之中的人来说，他就应该是完美的。因此，他会把任何细小的不足与所谓的缺点当成重大缺陷，并为此惴惴不安。比如，一位男性患者为自己的"一字眉"而纠结，天天照镜子盯着自己的眉毛，也会经常用镊子夹掉他认为多余的眉毛，当发现中间的眉毛又长出几根时，整个人就会变得非常焦虑。而另一位女性患者，觉得自己的鼻子不好看，做了鼻子增高手术，随后又因为整形之后的效果不理想，让医生拿掉假体，复原了鼻子。但她觉得鼻子和以前不一样了，无论身边的人怎么安慰她，都不能减轻她的痛苦。其实，这些所谓的缺点根本就不是问题，只因为他要求自己不能有任何问题，所以这些对他来说才成了天大的问题。

不仅是对缺点，他对"不正常"也非常恐慌，只要是和别人不一样的地方，他就会纠结。诸如脸红、手抖、余光、对视、口吃等问题都会被他无限放大，甚至把这一切当成自己不正常的依据，又因为他无法摆脱"症状"而陷入内心的冲突之中。比如，一位男性患者因为发现自己竟然有口吃、脸上有痘痘、头发带卷、牙齿不好看、有余光问题等而陷入绝望，来求治时他甚至感觉自己得了绝症。当然他的病情是很严重，倒不是因为他所述的"症状"，而是他对待这些"症状"的态度——他无法忍受哪怕一丁点的缺点和不足，并且因为无法消除这些症状而陷入了绝望之中。

□ 我不能说错话、做错事

他不仅对自己的缺点持不接纳的态度，还对自己的表现提出了苛刻的要求。因此他担心说错话、做错事，整个人会因此变得非常紧张。他在人际交往中放不开自己，正是因为"不能说错话、做错事"的病态要求所致，所以他在人群中会变得局促不安，不知道该说什么、做什么。

一位女性患者总因为不会说话而自卑，总是羡慕那些强势的、会说话的人。经过分析发现，其中根本的原因并不在于她口才差，而在于她的"规则"——她总是想说对的话，总是想做对的事情，并且要让自己的言行符合社会主流价值观，结果她都不知道该怎么说话和做事了。

虽然理智上她也知道，自己无论怎样做都无法一直正确，但她担心"自由"会导致众叛亲离的结果，因此她一直活在"规矩"之中。

其实，她是一个很好的人，只不过她用这样的"规则"把自己束缚了。因此，重点不是把这一切做好，而是需要反省为何总是逼自己做好一切。

□ 我应该和所有人都处好关系

患者非常害怕被别人否定与排斥，他非常在意别人的看法与评价。就算大多数人都是接纳他的，只有一个人讨厌他，他都会感到不安，尤其是当这个人是受大家欢迎的或优秀的时。他也担心别人联合起来孤立自己，他总能清晰地记起初中甚至小学被同学孤立的经历。这些经历成了一种负面记忆，让他在日后更加小心翼翼。

因此，他往往非常在意别人的感受，不敢得罪人，就算他的人际关系很好，这种好也不过流于表面，他缺少真心的朋友。在生活中，他也总是忽视那些喜欢他的人，而整天关注那些不喜欢他的人，这是因为他想要获得所有人的接纳。

一位患者给我写过这样一段话："因为无法接受哪怕一个人的否定，所以我在人前特别害怕，因此出现逃避！这就证明自己一直活在被所有人肯定的梦中。这一点就说明我有病，需要治疗了！"

当一个人想要获得身边所有人的肯定时，就会对人际关系的任何细小变化敏感。当有人不喜欢他、排斥他，他就会变得异常恐惧与紧张，为此他不惜讨好别人以换取和谐的人际关系。但这样不仅不能让他拥有真正稳定的人际关系，反倒会让他在人际交往中变得更加不安。

□ 我应该保持完美的形象

为了保持完美的形象，最终他成了一个"演员"，人际交往对他来说就好像是一个舞台，他不允许自己有任何瑕疵。就算知道这一切是假装，他也甘愿活在虚假的面具背后。比如，一位女性患者每次去见相处了一年的男友时都要化妆，如果哪天没化妆她就不敢见对方；她每天发朋友圈都会发一些美照和正能量的东西，永远不敢发真实的心情与素颜的自己；在宿舍睡觉，她总是面朝墙，她害怕别人看到自己不雅观的样子，必须时时刻刻维系女神的形象。

她已经活在了理想化自我的幻想中，认为自己就应该是完美的，就应该是无可挑剔的，就应该比身边的人都要优秀和受关注。另一位女性患者在晚上睡觉时会幻想自己像公主一样，住在很大的宫殿里，并且自己是最漂亮的。每当她看到比自己漂亮的女孩或老公多看了哪个美女一眼，都会感到自尊受到极大的伤害，因此她非常嫉妒那些比她年轻和漂亮的人，也会试图远离这些人。

真正可怕的并不是患者难以接受的症状，而是他对完美自我的病态执着。

□ 我应该纯洁无瑕，没有任何污点

一个完美的人也是一个纯洁无瑕的人，但活在如此"肮脏"的世界中，要做到"出淤泥而不染"想必是一件很难的事情。所以，当他不再纯洁，他会为自己的"污点"而憎恨自己，害怕别人知道自己的过去。

一个高中女孩存在异性恐惧的症状，尤其是在陌生异性面前。因此，她不敢走夜路，不敢挤公交车，也不敢去人多的地方。问题源于初二时她得知妈妈有被人性骚扰的经历，因此就产生了对异性的强烈恐惧，担心被异性伤害，这样她就不再纯洁了。为了维系一个纯洁的自我，她只能远离异性，这样才让她感到安全。

当然，纯洁与道德不仅体现在性的方面，当一个人用圣人般的道德标准和价值观来要求自己与他人时，这会在生活中的方方面面有所体现。比如，他会要求自己绝不占别人便宜，绝不自私，不能影响别人，

"宁愿天下人负我，我也绝不负天下人"。如果触犯了自己的价值观原则，他就会觉得自己是一个罪人，而且也绝不会让别人知道自己的"过去"，他只想把这一切封存于内心，只想继续在别人心中保持圣洁的形象。因此，他只能活在精神洁癖之中。

☐ 我不能影响和伤害别人

他是一个"好人"，所以他不能影响和伤害别人。如果他因为症状而"伤害"了别人，那么他就成了罪人。因此他非常害怕症状对别人造成干扰，比如自己的表情或眼神让别人变得紧张或尴尬，担心自己像一片阴云，走到哪里就影响到哪里。

记得一位患者说过这样一件事：一次坐公交车，结果出了车祸，因此他开始内疚，因为他坐在第一排，司机可以用余光看到他的脸，而他认为自己既紧张又脸红，从而影响了司机，才导致发生了这次事故。这听起来像是一个笑话，不过在他看来，这一点都不好笑。

其实在生活中我们无时无刻不在影响别人，而别人也在影响着我们，只要活着，这种影响就无法消除。但一些患者害怕自己会对他人有哪怕一点不良的影响，毕竟这破坏了他做一个好人的"应该"，破坏了得到别人认可的"应该"，也同样破坏了圣人般品德的"应该"。因此，他不能得罪别人，不能伤害别人，更不能让别人反感。简而言之，他不能、不敢做他自己，他一直依赖别人的肯定与接纳而活，他就像是一个精神乞丐。

☐ 我不能被人欺负或伤害

人活着哪有不受伤，不被别人占便宜的，这本是再正常不过的事情，但在患者看来却是奇耻大辱——我怎么能被伤害！因此，他会对受到欺负和不公平的对待耿耿于怀，因为这一切伤害了他的自尊心。

他非常要面子，任何伤害他的面子和自尊的事情都会令他极其愤怒，但又因为他对完美形象的维系、人际和谐的要求，他又会无意识地压抑愤怒和不满，时间长了就会引发他内心的冲突——一方面是要获得和谐的人际关系，另一方面又不能被伤害，他总是沉浸在"是发火还是不发火"的矛盾之中。因此，他的情绪往往会如此反复：伤面子——压抑——愤怒——报复——自责。记得一位患者总会因为一些小事情和别人发生冲突，事后又非常后悔，担心以后和对方的关系，之后他又会低声下气地请客送礼来缓解关系，就连家人都看不惯他如此卑躬屈膝，但他依然控制不住想快速和对方修复关系的强迫性需要。

一位女性患者在每次别人和她借东西或零钱时，总是很焦虑，担心别人不还给她。当被询问为何如此斤斤计较时，她说自己不能吃亏，似乎让别人占了便宜也是一种对自尊心的伤害。而有时和别人辩论问题，她也不能输，她觉得承认自己错了，就像让别人占了上风，因此到了最后都不再是观点的辩论，而成了尊严的维护。

他非常记仇，会对之前被伤害的经历耿耿于怀，也存在一种强烈的报复性冲动。毕竟，真正的强者不仅能保护自己，还能报复那些曾经伤害过自己的人。

□ 我应该比别人强

对成功的渴望与对失败的恐惧永远是成正比的。因为在幻想中他是独一无二的，是凌驾于他人之上的，所以他必须成功，必须超越身边所有人，只有这样才能捍卫他的"殊荣"。但任何事情都有失败的可能，他会在意任何有挑战性的事情，就算是随便玩玩的游戏他也会极其较真，不赢不罢休。记得一位患者曾和我讲过，他踢球时宁愿踢吐血，宁愿跌断腿，都不会认输。

因此，他非常容易被打击，他喜欢的女孩拒绝他、老板辞退他、竞选落败、不被重视、不如身边的人优秀，这些情形都会成为他的"滑铁卢"。因此，一些人选择了退缩的生活，不敢主动交朋友，不敢谈恋爱，也不敢当众讲话或参加竞技类的活动，不敢承担责任或做任何他不确定能赢的事情。

当然，为了证明自己是成功的、优秀的、出众的，他总会对成功、荣誉、地位、金钱更加执着，因为只有获得这些被主流价值观认可的东西，才能凸显自己的伟大。一位患者说他做过直销，被灌输"狼的精神"，就是竞争意识，结果在生活中他总是和别人比较，非常要强，看到比自己差的人，就会有不屑的眼神和表情。

因此，在每个群体中总容易出现一个他所关注的人——"假想敌"。因为那个人可能比他更优秀、更受欢迎，因此他总会无意识地关注对方、模仿对方、和对方比较，当对方超过了他，他又会产生强烈的嫉妒心理。他在乎的永远是，我是不是最好的、最优秀的、最出色的、最受人关注的……所以，他早已成为"荣誉"的囚徒。

□ 我应该做到尽善尽美

为了凸显不凡，为了证明优秀，他必须把事情做到尽善尽美，没有瑕疵，在生活中他往往比他人付出更多的努力。虽然初衷是好的，但逼迫自己做到完美反倒成了一种负担，他太担心犯错误，往往效率很低。想要做到尽善尽美与事实上本无完美形成了冲突，所以他整日活在焦虑之中。

一位男性患者是车工，每天他都完不成任务，如果零件允许误差是两毫米的话，他加工的零件误差一定不会超过一毫米，虽因工作进度缓慢而受到领导的责骂，但他依然不愿放弃自己的"德国品质"。另一位男性患者在考取驾照后总是不敢开车进市区，害怕别人认为他不会开车，于是总是一个人偷偷练习。后来他都做到了停车只距墙一厘米，才敢说自己已经会开车了……

为了把事情"做好"，他非常认真，认真虽然让他少犯错误，但也成了他的拖累。当面对学习、工作时，他往往有巨大的压力，而如此大的压力会让他出现逃避和拖延的行为。因此，一些学生不解地问我："为何我如此想要学好却不敢去学校，也看不进去书呢？"想必，答案就是他承受不了"做好"给他的压力。

□ 我应该比正常人还要"正常"

他在幻想中是完美的神，在现实中却是一个有病的人，这成了他最无法容忍的事情——我怎么可以不正常？所以，他总是想方设法"治好"自己，或否认患病的事实。一些人虽然病得很重，却依然不肯治疗，因为求治就意味着他不正常，他宁愿独自承受痛苦，也不愿意承认这一切。

患者非常害怕自己的病治不好，毕竟如果治不好他就无法继续维系优越感，甚至不如那些他轻视的"常人"了。他也非常担心自己的病是来自遗传，如果是来自遗传的话，那他觉得就没有治好的希望了，就注定无法成为理想中的自己了，这是他绝不能接受的。他总是希望在我这里可以得到"正能量"，毕竟这样他还能存有"治好"的幻想。

当他意识到自己竟有如此之多的"应该"与"病态要求"时，他也会变得惊慌，毕竟他应该是绝对正常、正确的，不应该有这样的病态要求与种种的"应该"，因此在意识层面他就会拼命排斥这些"不好"的想法。当然，这样的努力也注定会失败，因为其出发点依然是逼迫自己正常，而不是体悟到这样的"应该"是枷锁。所以，接受自己的"不正常"反倒是正常的开始。

以上列举的种种"应该"与"病态的要求"往往会掺杂在一起，在每个患者身上都会有或多或少，或协调或冲突的体现。虽然"应该"的存在让他痛苦，但也维系了他的幻想，给了他希望，因此他宁愿被其束缚也不反抗，最终只能沦为"应该"的囚徒。

CHAPTER 7
第七章

自负：天生我才

> 尽管神经症患者竭尽全力使自己完美，尽管他相信自己已经达到了完美的境地，可是他并不能够得到他最需要的东西，即自信和自尊。即使他在他的想象中像天神一样，他也仍然缺乏人间普通人的自信心。他可能达到的崇高地位，他可能获得的名望，只会使他傲慢自大，不会给他带来内心的安全感。他内心仍然感到不为人们所需要，感到易于受到伤害，因此需要不断证明自己的价值。只要他能行使权力，施加影响，并由赞扬和尊敬来支持他，他就可能感到自己强大而重要。但只要在陌生的环境中并缺乏必要的支持时，只要当他遭到失败或一个人独处时，所有这些洋洋自得的感觉就很容易消失殆尽。他那天上的王国经不起外界的干扰。
>
> ——卡伦·霍妮

由于一个孩子在不利的环境中长大，他不能正确看待自己，而又因为他的内心缺乏真正的爱与接纳，且活在一个竞争和比较的世界中，他就必须强大到超越他所面临的困境。他会对那些社会主流价值观推崇的成就与荣誉特别着迷，也会对完美的自我形象极其渴望，同时也试图维系人际关系的和谐与高尚的品德，只因这样才能增强他内心的安全感。

这一切的开始仅仅是一些无害的幻想，他会幻想成为不凡的人，慢慢地，他把幻想当成了现实，把期待当成了应该，结果他就越来越无法区分想象与现实。他开始一点点地迷失自我，越来越把自己当成头脑中所幻想的那个人。最后，他认定自己就是一个伟人、天才、圣人，反正他已经不再是当初那个无能、被嫌弃、软弱可欺的自己。

> 想象力在自我理想化的过程中起着关键作用，因此在追求荣誉的整个过程中必然会充满幻想。无论一个人如何为自己讲求实际而感到自豪，无论他在追求成功、胜利、完美的行动中如何讲求实际，他的想象力也无时不在陪伴着他，使他把幻想当成真实的东西。
>
> ——卡伦·霍妮

就算现实不断提醒他自己和别人没有什么不同，他仍一味坚信自己与众不同。因为他已经沉浸在幻想之中，任何没有达到他内心指令要求的地方都会被他认为"不应该"。比如，他人没有按照他期望的那般尊重他，他有无法改正的缺点，他不能获得所期望的成功，不能获得绝对的安全……此时，在他的内心会形成巨大的冲突，甚至恐慌，毕竟现实中的一切不应该是现在的样子，此时他会费尽全力以找回失落的荣光，就算此种荣光只是他自以为的。

他并没有觉察自我定位的倒错，一切都按照自负的自我幻想来构建蓝图。比如，一位患者告诉我，小时候他的理想是当美国总统，后来得知美国总统要在美国出生才行，因此改换了理想，他要成为美国大学的教授，成为可以和上帝对话的人。虽然在现实中他只是一个长相普通的公务员，但走在大街上或地铁里，他却觉得每个女孩都向他投来了爱慕的目光，可悲的是他30岁了依然没有谈过一次恋爱。另一个患者在眼镜店工作，他却觉得丢人，认为自己的"脸"看起来就应该是当官的，这个工作根本就不配自己，尽管他并没有足够的学历和能力。

为了维系自负，他的生活目的也被简化为对"荣誉"的执着。因此，在人生的某些阶段，他也许会取得一定的成绩，超越身边的人，接着他会更坚信"天生我才"，就算日后"光环"已不再，他依然不愿承认自己的平凡。正如一位女性患者告诉我，她的人生不能和身边的妇女一样平凡，虽然她在生活中并没有取得超凡的成就，她却固执地认为自己就应该与众不同。当然，她的痛苦也正是因为无论怎样要求，怎样努力，她依然无法摆脱这平凡的躯壳。

"不平凡"成了他人生的追求与对自我的认同。即便他曾经取得过不凡的成绩，但他对自己的看法就像"修图"一般——对自己的"美丽"无限放大，对自己的"丑陋"极力掩饰。所以，他看到的已经不再是真实的自己。

一位患者写道：

"王宇老师：我有了一个感悟，在痛苦中，在挣扎中，我是一条受困的龙，认为未来将会很美好，现在是身不由己，而不是我能力不足……当在现实中跨出了一步，我发现自己是一个无能、可怜、愤怒的人。但我总是在对抗，认为这并不是我，我只是被其所困。所以，我无法体会我所面对的现实，也没有在其中吸取经验，更不敢面对一个这样的自己……"

"受困的龙"成了很多患者陷入症状的隐喻。虽然在现实中他已经一败涂地，头破血流，但这样的自负依然支撑着他，他不敢直面现实中平凡的自己。因此，他必须在生活中找寻各种支撑，这仿佛成了救命稻草，毕竟幻想的破灭就意味着陷入自恨的深渊。因此，他对过去的成就如数家珍，诸如他的高考成绩是县里第一名，他初中时是班长，他在竞赛中获过奖，他是成功的商人或政客，他有完美的履历，他有绝对端正的品德……因此，他必定有"一双隐形的翅膀"，注定会飞向远方。

当一切顺利，甚至生活中只有想象中的成就时，他就极容易膨胀，有一种君临天下的感觉，仿佛在俯视芸芸众生。就如一位女性患者走在街上会认为周围的人都在关注自己，自己像女王一般地存在。而另一位男性患者认为自己就是一个天才，应该懂得一切，知晓所有。当然，他更多的时候会将此种膨胀隐藏在内心深处，因为他觉得还应具有圣人般完美的品德，他会在别人面前表现得极其谦虚与和蔼可亲，所以没有人了解真正的他。

来治疗的时候，他依然希望治疗师可以帮他找回当初的"自信"，希望治疗师可以给予他"正能量"。他对"自信"有一种偏执的狂热，即使有时他也会怀疑这到底是一种自信还是一种自负。

病态的自负和真正的自信并不是量的区别，而是质的不同。自负来自幻想中的不凡，而自信来自真实的能力。对真正的骑士来说，他的自信来自出众的剑术和良好的品德，但对"唐·吉诃德"来说，他本来是什么并不重要，重要的是他认为自己是什么，只要他认为自己具有行侠仗义和除暴安良的本领，那么他就会骑瘦马行走江湖。

这让我想起一个学生给我写的信："表面上我和正常人没有多大差别，但只要学习一出现问题，我就受不了。因为我是个天才，这些东西应该一想便知，连常人也能做到！而我是天才，一想便知只能算是底线，最好是不想便知，看一下就知道。而我现在却在算，真是太糟了！这与我理想中的那个人差太多了！"

"天才"在现实中往往比"常人"有更多痛苦，他总是会为常人不为之纠结的事情而纠结,为常人不为之焦虑的事情而焦虑,为常人不为之痛苦的事情而痛苦。他有时也羡慕常人可以有平和的心态,但羡慕的同时,他忽视了自己无止境的贪婪。

一位患者在信中写道:"老师!我突然发现自己追求完美是因为别人!我的生活好像都是别人!不管任何一件事情都与别人的眼光、看法及评价有关!我想被别人看得起!我想获得别人赞许的目光!我想超越!而且我好像在追求万无一失的幸福!不能受一点伤害、顺顺利利的!可能自己觉得这样的生活才是我想要的!还有一点是,这好像是从爸爸身上学到的:'要么不干!要么干好!'"

正是因为执着于"万无一失的幸福",才会对任何破坏幸福的东西异常敏感。

他不是"一般人",所以他不应该有缺点,不应该被否定,不应该比人差,不应该是现在的样子,他应该是无可挑剔、完美无缺的。因此,他会对任何否定与缺点耿耿于怀,也会对别人的不敬耿耿于怀,因为他觉得应该受所有人的尊重。但不幸的是,他在现实中没有特权,没有受到所有人的敬仰和膜拜,没有圣人般的品质,但他认为这一切不应该是这个样子,因此他痛苦异常。

维系"万无一失的成功"与"万无一失的幸福"成了他生活中的头等大事,毕竟这样才能继续催眠自己,坚信自己具有超凡能力,是一个神。因此,他害怕和异性接触,因为异性可能会讨厌他;他也害怕当众发言,因为会被人关注;他也害怕别人知道他有病,因为这样就算他治好了,也有把柄在别人手中;他也不能年纪轻轻就生病或死掉,因为这破坏了他的掌控感。因此,他往往对身体症状或感受极其敏感,并有疑病倾向,有一点不舒服就找医生以寻求万无一失的保证。

这个世界没有绝对的成功与幸福,因此他注定更痛苦,但他只会责怪"症状"让他不能实现野心,却没有发现自己的强求。

为了不面对本来的自己，他就必须为自己寻找各种支撑。只要是能给他带来虚荣的事情，他定会付出百分之百的努力——当他是一个学生时，他会拼命获得最好的成绩；当挣钱成了衡量一个人的价值尺度时，他就拼命挣更多的钱；当朋友尤其是异性朋友的数量可以衡量一个人受欢迎的程度时，他也会努力取悦他人以证明自己是可爱的……他做好一件事情不是因为喜欢，而是因为可以证明他的伟大。一位男性患者开了一家外卖店，本来他可以让快递员帮他送餐，但因为时间无法保证，不管多忙，他都要自己送。而且他用的食材、制作的工具都要是最精良的，这样别人才会给他好评。因为他太过在意别人对他的店铺的评价，当有人给他差评，他竟然冲到对方家里逼着对方改过来。比起辛苦，这样的焦虑与压力更让他难以承受。

　　过大的压力反倒让他无法发挥正常水平，容易把事情搞砸。所以，他更容易崩溃，对他来说做事情的意义已经不再是做事情本身，而在于卓越的结果，只有卓越的结果可以证明他的不凡。这成了无形的压力，让他不堪重负，最后反倒做不好任何一件事情。就好像一些学生，当对学习没有要求时，成绩还说得过去；一旦对学习有要求，就书也看不懂了，老师讲的课也听不进去了。要求自己做到最好，他就会逼迫自己集中"百分之百的注意力"，结果他的注意力更容易被一些无关紧要的东西所干扰，比如同学在转笔、地上有纸屑、电脑旁有一盆花、自己会失眠或躯体的不适。一位女性患者告诉我，如果不是因为这些症状的干扰，她一定可以考上清华，而不是三本。干扰，成了她不成功的理由，这又维系了她的"自信"——不是她不行，而是她没有发挥出真正的实力。

　　因为无法面对失败，所以就会产生病态的执着，他逼迫自己努力，就是不想承认自己不行。记得一位男性患者一直对高中喜欢的女生念念不忘，每隔一段时间就会追求这个女生一次。虽然他已经被拒绝了七八次，但他依然不死心，只会继续"修炼"一段时间，再找这个女生尝试。此时，他追求这个女生已经不再是因为爱，而仅仅是一种对成功的执念与证明自己的努力罢了。而另一位男性患者每隔几年就会换一个行业，因为他可以做好的事情对他已经没有吸引力了。对女友也是如此，每隔半年他就会换一个女友，因为他得到了，这个女友对他就没有意义了——他所追求的一切，不过是为了凸显不凡。所以他从来都没有真心爱过，无论是事业，还是女友。

> 他会产生以美貌、以聪明才智、以某种出色的成就来打动他人的幻想；他会毫不节制，挥金如土；他会不惜一切地学会谈论最近流行的新书和最新上演的戏剧，会竭力认识一切显要人物。他的全部自尊都建立在他人对自己的崇拜上，如果得不到崇拜他就会一蹶不振。由于他极其敏感，由于他老是感到屈辱，人生于他而言遂成为一种永恒的苦役，不管他是否意识到这一点，他都会以一种与痛苦成比例的愤怒来对此做出反应。正因为如此，所以他这种态度总是不断产生新的敌意和新的焦虑。
>
> ——卡伦·霍妮

一些患者和我聊天，总会或自觉或不自觉地谈到过去的辉煌和现在的成就，也会无意识地谈论自己一单生意挣了多少钱，或今年又买了几套房，又认识了几个美女等。不过，一位患者突然对我说："王老师，你有没有注意到我只和你说了我的光辉事迹，却忽略了我的糗事？"

虽然患者认为自己"牛"，但别人并不一定会这样认为，他非常害怕别人瞧不起他，所以他在生活中有强烈的不安全感。他害怕别人审视他，也害怕自己说错话，更害怕别人贬低他。他也时常会对他人充满愤怒，尤其是当他人伤害到了他的"自尊"的时候，因为每个人都应该尊重他、喜欢他，以他为中心。当他人没有符合他的"应该"时，他会心生愤怒。但他又苦于维系好人形象，不得不压抑这一切，如此的压抑却导致了对他人更加愤恨，毕竟压抑的情感本身并没有消失，反倒会在心中不断累积。

因此，他变得非常敏感，就算别人没有伤害他，他在人群中也有一种莫名的恐惧，他害怕被打、被羞辱、被伤害，甚至会把别人无意间的一句话解读为对自己的鄙视，并想要去报复那些伤害过他的人。一个被初恋女友甩了的男生，之后不断地谈恋爱，再把女友甩了，看到她们悲伤的表情与哭泣的脸时，他虽然表面上在安慰，转过身去竟然在笑。因为在这些女友身上他找到了一种报复性的胜利，他维系了自己不被伤害的"应该"。

患者的成长环境往往过于负面，充满苛责、否定、束缚、有条件的爱，或他的父母本身就是极其自恋、争强好胜的人，在此种环境下长大的他无法按照自己原本的样子成长，只因他内心充满了焦虑。

"基本焦虑"成了他人生的发动机，就像被猎狗追赶而不停奔跑，他停不下来。他的人生是带着"原罪"而来，他的一生都是在"赎罪"。因此，他就不可能对自己真诚，不可能生活得真实，他会把自负当成自信，把骄傲当成能力，把伪装当成品德，因此他也成为一个假装的自己。但他不愿意看清这个现实，不愿意承认自己仅仅是一头装成马的驴而已。毕竟，如果他看清了、承认了、识破了这一切谎言与欺骗，那么他就必须面对内心最深处的恐惧——成为他自己。

因此，在一些不确定能成功的项目上，他觉得逃避也许是最好的选择。毕竟不参赛就不会有排名，不努力就不会失败。他会通过逃避社交来逃避否定，通过请病假来逃避一场重要的考试，也会用不感兴趣为借口来逃避一些他没有把握的事情，不感兴趣成了他惯常的借口。比如，一位患者在读博士时，因为担心写不出十万字的论文而放弃了读博，虽然他说放弃读博是一种对妈妈控制的反抗，但究其根本他不过是因为害怕失败而选择逃避罢了。而另一位男性患者，只有在"已知"的事情上才会拼命努力，比如他擅长的羽毛球与单机游戏，因为他可以确定自己能做得很好,看电视和电影他也总是喜欢看已经看过的,他套用美剧《绯闻女孩》中的一句台词来说明自己的心理:"我希望对未知的世界了如指掌。"因为他一直都在逃避未知,因此他的生活总是陷在狭小的圈子里——熟悉的人、多年的女友、擅长的爱好……只有这样他才能逃避失败的可能,只有这样他才能继续维系"别人家的孩子"(从小他就是周围孩子的榜样)的完美形象。其实凡此种种,说明他已经禁锢了自己,已经脱离了真实的生活,并继续活在自欺之中。

因此,一些患者会形容自己与他人好像隔着一个玻璃罩,别人并不了解真正的他,或者说他也不愿让别人了解本来的自己,这样别人就不会发现他本来的不完美。因此,他会努力控制言行,控制情绪,让自己看起来一切都很好,而如此强大的"自控力"虽然让他成了一个"看起来"完美的人,却因此压抑了真实的自己与真实的情感,他已经看不清楚自己本来的样子,只是表现出想让别人看到的样子。

他极其善于自欺、压抑与自我美化。举例来说,一位女性患者被车撞了,但她任凭司机辱骂,却不反驳,当问她为何不回骂,她说难道你要让我成为一个市井、没文化的女人?其实是她不敢和别人争吵,害怕吵不过别人,但如此懦弱的表现却被她解读为一种品德。而有时,为了让所有人都说她好,她成了一个没有脾气的老好人,别人的请求她都会答应,而不懂拒绝。如此没有自我,也被她解读为善良。当她因为不满公婆而抱怨时,又感到自责,因为她不是"这样的人",她应该是一个通情达理的人,不应该抱怨。所以,她每天都像韩剧女主角一般可爱可亲。这样的伪装被她看成是圣洁,这样的压抑被她看成是修养,这样的悲剧人生,竟然被她看成是比别人更崇高的。在如此三番五次的包装下,她成功说服了自己——自己是一个高尚的"好人"。

维系自负,他必然要做一整套的"假账"来蒙混过关——他会极力放大以往的成功,而忽视过去的失败。其实每个人的人生都是一种叙事，就好像自传，我们是怎样的人，就要看这个自传如何写。这就类似于"成王败寇"，真实的历史往往不得而知，我们只知道"统治者"想让我们看到的"真相"。神经症患者也很好地利用了这一点，毕竟他既是运动员又是裁判员，反正都是他一个人说了算，就算出现严重失误，也可以被解说成是一个漂亮的屈体前空翻转体360度。所以，他是谁，他怎么样，完全取决于他如何操作，白的可以说成黑的，黑的也可以漂白。比如，那个执着于追求高中女同学的患者，虽然他是为了证明自己，而非真爱，却被他美化成一种对爱的执着，在他眼里自己简直成了情圣。另一位患者在无法和同学处好关系时，非但没有反省，反倒认为是同学太幼稚，没有共同语言，他们素质比较低。把责任都推卸给别人，那么他就没有任何问题了。

有时就算事实摆在眼前，他也可以把一切归咎为是他人不好、环境不好，似乎他脱离了这个环境，一切都会好起来。我提醒他是否把失败都推给了外在，而不愿承认自己的不足。毕竟，在现实中他不能如明星一样有完美的外表，他人也没有把他当伟人一样尊重，女人也不会把他当情圣一般来膜拜。为了逃避现实对他的自负的打击，他躲到了一个人的世界中，不交朋友，也不谈对象，把责任推给了这个世界，这样他就可以继续在幻想中维系骄傲了。

经过幻想、包装、套路、自欺，他已经不再是原来的他，但不要忘记，这一切都是不真实的，或者说是存在极大水分的。

自负与自卑是因果的两极，当他陷入膨胀之中时，也是自卑与自恨登场之时。他的乌托邦无法经受现实的考量，他的完美形象也无法接受时间的检验——当他不是最优秀的时，当别人没有以他为中心时，当他不能被所有人尊重时，他就会陷入自卑甚至自恨之中。他恨自己不能如自己所认为的那般无所不能。

CHAPTER.8
第八章

自卑与自恨

> 经过美化的自我不仅变成了一个他所追求的幻影,而且也成为用来衡量他实际存在的标尺。与天神一般的完美相比,这个实际存在是个令人难堪的形象,以至于他不得不对之表示鄙视。最好用两个人来描述这种情况:一个是无与伦比的理想之人,另一个是无所不在的陌生人(即实际的自我),这个陌生人永远在干涉、在扰乱、在使他难堪。用"他和陌生人"来描述这种冲突看起来似乎是最切合实际的。
>
> ——卡伦·霍妮

活在幻想中就犹如飘浮在空中,他的"伟大"并不是因为他真的具有超凡的能力,而是他脱离了现实。因此,他注定在自负与自恨之间摇摆——他因为幻想而自觉高高在上,又因为现实而感到无地自容。在想象中他应该完美无瑕，现实中他却有无法克服的缺点；在幻想里他应该超越所有人，现实中他却并不出众；在白日梦中他应该成为万众瞩目的焦点，现实中他却害怕被人关注；在内心深处他认为应该被所有人尊重，现实中却并不是每个人都把他当回事；他认为自己应该好似圣人或天神一般存在，现实中他却只是芸芸众生中的一员而已，无法摆脱普通人的局限性。

幻想取代了现实，但现实必将撕破幻想；自负幻化成了自信，也因此必然陷入自卑；理想化自我取代了真实自我，但他终将原形毕露——他不过是一只化妆成白天鹅的丑小鸭罢了。

当他逃不过现实、无法继续自欺时，他会极其憎恨自己，他憎恨自己的程度和他美化自己的程度成正比——他越是活在自我美化的幻觉之中，越是憎恨这个现实存在的自己。他的内心因此产生了强烈的冲突，他成了在现实与理想夹缝中生存的人，"人不人、鬼不鬼"般地存在着。

这样的冲突就似一场战争，他认为如果摆脱现实中的自己，那么理想中的自己就可以永存。他虽然试图超越自我，却又注定无法摆脱这平凡的躯壳。正如卡伦·霍妮在《神经症与人的成长》中所引用的一位德国诗人的诗句：

我将死去，让自己把自己摧毁
我是两个人：我能够成为的人和我现在是的人
最后，其中一个将会把另一个消灭
我将会成为的人像一匹腾跃的马
（现在是的人被缚在马的尾巴上）
理想似一转轮，现实束缚其上
像一暴怒者，曲勾着十指欲伸入牺牲者的发中
像一吸血鬼，盘踞其心，吸之又吸

诗人说，我们之所以憎恨自己并不是因为我们毫无价值，而是因为我们被迫试图超越自己。诗人说，仇恨是我将会成为的人和我现在是的人之间的矛盾的结果。存在的不仅是分裂，而且是一场杀气腾腾的残酷战争。

他在内心认为自己应该如天神一般完美，并试图让自己看起来无可挑剔，但"看起来"与"实际上"就已经形成了一种冲突。越是希望自己什么都好，就越是因为种种实际的不好而自卑。自卑不是因为他真的不好，而是因为他对自己的要求更高；他并不是真的比别人差，而是因为他不能超越自己，不能集所有人的优点于一身而痛苦。因此，临床中往往会接待一些这样的患者：靓丽的女孩却认为自己长得不好，学霸却认为自己懂得不多，具有基督徒品格的人往往认为自己充满罪恶，有能力的人往往认为自己一无是处……

一个人好或不好，并不是取决于他实际的拥有，而是取决于他的比较对象。毕竟，一个靓丽的女孩和模特对比，她确实可能有逊色之处；一个学霸和百科全书对比，他可能会显得无知；一个善良的人和圣人对比，当然他依然充满罪恶……所以，就算各方面都表现出色的人，也可能体会到深深的自卑与自恨。他甚至不敢主动交朋友与谈恋爱。当被问道他已经这么好了，为何不能主动拓展自己的生活时，他往往会说："做好是应该的，做不好是不应该的，因为我还有很多做不好的地方，还有很多没有改正的缺点与症状，自己还不够好，等好了再说吧。"

因此，在人群中他总会有一种被审视的感觉，就像有一台摄像机在监控他的言行，他根本无法放松下来。一些患者谈到自己适应能力很差，在新的群体与环境中，紧张与焦虑会让他放不开自己，进而阻碍他和别人建立亲密关系。就算已经和别人建立了亲密关系，如果有一段时间没见，他又要重新适应。因为他的敏感，他整个人也会变得草木皆兵，就算别人没有恶意，就算别人不是针对他，他也觉得别人看不起他。

一些治疗师为了帮助患者找回自信，往往会让患者相信他们自己具备很多优点，从而减少自我否定。这种方法只不过是一种美好的愿景，毕竟他的自卑不全是因为他的优点不够多，而是因为他觉得不能做得更好。因此，只要有缺点和任何做得不好的地方，他就会产生强烈的劣等感，毕竟他想要的不是大部分不错，而是全都好；他想要的不是和多数人相处和谐，而是获得所有人的接纳；他想要的不是简单的幸福，而是超越身边所有人……因此，治疗师的好言相劝并不能帮他摆脱自卑——对幻想成为神的他来说，永远无法对作为一个人的自己满意。

　　一位患者写道：

　　"我无法接受、无法面对真实的自己，当迫不得已去面对真实的自己时，我就会憎恨自己。这种憎恨太可怕了，我无法忍受被憎恨的痛苦，进而通过逃避真实的自己来度日！因为所有人的思想都跟我一样，所有人都无法接受、无法面对这样的我，当别人面对我真实的一面时，就会憎恨我。所以我就逃避人，最后形成社交恐惧症！"

　　自恨往往会外移——认为别人也是如此憎恨自己。因此他往往会觉得别人的目光都是批判性的，似乎自己就是一只等待被宰割的羔羊，每次出门就好像上战场一样。因此，他常陷入一个狭小的圈子里，毕竟越少与人接触，就越安全。与其犯错，不如不做，一些患者在生活中话很少，不是他没有话，而是他对说什么、做什么总是要反复思量，害怕做错，因此他说的话总是要经过"加工"才放心，但经过如此复杂的思维过程，他反倒不知道该说什么了。

　　他瞧不起自己，也不相信别人是接纳他的。他在内心深处并不真正信任他人，甚至会认为人性本恶，每个人都是自私与具有批判性的，并会在他"跌倒"时偷着乐。因此，他只能极力隐藏自己，并和他人保持距离。其实，并不是每个人都如此丑恶与无聊，这一切只是他对自己的无情与残酷的投射而已——越担心别人恶，越说明对自己恶。

为了逃避自卑与自恨，他必须战胜现实中自己的各种局限性，毕竟，如果要作为神一般的存在，他就不能有缺点、不足，不能有不可控之事，不能有不喜欢他的人。任何与他理想化自我不符的东西，都会成为症状——诸如脸红、手抖、失败、被人嫌弃、被伤害、不被重视，这些都会引发他内心强烈的冲突。

因此，消除症状或一切他认为不应该存在的东西就成了他的希望，这样他就又可以成为他"自己"，而不是现在这样一个令人讨厌的人了。为此，他会想尽办法做好一切，但他的努力没有减轻自卑，反倒让他陷入更深的冲突——越努力，越自卑。他的自卑不是因为他不好，而是因为他不能接受自己。比如一位女性患者觉得自己胖，拼命减肥，结果她找回了"自信"。过了一段时间又发现自己不善言谈，她就逼着自己在各种场合锻炼，结果她有了好的口才。后来她又觉得自己的工作不好，最后努力考上了公务员，之后她又觉得自己不够漂亮，花了一万多元做了双眼皮。她似乎解决了自己的一切问题，已经达到了完美的境地，结果别人的一句话又让她陷入了深深的自卑。一位阿姨奇怪地问她："你都已经变瘦了，怎么还没有男朋友？"本来是别人随口说的一句话，却成了她的梦魇，毕竟她都努力了这么久，却依然不够好，依然没有达到十全十美，依然不能让所有人都觉得她已经够好了，因此她又开始疯狂找男友……她的努力非但没有帮她找到坚实的自信，反倒让她在生活中不断发现更多的不足，最后她就好像一头疲惫不堪的老黄牛，快被自己无情的要求压垮。

她应该是受人欢迎的，应该是与众不同的，应该是完美无缺的，也应该受到所有人的肯定和欢迎。她有多少个"应该"，就有多少的自卑，这些"应该"本应是一种美好的期待，却成了她接纳自我的尺度，最后她越来越觉得自己失败，甚至开始憎恨自己。

为了减轻自我憎恨，患者会选择逃避，这样就不会失败，不会被人嘲笑，也避免了他达不到的"应该"。因此，一些人的人际关系就像"熊瞎子掰玉米"——小学毕业后，他就不再与小学同学联系；初中毕业后，他又很快地忘记了初中同学；高中毕业后，他又远离了高中同学；他的朋友只有身边的人，而少有过去的人，就算有的话，也是他在风光时期的朋友。就像一位男性患者，他永远只和小学同学保持联系，因为那时的他风光无限，后来却一落千丈，他不想让别人记住自己失败的样子，进而就远离了那些让他想起不堪回首往事的人。而另一位女性患者因为初中时被老师批评过，因此她没有留下初中时任何老师和同学的联系方式，而高中毕业时她也没有照毕业照，似乎她总是想删除一切不好的回忆。相反，她更喜欢在生活网络上，毕竟在网络上别人看不到她。如果觉得做得不好，她可以马上换一个"马甲"。在生活中，她就像是个隐形人——她害怕人类，因为人类会发现她的不堪，会记住她的往事，会识破她的伪装……

"好"成了关键词。当被询问他怎样才能对自己满意时，患者往往谈到工作好、友情好、恋爱好、事业好、口碑好……但实际上只要是他要求的，都会成为他自卑的点。比如，他每天学习到晚上 12 点，但由于他不能像某些人一样学到凌晨两点，他依然觉得自己不够努力；虽然他考上了大学，但因为不是 211 或 985，他依然会觉得自己失败；就算他人际关系很好，只要有不喜欢他的人，他依然会感觉没有把人际关系处理好……因此，虽然他一直逼迫自己做好一切，幻想找到自信，但因为他想要的是极致的好，所以他永远都"不好"。一个觉得自己胖的女孩拼命减肥，每天徒步十多公里，就算她的脚已经磨出血泡也停不下来，不仅如此，她还逼迫自己背着很重的背包，认为这样才更有效。经过半年的努力，她终于瘦下来了，但这给她的身体造成了极大的伤害。她因为节食得了胃病，也因为长期缺乏营养而出现了闭经。虽然胖的问题解决了，但她依然没有放松，因为马上面临考试，她又因此陷入极度的恐慌，害怕考不好。解决了一个问题，另一个问题会马上冒出来，她幻想的春天永远也不会到来，她也永远不会对自己满意，只会更憎恨自己。

一个人对自己的憎恨分为几个层次，有轻度自卑，有重度自恨，还有程度更深的自辱与自残，甚至轻生。接下来，我们就按层次来解析患者自恨的深度。

心理学家阿德勒对自卑感有特殊的解释，称其为自卑情结。自卑情结是指一个人自认为自己的能力、环境和天赋不如别人，以自卑观念为核心的潜意识情绪所组成的一种复杂心理。神经症患者的这种心理表现为对自己缺乏一种正确的认识，在人际交往中缺乏自信、办事无胆量、畏首畏尾、随声附和、没有自己的主见，一遇到事情就认为是自己不好，这导致他们失去人际交往的勇气和信心。

一位女性患者如此评价自己：

"我不能接受自己，我脸上的皮肤有点差，还有痘印，发型也不太适合我，照相不好看，个子有点矮，小腿有点粗。人家说要改变那些能改变的，不能改变的也不用去烦恼，虽说小腿粗可以去锻炼，但是也很难完全改变。其实腿粗点也没什么不好，身体结实啊，可我就是觉得难看……"

一位男性患者留言道：

"我为什么自卑呢？我长得不帅，气质普通，学习一般，交际能力也很一般，还有点懒；穿着打扮不时髦，有点土；人也不成熟，有点幼稚；说话没什么威慑力，别人也没那么关注我；肘部还有点残疾。有很多其他人也气质普通，长得不帅，有点懒，穿着不时髦，没那么成熟，说话没那么有威慑力，没有人关注，可是他们怎么不自卑呢？反而过得挺快乐。

"是不是就是因为我总是要比别人长得帅，要比别人学习好，要比别人穿得时髦，要比别人更得到大家的关注，要比别人懂得多，要比别人找的女朋友好看，要比大多数人强，我才如此痛苦？是呀，那样我就不差了，哈哈，但好像那不是我啊，那是一个什么都比别人强的人，跟神一样，但好像生活中没有这样的人啊！难道我一直在追求这样的生活、这样的人生吗？"

自卑的人总是注意到自己不好与不足的地方，却忽视了自己的积极品质，似乎他的好就是应该的，而不好就是不应该的，因此他终究无法自信起来。真正的自信源于自我接纳，源于可以接受最不堪的自己，而虚假的自负则来自试图把自己的一切变得完美，超越身边所有人。所以，他努力找寻的只是虚假的自负，而非真正的自信。

他与别人的比较也存在问题，因为他总是拿自己不好的地方和别人优秀的地方比，就像一个说相声的和演员比外形，一个练习拳击的和别人比绣花，一个长相普通的人和模特比外貌，如此比较只会让他更自惭形秽。虽然他也会羡慕别人，认为别人很好，没有缺点、没有问题、没有症状，并幻想成为别人的样子，但这样的自卑与自负总是相伴相生，或者说，通过自卑的深度，就可以测量自负的高度，而自负的高度同样可以评估他遇到挫败时的自恨程度——自卑源于自负幻想，而自负决定了自恨的深度。虽然生活中他无时无刻不感到低人一等，他急切希望和别人一样，但如果他真的和别人一样了，他又会不甘心，因为他不能接受像身边的人一样混日子，似乎 30 岁就开始等死了。他认为自己只是被症状牵绊，如果没有症状，他就不会是现在的样子，会更优秀、出众。所以在心底，他并不觉得自己比别人差，只是他没有"做他自己"。

自卑的另一种表现就是自我贬损，总是认为自己不行、做不好，注定会失败。一位女性患者刚应聘上工作就开始焦虑，认为自己做不好，一定会被辞退，过不了试用期。就算她之前有过成功的工作经历，她也认为那是因为运气好，遇到了宽容的老板，才没有被辞退，下次就不见得有这么幸运了。而且对于她能做好的事情，她就认为是没有价值的，每个人都可以做好，不值一提。所以，她工作很难长久，持续的焦虑会让她陷入惊恐之中，她总是在自认为马上会被辞退时主动离职。虽然她逃避了想象中的失败，却更加自恨，更加觉得自己做不好哪怕一件事情。因此，她就会觉得自己比所有人都差，并且认为自己不会被人喜欢。就算有朋友喜欢她，她也认为这是被人同情。她也不敢谈恋爱，认为只要别人了解他，就会马上离开他。

当她有想法去做点什么时，她也会嘲笑自己，认为这个"丑小鸭"竟然想成为"白天鹅"。她的内心就像住着一条不断奚落她的"毒蛇"，其口吻像极了小时候父母对她的嘲讽。妈妈教育她的方法是"激将法"，如果她做错了什么，或者即使没有做错什么，妈妈都会拿她的缺点和其他孩子的优点比较。这让她变得非常不自信。并且，在家里她也不敢太开心，因为她太开心时妈妈就会说："你还很差，怎么能放松、开心呢？"

> 他自己的真实状况会对他进行痛苦而清晰的侵扰，在想象中他像天神一样，在社交活动中他却很笨拙，他想要给某人留下难忘的印象，可是他两手发抖，说话结巴或两腮发红。他认为自己是一个无可匹敌的情人，可是他会突然阳痿。他想象他能像个男子汉似的和上司说话，可是他所能做到的只是傻乎乎地微笑。本可以使所讨论的问题彻底解决的妙语他要到第二天才能想到。他永远达不到他所向往的苗条身材，因为他吃得太多。实际的自我正好变成了和理想化自我捆绑在一起的那个讨厌的陌生人，而理想化自我对这个陌生人感到憎恨和轻蔑。
>
> ——卡伦·霍妮

当这个"陌生人"不断干扰他时，他无论怎样都无法摆脱，并在内心不断滋长对这个"陌生人"的恨，一种深深的憎恨。简单来说，他认为自己不应该是现在的样子，现实中的自己并不是真正的自己，自己应该有能力、有魅力，被人欢迎，可以轻易处理好任何困难。但现实中的自己如此不堪，他认为正是现实中这只"丑小鸭"使本该属于他的光环褪色。

自我憎恨是一种情感，但同时也会成为一种力量。为了逃避自恨，他会更加逼迫自己超越自己，当无法超越时，反过来又强化了对自己的憎恨。如此往复，就像落入沼泽难以自拔。因此，他急需别人的接纳、肯定甚至异性的爱情来拯救自己，通过别人的爱来减轻内心的恨。从小他试图做一个"乖小孩"来取悦父母，后来他又做一个"老好人"来赢得他人的爱与接纳，以此来找到内心的安全感。

自恨的人，其实也难以真正接纳他人，虽然在人前他总是扮成一副"老好人"的模样，但因为他内心是挑剔的、苛责的，用病态的要求来苛求自己，因此他也会用这样的价值观来要求别人。越是亲近的人，越容易被他排斥与否定，因为即使是他的爱人和孩子，也都没达到他的要求。虽然他也会压抑自己，试图扮成一个好伴侣或好家长，但他的不满总会在无意识中爆发。在不是太熟悉的人面前，他反倒会表现得和蔼可亲。他的内心缺乏安全感，担心被人排斥，在别人面前，他总是会无意识地取悦对方。但这样容易被别人利用与伤害，所以他的内心又积压了太多对他人的愤怒。

自恨严重时，往往会以自我辱骂和自残行为体现出来。此时，他会觉得自己差劲、肮脏、下流，竟然会用诸如"垃圾"之类的词辱骂自己。比如，一位患者看到垃圾就觉得它们跑到自己身上了；别人吐痰，她也会觉得进入了自己身体里；她有时会对别人说"骚"一类的词很敏感，就算别人只是发出"S"的声音，她都会觉得对方是在骂自己。其实这些仅仅是他自恨的投射而已，因为他内心就是如此辱骂自己的。

除了辱骂，他还会残忍地对待自己的身体，诸如打自己、掐自己，甚至用刀子割自己来解恨。此时，就像有一个声音、有一个人在指使他这样做，他根本就控制不住自己。而这一切往往发生在事情不顺或失败之时，而他做这一切时并没有感到恐惧，也没有同情，说起来时也平静得可怕。这样的自虐有时会以幻想的形式表现出来，比如他会幻想自己要饭，跪在别人面前，被打、被辱骂。他也会幻想自己去献血。当被问到为何要献血，他说当自己做错事时总有一种强迫性冲动想要去献血，只有这样，他才觉得自己对别人有一点用。

但就算是死，都不能让他停止对自己的恨。一位女性患者在一次治疗中说她的情况很糟糕，当她痛苦的时候就很想死，但又害怕死，因为会联想到死后别人的种种不屑，之后这种感觉就像很多把刀同时插进她的身体，她觉得太难受了。但她又无法接受自己，她就想拿把刀刺自己，似乎只有躯体的疼痛才能减轻她的自恨。她非常绝望，认为自己不会好了。她谈到这一切就像火在烧每一寸肌肤那么痛苦。她细致地讲给我听，是因为她希望我能把这一切痛苦的感受写进书里，让别人也了解这种病的痛苦……

另一位女性患者只要想起之前犯的错误和无力保护自己的情景，就会发病——她会在口中谩骂自己，也会用头往墙上撞。但她同时认为别人也会看不起她，会认为她是一个笨蛋，就算她躲在家里，依然会认为别人都在说她的坏话，甚至别人发的社交媒体动态都是在映射她。因此她不敢做错任何事情，不敢说错任何一句话，就像有一些秘密团体在窥视她，稍不留神就会被抓住把柄而被伤害。

其实，真正可怕的不是别人，而是他内心对自己的批判。自我憎恨就像一个恶魔，无时无刻不在评判他、否定他、苛责他，让他无法看得起自己。在这种种的"应该"之暴行中，他越来越渺小，越来越可憎，越来越不堪。当然，他只会责怪自己不够好，却没有反思种种无情的要求。当他以天神为标准来苛求自己时，他并不会觉得有什么问题。

为了结束这一切的痛苦，他经常会想到死，甚至羡慕一些死去的人。有时，他也会幻想如何杀了自己，或看到高楼就幻想跳下去。想要结束自己的生命是一种绝望情绪的表达，不到万不得已他不会这么做。毕竟，死亡虽然可以消灭现实中的自己，但幻想中的神也就不复存在了。

最后，他也许会选择以一种慢性自杀的方式来生活——他可能会不负责任、放任自己、放弃一切对他人生有益的东西，让自己退缩在一个人的世界中。虽然他活着，但他的精神已经死掉了，他不过是一个活死人罢了。

《被嫌弃的松子的一生》中的松子，当她失去所赖以生存的爱情，陷入绝望之中时，她再也不在乎自己的外貌、身材、生活，她放弃了一切。结果她从一个美丽的女人，变成了一个不顾健康与外貌的拾荒者——懒得洗澡，被别人嫌弃，浑身散发着臭气。她放弃了自己，因为她恨自己，她所做的一切就是试图毁掉自己。

当一个人追求完美，也注定自我毁灭；当一个人沉浸于幻想，必定害怕与痛恨现实；当一个人试图超越平凡，也注定被平凡拉回地面。虽然自恨是来自他的脱离现实，来自他无情的要求，但这一切无情的背后，隐藏着他内心最深处的脆弱，他的内心有无法直视的伤痕。一位患者告诉我，从小他没有体会到爱，结果他产生了两个意象：一是感到自己是没有妈妈的孩子，于是别人都来关心自己；二是感觉自己是一只在案板上的猪，任人宰割。试图超越自己，只因为他缺少爱，缺少对自己的接纳。所以在每一个悲剧的背后，都有一个受伤的灵魂。

CHAPTER 9
第九章

爱的缺失：内心最深的伤痕

> 一个孩子不管在什么环境下长大，只要没有智力上的缺陷，他自会学着如何待人，也会学到某些技能。但也有他无法得到甚至无法由学习获得并发展的能力：人无须（事实上也不可能）硬让橡籽长成橡树，但只要一有机会，它的内在潜能就会发展出来。同样，只要给予一个人机会，他也会发展出独特的潜能。然后，他就能发展出其独一无二的活力来，包括：思想的明晰、情感的深度、意志力的强度、愿望与兴趣，以及开发自己智慧的能力；他所具有的才能和天赋、表达自我的能力，以及用自发的情感与他人打交道的能力等。所有这些迟早将使他发现自己的价值和生活目的。简而言之，他将从根本上不会误入歧途，而是沿着自我实现的方向成长。真实的自我是我们内在的中心力量，这种内在的中心力量是人所共有的，它在每个人身上的表现各不相同，它乃是成长的根源。
>
> ——卡伦·霍妮

每个人都有其独特的秉性、天赋的潜能，也有其自发的情感，此种"生命力"最终会让我们成为自己。但不良的后天环境、父母的神经症个性、缺乏爱的成长环境，都将阻碍成长，扭曲情感，扼杀天性，最后让我们朝着错误的方向成长。

在我们很小的时候，没有评判，没有要求，没有束缚，也没有恐惧，一切都是出于本性与情感。后来我们长大了、懂事了，家人与世俗的要求强加在我们身上，我们开始学会评判，开始学会要求，开始通过别人的眼睛看"自己"。当然，这是每个人适应社会、学会与他人相处的开始，如果我们恰好遇到健康的、懂得爱的父母，我们自会正确看待自己与他人——我们既不会认为自己毫无价值，也不会认为自己君临天下；既不会觉得自己软弱可欺，也不会觉得自己战无不胜；既不会觉得世界充满危险，也不会觉得世界尽在掌控……总之，我们将客观地评价自己，也将成为自己。

当父母并不真正爱我们，当他们的"爱"过于控制，当他们骄纵、恐吓、易怒、阴晴不定、反复无常、过分保护、过分溺爱、漠不关心、过分严苛……那么我们就不能正确看待自己，也无法建立一种健康的与他人相处的方式。我们可能会过于顺从以讨好他人，也可能会过于对抗以保护自己，抑或是与他人疏离以息事宁人。这样的"爱"无法让我们建立内心的安全感，我们就不能产生对自己与他人最基本的信任，因此我们心中充满了焦虑——自己易于被排斥、抛弃、伤害，自己不可爱、弱小、无助、无力，这个世界充满敌意……"基本焦虑"一旦形成，我们就不能用真实的自我与他人及世界相处，就必须寻找方法来缓解恐惧。基本焦虑就像一股强烈的能量，它会左右并控制我们的人生。

理想化自我的幻想正是在这样的情境下形成的，因为我们必须强大到足以超越内心的恐惧。因此，我们必须强大，必须成功，必须被人尊重，必须战无不胜，必须被所有人接纳，必须具有圣人的品行，必须超越身边所有人……就算这一切只是幻想而已，我们也会紧紧抓住不放，因为只有如此，我们才觉得可以得到救赎。

一位患者写道：

"从小到大，我想我是在与别人的比较中找到安全感与价值的，因为只有好到比别人更好，我才能接纳自己。我用和他人的比较来找回自信，我用比较来确定自己是好的，我始终相信：我只有变得很好才会被真心喜欢。我想我能理解自己为什么这么自大了，我真正需要的是感受到爱，感受到自己是被接纳的。所以从小我就处于一种分裂状态，哪还有什么真实的自己。

"也许别人家的孩子被教育的是：你是你，别人是别人，不要总和别人比。可惜这样的情况没在我身上发生。我想我是从与别人的比较中发现自己被爱的，我不相信无须变得很好也会被真心喜欢。我最近一直思考这个问题，我叫它"根"，有的人没有根，注定终身漂泊。"

想必一个人的"根"就是满满的爱，在爱中他认识了自己，接纳了自己，接纳了这个不完美的世界。而一个没有"根"的人注定漂泊，他总是向外寻找救命稻草，也许是成就，也许是地位，也许是别人的接纳，但这些终归如浮萍，无法成为一个人真正的"根"。

"我不能改变你们，所以只能远离你们"

以前我到同学家吃饭，看到同学的爸爸跟我们开玩笑，你一言我一语，我就想怎么会这样？这个爸爸没大没小，肯定会教坏了儿子，我爸爸从来都是正襟危坐，像教父。

我生下来好像注定不是为了自己成长，当我还是个树苗的时候，就注定要成长为木材。每次你帮我找工作，就像憋不住一样，等不及冲上来说:"这回要……"你不应该养儿子,应该去养奶牛,只要喂草,肯定能挤出奶,而且要趁热挤。

爸爸,你要好好反省反省自己,从什么时候开始,你建立了如此高的道德标准,如此高要求的生活标准?这是为了填补什么?以至于别人有洁癖,你有"人癖"。

别人是一日三省,我是时时省、刻刻省,就没有一刻停下来过。我在工地上揣摩出一句话:抛开这个世界,看这个世界。因为当局者迷,旁观者清,我已经脱离自我了。我为什么要这样?因为原本的自己太差,人生下来如果不成功,不形象优美,就没有价值。人生下来不是为生活,而是为改造。我不禁想,我的父母把我生下来,是不是有点缺德?

为此,他还特意画了这样一幅漫画:

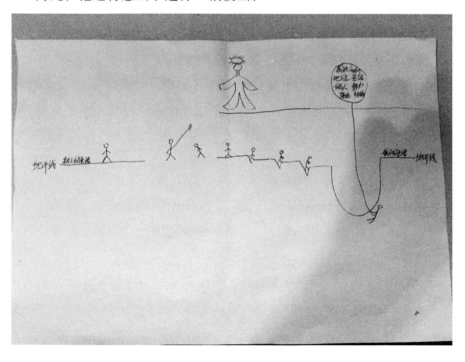

漫画中出现了三个人，别人、自己和他那好像上帝一般高不可攀的爸爸。漫画中所描述的情节是：别人因为生活中没有这样一个高不可攀的爸爸，所以可以做自己，可以过平静的生活，可以脚踏实地地活。但因为他的爸爸好像上帝一般，他怎么也达不到父亲的要求，因此他觉得自己越来越无能与渺小。慢慢地，他陷入一个"坑"中，体会到了强烈的自卑与自恨。为了摆脱自恨，爬出这个深坑，他需要一个氢气球把自己带出来，这个气球是由成功、名利、地位、圣洁、做人、强壮、性格所组成的。只有这样，才能减轻骨子里的卑微，才能满足父亲的期望，获得父亲的爱与接纳。

但在现实中无论他怎么努力，依然无法获得父亲的认同：

"我年底回到了家里，妈问我欠了多少钱，然后给了我2500元钱，我心里没有感激，只是觉得欠了她一个人情。我迫切地要做点什么，觉得很不开心，有一种说不出来的感觉，拿着钱，笑不出来。我在车库里和我爸说：'我感觉我有点……'话没有说完，我爸就说：'你看你能干什么事？你看别人怎么做事的。'我以为至少会听到一些关心的话，却只有奚落。我不做，说我烂怂无用；我做了，就'趁热打铁'，说是激励。我似乎是一辆汽车，车主爱车，是要它跑得快，跑得稳，造型豪华，不然这辆车就是废铁。"

他不是希望成功，而是必须成功；他不是希望肯定，而是急需肯定；他不敢成为自己，只能成为别人。按照他的话说就是，如果他不这样做，他就比家里的狗的地位也高不了多少。因此，他想尽办法获得成功，这成了他活着的意义。

也有那么一段时间，他"成功"了。他成功地活在了虚荣和别人的赞美之中，通过外在的光环掩盖了内心的卑微，他找回了"自我"。似乎他已经摆脱了内心那个弱小、易于被抛弃与否定的自我，那个不被爱、不被祝福的内在小孩。似乎内心的空洞已经被填补，一切都是新的开始，美好的未来也在等着他——他终于成为一个有价值的人，不再活在恐惧不安之中。

这段时间或长或短。他貌似成功了，貌似变强大了，貌似可以保护自己不被伤害了，貌似成了一个被所有人认可与接纳的人。他自以为因此获得了安全与价值，自以为已经摆脱了当初那个弱小的自己，自以为也战胜了这个危险的世界。因此，他就更深信自己就是那个自己所幻想的强者，人生也将随心所愿。

貌似完美的结局，却注定会被现实所打破——毕竟，他不是在成为自己，而是试图摆脱自己；他不是真正强大，只是假装强大；他不是医治了内心的伤痕，而是掩盖了伤痕……

他接着写道："当现实真的撕开一道口子涌进来，那一瞬间我难受极了，就像天破了一个大窟窿，我疯狂地去补。那一瞬间就像逼迫我意识到我好像并没有值得别人关注的地方，我并没有让别人刮目相看，但我在心里发疯似的去补。我害怕我在自我欺骗却浑然不觉，写这些的时候我平静点了，我知道那是因为我的'天空'又补圆了。但我更怕了，我怕忍不住继续欺骗自己，明天一觉醒来一切如故。我一度觉得我知道了，当我今天感到强烈的难受时，我发现原来我的自我欺骗是那么无懈可击，天衣无缝。"

自欺是为了避免看到真相，而真相是他一直不愿直面那个内心伤痕累累的小孩——他不被肯定，不被爱，不被祝福，不被接纳。他一直把这一切封存到内心深处，甚至想要扼杀它，因为这样就可以忘记屈辱，摆脱一个"偷渡者"的身份，就可以光明正大地做一个人。但越是活在自欺当中，他就越害怕现实，他的内心就越不能得到真正的成长。

这就像"潘多拉魔盒"，他只是把"心魔"（基本焦虑）关在了盒子里。心魔并没有消失，当现实打开盒盖，他内心深处的恐惧就会一股脑地迸发出来，让他惊恐万分——他自以为已经强大到不会被伤害，但这毕竟只是幻觉罢了。

他非常急于补上"窟窿"，也就是"治好"自己。毕竟治好了，那个打开的"魔盒"就又可以暂时关闭，他就又可以活在幻想的强大与完美之中了，他就又可以成为他"自己"了。因此，一些人往往会沉浸在各种"身心灵"的神奇疗法之中，并幻想神奇的疗法可以"治愈"他，这样就可以摆脱内心那个满是伤痕的小孩，那望不到底的黑洞。

但他终究不会被"治愈"，因为真正的治愈在于直面内心的恐惧，并最终和自己和解，而不是继续自欺，用强者的幻想来掩盖内心的伤痕。

有时他也会意识到这一点，但一转念他又无视了这一切。毕竟，他无法直视那个无助、无力、无能、弱小的自我，他不愿再次跌入那望不到底的深渊。他固执地相信这一切是真实的，自己已经无比强大，那个带泪的小孩不是自己，只是一个幻象而已。他依然会为了安全而脱离自我，继续囚禁那个孩子，封存既往的伤痕。马上，他又会投入对荣誉的执着追求之中。

伤痕、不安全感、无价值感，并不会被幻想中或现实中的种种成就所医治，仅仅是暂时的掩盖而已。比如一位女性患者因为她的父母不喜欢女孩，认为女孩是弱者，从小她就像是一个女汉子。她所做的一切就是为了证明自己比男人强，比所有人强。她足够拼命，所以她一直都是第一名，一直都是佼佼者。虽然她一直活在成功的优越感与自负中，但她经常做这样两个梦。第一个梦：没有毕业，还在读研，又要考博，一直都考不到头；第二个梦：枪击、杀人、恐怖、鬼、阴暗、阴风、暴虐，感觉自己快被杀了。

阴暗、阴风、暴虐，其实就是她内心深处的恐惧（基本焦虑），而一直不断地考试、提升，就是为了逃避恐惧，这成了她的"解决法"。虽然她在现实中成功了，但成功并没有真正地让她摆脱恐惧。恐惧就像一个永远也填不满的坑。她偶尔也会梦到一个孩子哭泣的脸，也许这个孩子不是别人，正是她自己。只不过她一直不愿承认这个弱小的孩子是自己，她一直都在试图让自己变得强大，她不敢直视内心的伤痕。

"内在小孩"——他是如此软弱、不堪、无助。但我们所做的一切努力并不是接纳他、包容他、理解他，而是排斥他、害怕他、远离他，正如当初父母对我们所做的一样。

貌似强大仅仅是一个虚幻的假象，不安全感一直都在我们内心深处。我们的人生也会被其左右，我们的本性也会被其扭曲，这时我们已不再是本来的自己——一旦我们试图用这样或那样的方式来应对不安全的世界与他人，那就是我们脱离自我的开始——我们学会了模仿、取悦、顺从、对抗、疏离、伪装、压抑、表演。此时，我们已经不是按照自己真实的情感与他人相处，而是试图以虚假的自己来保护自己。这样的"习惯"最终会成为一种生活方式，此时我们已经不再是为了自己而活，而是为了安全而活。

患者内心也并没有随时间和经验的累积而变得成熟，他只是假装成熟与强大，因此他就像一个"巨婴"，内心的成熟度与年龄极不匹配。一些患者坐在我面前，总让我感到似乎他在小学或初中就停止了内心的成长。他一味用强大、虚荣、美德来掩饰弱小，结果他仅仅是一个好演员而已，而非一个真正自信成熟的人。

> 在考察了许多神经症患者的童年史之后，我发现基本品质的恶完全是由于缺乏真正的温暖和爱。显然，要使自信心增长，孩子需要来自外界的帮助。他需要热情，需要感到自己是受欢迎的，需要照顾，需要保护，需要信任的氛围，需要对他行动的鼓励，需要建设性的纪律。有了这些因素，他就会产生"基本信心"，这种基本

> 信心包括对别人和对自己的信任。由于早年不利所开始的神经症的发展，使他的存在核心开始变弱，他变得和自己疏远，和自己分离。而他的自我理想化正是旨在弥补这种伤害的尝试。
>
> ——卡伦·霍妮

当父母不是有洁癖，而是有"人癖"时，就会拿着放大镜看我们的缺点与不足，仿佛我们在他们心中成了不可救药的人。缺乏爱、温情、包容，有的只是苛责、冷漠、要求，那么一个孩子怎能做自己？一个孩子如何接纳与爱自己？一些人从小就乖巧、努力、察言观色、投其所好，与其说他"懂事"，不如说从那时开始他就已经扭曲了。

心理问题的核心在于对真实自我的抛弃与恐惧，害怕成为自己，那么他就必然会逼迫自己成为一个他所不是的人——他必须成功、有地位、会做人。一个人活在理想化的自我之中也是情非得已，毕竟美好的幻想填补了他内心的缺失。当父母的人格本身就是病态和扭曲的，不能很好地接纳和爱自己，他们当然也无法真正爱孩子。那么孩子就不能产生对自己与他人的基本信任，无法感到自己是有价值的、值得被尊重与被爱的，他就不能用真实的自我与他人及世界相处。

以往的伤害集合在一起，形成了一股强大的负性能量，我们不敢与之对抗，只能被迫顺从它的控制。生命本是一个自然流淌的过程，我们却因为爱的缺失而陷入禁锢。如果恐惧成了一个人生活的动力，那么他将永远只是一个囚徒。

有问题父母一直以爱的名义，明目张胆地肆意伤害孩子。在我看来，他们不过是利用孩子来维系虚荣心，来找到安全感。他们死命抓住孩子不是因为爱孩子，而是为了填补自己内心的坑。他们连自己都不爱，怎么能懂得爱孩子？无论是他们还是孩子，都只是他们"心魔"的囚徒罢了。

下面简要分析几种有问题的父母的类型。

◎完美型父母

此类父母本身就是完美主义者，他们往往特别认真，事无巨细，想要做好一切。他们的价值观是，要么不做，要做就做到最好。任何他们做不到完美的事情都会让他们倍感压力，他们虽然表面幸福，内心却早已不堪重负，因为他们一直活在完美的枷锁之中。而这一切，他们也会原封不动地施加到孩子身上，因为孩子是他们生命的延伸，孩子的任何瑕疵与不足，同样会引发他们的恐慌。孩子出生之前他们只会一味逼迫自己，有了孩子之后，他们的关注点就转移到了孩子身上。

虽然是以爱的名义，但这一切其实是在维系面子，缓解焦虑。此时孩子仅仅是一个工具，因此孩子体会到的不是爱，而是束缚。此类父母小时候的成长经历往往也充满挫折，因此他们并不懂得如何去爱，他们只会不断要求，自以为要求就是爱。

他们往往管得过多、过细，不允许孩子犯任何错误，而且也无法接受孩子比别人差。但越是如此，孩子就越倍感压力，也越容易产生心理问题。当孩子有了问题，父母可能会放下之前的各种要求，意识到自己给了孩子太多压力，他们会突然像变了一个人，对孩子多了接纳和包容，并积极给孩子治疗。表面上他们醒悟了，但其实只是他的关注点改变了而已——不健康是更大的不完美。如果有一天孩子的心理问题减轻了，估计他们又会变成以前的样子：你都没有问题了，是否可以做得更好一点？

在一个完美主义者眼里：做好是应该的，做不好是不应该的。一位女性患者的妈妈从她出生起对她的爱就是畸形的、有条件的——只有做得好，才能赢得妈妈的肯定，不然就会成为妈妈眼中的笨蛋。因此，她总是觉得自己笨，因为妈妈总是说，聪明人什么事情都能做好。她做错了事情，就会觉得自己笨，难以接受自己的失败。她内心中已经存在了一个绝对完美和聪明的"模板",似乎只有成为一个这样的人,自己才是有价值的,才能获得他人的爱和接纳。

"绝对聪明、完美自我"成了她的"解药",她无法忍受哪怕一个人的否定,也无法接受哪怕一丁点的不足,也无法忘记所犯的任何错误。而获得的成功和肯定却常常被她轻描淡写,似乎这是应该的、情理之中的。

虽然患者试图满足父母,但在父母眼里他永远是不够好的,他没有办法相信自己是一个有价值的人、一个合格的人。

◎ 自负型父母

一些父母非常骄傲、自负,看不起身边的人,认为自己了不起。他们往往自认为是佼佼者,是与众不同的,因此他们的孩子就应该是优秀不凡的,应该和他们一样被人刮目相看。他们对孩子寄予厚望,认为孩子一定会出人头地。比如,一位男性患者的父亲是一个自负、要面子、自认为"天生我才"的人,但后来在职场与事业上的挫败,让父亲郁郁不得志。父亲把全部希望寄托在了他的身上,天天盯着他,不允许他犯任何错误,也不能接受他比别人差。另一位男性患者形容他爸爸时,只是谈到了一件对他整个人生有隐喻意味的事件。他记得小学时,爸爸非要逼着他做奥数题,当爸爸发现他的答案和标准答案不一样时,整个人就崩溃了,父亲跪在他面前,把嘴唇咬破,说了句:"我的儿子怎么能不会……"因此,他常常幻想成为皇帝,只有如此才能高于父亲的要求。

自负型父母不能接受孩子比别人差,当然更无法接受孩子有心理问题。当得知孩子的心理出现状况,他们的第一反应就是,我的孩子怎么能有心理问题?因此,一些患者和父母谈到自己的心理问题时,父母总是漠视或不承认，因为如果承认了这一现实，就意味着自己的失败，这会极大刺伤他们的自负，因此他们拒绝承认，认为孩子什么病也没有。一位女性患者向妈妈述说病情时，母亲总是会转移话题，当她向母亲要咨询费时，母亲什么都没问就给她了。虽然母亲知道这是咨询费，却一句关心的话也没有，因为她无法接受这样的现实，无法面对一个不健康的女儿，所以她一直选择逃避。

当然，有时父母也会表现出一个相反的极端——他们会拼命把孩子治好，因为他们不能接受孩子有病，更不能接受如此完美的人生被打破。就算孩子出现问题，自负的父母也绝不会承认自己的错误与病态，依然是一味埋怨孩子或当初让孩子陷入心理问题的刺激事件，比如一个苛责的老师、一段不愉快的经历。无论如何，他们都不会承认自己有问题。

记得一位患者的母亲在介绍孩子的病情时，一时兴起，做了一场她个人的成就报告会——她不自觉地把话题转向了自己的成就和辉煌，谈到自己如何努力脱贫，又如何努力成为生意场中的大姐大。正在她讲得兴致勃勃的时候，身边的亲戚提醒她跑题了，她才把话题转移到了儿子身上。但谈到儿子时她也只是在强调她的付出，强调她是一个多好的母亲，比如为了给儿子看病，她给院长送过红包，给儿子做手术毫不犹豫就花了五十万元，她又是如何担心孩子，对他负责……当然，她说的这一切都是事实，但在她的陈述中缺少了一样东西，那就是她对孩子因为爱的担心。她所做的一切不过是为了证明自己是一个绝世好母亲，她的痛苦仅仅是因为相信她的儿子不应该有问题。对她来说，儿子不过是她炫耀的工具——证明她是绝对正确、绝对成功的。

因此，这种父母其实根本就不关心孩子的死活，他们只关心自己的面子、虚荣心与骄傲。一位女性患者要离婚了，但她的父亲偏偏不让她离婚，看似是因为传统观念，实则是为了面子，他为此夜不能寐。他们还在大街上吵架,她发现父亲总是说几句就东看西看,然后故意压低声音说:"这里认识的人多,有什么回家再说。"回到家里,他们又开始了争吵。

父亲:"我管你从来都是为了你好。"
女儿:"我都这么大了,我自己有分寸。"
父亲:"你有没有为我们着想。"
女儿:"我怎么为你们着想。"
父亲:"当初你老公来叫你,你就该乖乖回去,事情就不会这样了。你装那样子不知道给谁看。"
……

后来她在信中写道:"王老师,你知道这句话对我有多大伤害吗?我当时就想死了,我就觉得自己是个多余的人。我离婚,别人不理解我就算了,可爸爸也一点都不理解我,都是想着怎样把我推回去。他口口声声说为了我好,可是我真的没有感受到,他只在乎他的面子。"

因为孝道,一些人不得不迎合父母,不得不压抑情感。但越是这样,他就越不是他自己,只是"成功"父母家里的一件装饰,一项可以拿出来炫耀的资本,不过是维系父母自负的工具。

◎ 控制型父母

无论是完美型还是自负型父母,如果要达到目的,都需要绝对的控制,需要一切尽在掌控中。一些父母的掌控欲特别强,似乎要把孩子的一切都安排好,一切都在眼皮底下他们才能放心,不然就会焦虑。所以,他们会查看孩子的日记,了解孩子的朋友都是怎样的人,有时甚至会"贿赂"孩子身边的人来达到他们进一步控制孩子的目的。表面上他们是极其尽责的父母，实际上他们是要通过掌控孩子，来增强他们内心的安全感与价值感——毕竟只有孩子好，他们才能"好"。他们的人生已经与孩子的人生捆绑起来，孩子成功，才意味着他们人生的圆满，如果孩子出了问题，就意味着他们的失败。因此，控制型父母不是爱孩子，而是通过控制孩子来"填满"他们自己。

一个高中女孩在学习上被爸爸逼得都想要跳楼了，爸爸却说她要跳就跳。她说奶奶家里的人都比较"变态"，比如大姑为了学习差一点把眼睛弄瞎，又比如奶奶竟然会跪在做老师的小姑面前让小姑逼迫她学习，而小姑又是她的班主任，天天盯着她，并且每天向爸爸汇报，她稍有不慎就会被爸爸骂。她整天活在监控之中，似乎全家族的希望都在她身上。表面上看，这个父亲是一个极其尽责的父亲，但实际上，他只是把女儿当成医治自己创伤的"药"而已——他没有考上大学，因此在家里缺少被肯定与价值感。

这种父母带孩子治疗，往往也会试图控制治疗师，希望可以通过治疗师来更好地掌控孩子。他们似乎把孩子当成了橡皮泥，想要孩子变成他们期望的样子。他们会试图"贿赂"治疗师，让孩子"变好"，重回他们的掌控，重回他们为孩子设计好的人生。如果治疗师被他们表面上对孩子负责的态度所迷惑，那么此种治疗反倒成了病态父母的帮凶——治疗的本质在于帮助患者找回自由与真实，活出本来的自己，而不是父母所期望的样子。

在治疗中也经常会遇到这样的家庭——父母其中一人是老师或两人都是老师。这种情况就更麻烦，父母控制之手不仅在家里，而且延伸到了学校，这样孩子就没有一点自由了。一位女性患者的妈妈就是老师，从小她就在严格的控制下长大——不能说错话，不能做错事，不能有自己的想法，只能不断地服从。而她也是一个乖巧的孩子，总是努力满足妈妈的期待。但无论她多么优秀，妈妈都不会对她满意和放心。她整个生活就像被24小时监视着，不敢做任何出格的事情。而每当她想做什么或说什么，她总是要用余光关注妈妈的表情。就算现在长大了，发朋友圈她都会敏感，因为妈妈会监控她发了什么。因此，她不敢做一点不好的事情，整个人一直是规规矩矩的。

因为被控制得太久，她早已不知道自由是什么滋味了，或者说她已经习惯了被命令、被要求、被指使，做那些别人认为正确的事情。一旦自由，脱离了监禁她的环境，脱离了控制她的人，她会变得茫然和恐惧，不知道该干点什么，不知道做什么才是对的、恰当的。因此她会再次回到原地，或再找一个人去依赖，只有躲在"强者"的臂膀下，才能让她感到安全。

控制是一种对自由的剥夺，孩子没有权利决定自己的人生，一直活在用黄金打造的笼子里。看似幸福，实则悲哀。心理作家武志红对此是这样描述的："人生最大的噩梦之一是，身边有一个人，无论你做什么，她（他）都要纠正一下。并且，要你必须按照她（他）的来，否则不罢休，一件小事的纠缠，都能发展到要你死或她（他）自己去死的地步。之所以这样，是因为她（他）内在的恐惧，没有安全感，所以她（他）要死死抓住点什么，就像溺水的人要抓住一根游木。"

控制型父母同时也是焦虑的父母，他们会担心孩子不按他们的期望发展，当孩子经历高考、找对象、职业选择等重要事件时，他们往往比孩子还要焦虑。因此，一位患者这样评价他妈妈："我要做好一切，因为我的裤腰带上还拴着妈妈，一旦我做不好，妈妈会焦虑到想要跳海……"

焦虑的父母往往对孩子过度保护，他们也会把别人说得很坏，把这个世界描述得很危险，所以只能信任他们。父母的焦虑会无形中让孩子内心形成一种强烈的不安全感，让他不能信任他人、这个世界和他自己。

过度保护往往造成"无能"的孩子。父母把一切都已经替他想好了，他自己不用操心，于是他往往不会对自己的人生负责。一位焦虑的母亲对我说："如果我死了，估计孩子生病了都不知道去看医生。"这也许是她的焦虑的表现，但也许是实情，毕竟孩子的一生都被她掌控。当她离开了，孩子如何依靠自己来生存？

"我的一切都是为了他，他就是我的全部，我已经不在乎自己了。"一位母亲说道。这话听起来伟大，实则悲哀，你连自己都不在乎，你又凭什么去爱别人？真爱永远只存在于两个人格相对健康的人之间，从来都不是一方对另一方的全情寄托。

当然，在孩子出现问题时父母也许可以暂时放下这样的控制，但在父母内心依然试图将治疗作为重新掌控的手段。遇到此种父母我也很无奈，因为他们的手段很多，就像暴君一样，不达目的不罢休，而他们带孩子来治疗是为了"修理"孩子，让孩子再次成为那个乖巧的小孩。一个女高中生对我说，也许只有死，才能让父母醒悟吧。听到这样的话，看到种种的悲剧，我不禁感伤，这样的父母就像中了邪一般，不仅毁了自己的人生，还要把孩子拉下水。虽然他们本身也是受害者（来自他们的父母），但他们什么时候才能不再继续用爱的名义来摧残孩子呢？

◎ 溺爱型父母

此种情况比较复杂，是父母焦虑性格、掌控欲望、自负心理、虚荣与面子、过度补偿等各种因素的综合表现。而溺爱的表现形式也多种多样，比如炫耀、包办、纵容、过度保护、认为孩子与众不同……虽然这似乎都是"爱"过多的表现，但终究也不是健康的爱。毕竟，爱是让孩子自由、独立、成为他自己，而不是把他放在一个温室中或给他戴上皇冠，因为这样只会让孩子无法正确看待自己，只会让孩子患上"公主病"

或"王子病"。

有的孩子自出生起就受到特别对待，原因有很多，比如他是家族中唯一的男孩，或者他成绩很好，为家族争光，而父母喜欢到处炫耀，十分要面子。在父母眼中他就是与众不同的，就是父母的骄傲，父母也会对他百依百顺。后来，又因为他在学校的突出表现，他也受到了周围的人的肯定，从小就形成了一种病态自负——我就是特别的，我就应该成功，应该被周围人优待，应该与众不同。

溺爱型父母非常"欣赏"自己的孩子，把他抬高到他本达不到的地位，让孩子错以为自己真的如此出众。一位患者说他的父亲自负、势利，看不起普通人，但从小父亲就表扬他，说他与众不同，总是在别人面前炫耀他，对他给予了很高的期待。因此从小他就自命不凡，认为自己是精英。

溺爱的本质是爱吗？如果是爱，那也只是爱他们自己。他们很可能是把自恋幻想投射到孩子身上，认为孩子也如天神般完美。溺爱是一种虚假的爱，孩子终将因此迷失自己，看不清楚自己本来的样子。

一位男性患者的父母总是以他为傲，妈妈总是和别人说，儿子成绩有多好，工作有多好，挣钱有多少。妈妈在别人面前要面子、自大，总是说自己认识很多有能力的人，有很多朋友。因此，他总是努力做一个好孩子，依赖妈妈，压抑自己，内心也羡慕和崇拜妈妈的能力。不过后来他谈到，长大之后才发现妈妈其实没有那么能干，只不过她喜欢夸大和吹牛罢了。

当然孩子都是聪明的，能够理解父母需要什么，往往也因此投其所好，满足父母的期望，成为父母所希望的人，也因此获得了奖赏——父母更多的"爱"。这有点像驯兽师的把戏，动物做出了规范动作，也就得到了食物和驯兽师的鼓励，这样一唱一和完美地演出，并得到更多观众的喝彩。

◎ 冷漠、残暴型父母

有时父母太过沉浸在自己的神经症中，或迫于生计而无暇顾及孩子，对孩子不是忽视冷漠，就是苛责打骂，根本就没有把孩子当成一个有尊严的人。更有甚者对待孩子还不如对待宠物，不但没有温暖，还让孩子受尽折磨。记得一位患者告诉我，从小他做错了事情，甚至仅仅是父亲喝醉了酒，他就会被父亲吊起来打，棍子打断了会用荆条继续。而母亲不但没有帮助他，还在一旁说"打，狠一点打"。而另一位女性患者小时候也有这样的经历，稍有不慎就会被病态的父亲毒打，每次都是邻居来拉架才能解脱，而母亲软弱无力，无法保护她。

一位女性患者写道：

"我是个精神乞丐，但只要我还没饿死，我就不承认自己是乞丐，好像只要我寻求帮助或者提出要求，就会被拒绝或者被骂。被责备、被挑剔、被批评让我感到恐惧，害怕被骂，害怕被打。

"在我妈眼里，我一生下来就是'童养媳'，我爸又基本没有把我当女儿看待。我不知道我是谁。小时候，我写作业到很晚，虽然有个火盆，脚也还是冰凉的，我觉得我绝不会忍心对自己的孩子这样，我怎么也会想办法给他一点呵护。但我从小没有陪伴，没有关心。为什么要这么对我呢？我不是你们的孩子吗？我只是一个孩子呀！

"我像个乞丐一样精神匮乏，却不是乞丐，我总在渴望别人会主动为我做点什么。我是个孩子呀，他们是我的父母呀，为什么不可以主动关心我一下呢？好像是我一直在求他们给我一点点的关爱。尽管现在有了成年人的壳，但好像那个小女孩一直住在我的脑子里。本来我还觉得他们改变了一点呢，其实并没有，虽然他们现在也主动给我打电话，但也只是例行公事——你看我们已经关心你了呀。"

其实精神的伤害、自尊的剥夺比肉体的伤害更会在一个人心中留下伤痕。这样的怨恨并不会消失，往往会成为一种攻击性，常常表现为对自己的恨，对他人的恨，或对这个世界的恨。恨有时也可以表现为一种对这个世界与他人的莫名的不信任，就算别人对他好，他都难以信任别人，担心别人有所求、有目的。这样的怨恨的存在，让他不能处理好和自己、他人及这个世界的关系。

不仅爱会传承，恨也会。当这样的恨传承下去，只会造成神经症的代际遗传，一代一代都背负上一辈没有解决的内心冲突，成为无辜的受害者。一位患者在咨询后给我发来了这样的邮件："昨天我又打了女儿，她不好好做家庭作业，还在作业本上乱画乱涂。我不知道为什么要这样，可能最近看到武汉杀人的新闻，内心深处很恐惧。我想起那些可怕的画面，最近睡也睡不好，总之内心的不安全感和恐惧感太强烈了。尽管老公多次劝我，女儿和我是平等的，不要打骂，不知道为什么我控制不住自己，性子一急一生气就这样了，无法控制情绪又不知道该怎样引导女儿，我感觉心里没有爱和温暖，很阴暗。"

之后，她诉说了这样一个梦："这段时间我也常梦见已故的爷爷奶奶，昨晚做梦又梦见他们了，梦里好真实，我们又团聚了，他们好像在另一个世界里过得很好，很和谐。后来我又梦见了我妈，我说你怎么在这里，你不是还在人间吗？她说在人间照顾我的那个女人不是我亲妈，是她的一个姐们儿。从小到大总感觉妈妈对我不亲热，冷冰冰的，总爱打骂我，原来我的亲妈早已死去了啊。她对我很亲热，像姐妹那样。临别时，我说妈我好想你啊，但她又化成火去她的世界里了。"

心理问题的本质在于爱的缺失，当一个人没有被真正爱过，他就会缺乏自我价值与自我认同，内心会产生莫名的恐惧。为减轻内心的恐惧，他会变成一个乖巧、可爱、努力、有道德、孝顺的人，这样他就能赢得周围的人的接纳与爱，这样才能减轻内心的无价值感。但可悲的是，扮演的人终归不是他自己。

爱是一个人成长的基石，但太多父母受自己的神经症所困，把病态的要求当成了爱，他们越"爱"孩子，孩子越无法接纳自我。当然，父母也会觉得很委屈："难道我们还做错了？我们为孩子付出了那么多。"不过据观察，病态父母已经沉浸在神经症人格中，已经分不清哪些是病态要求，哪些是真心的爱，且大多数时候用自己的病态要求苛责孩子，还硬把这说成是爱。

◎ 病态父母

一个孩子最大的幸福不在于继承了多少财产，而在于继承了多少爱。在我的生命中，最幸运的事是得到了妈妈和外婆无条件的、单纯的爱。爱是最宝贵的财富，只有一个人心中有爱，才能坚守他自己。

当父母有病（当然可以说得文艺一点，神经症），虽然表面上会给予孩子很多，实际上却剥夺了孩子的自我，让孩子不敢做自己，不能相信自己，也不能相信他人是接纳他的。他们在孩子内心留下深深的创伤，而孩子需要用一生的时间去填补、去医治。需要医治也意味着扭曲，内心的伤痛往往会幻化成对理想化自我的幻想，他会幻想自己是另一个更优秀的人，以此来逃避恐惧。因此，一些患者已经活到四五十岁时才突然意识到，自己从来都没有为自己活过，也从来没有真正活过。

在我看来，很多被认为有病的孩子，其实父母比孩子病得更重，应该治疗的是父母。但父母太过沉浸在神经症中，活在完美幻想中，根本就没有勇气承认病态。正如一个女孩告诉我，她妈妈一直有一个秘密瞒着她，经过她的逼问，妈妈才说出来，这个秘密就是"面瘫"。小时候外婆说她妈妈脸大好看，结果她妈妈不停地掐脸，但最后发觉表情变僵硬了，之后就对自己的表情非常敏感，担心别人发现自己的异常。其实哪来的面瘫，这很明显是"表情恐惧"。而这么多年来她妈妈隐藏得这么好，可见她妈妈有多么顾及形象，多么善于伪装。把问题认定为"面瘫"，她妈妈就可以不必面对自己是一个神经症患者的事实了，就又可以维系完美自我的假象了。

病态父母有时也像祥林嫂一般，总是和孩子唠叨自己的各种苦难与不幸，就像整个世界都亏欠他们，别人都在迫害他们，周围的人都看不起他们。面对这样的父母，孩子往往会希望通过让自己变强大来结束父母的痛苦。一位患者是这样描述他的童年的："我出生在偏远农村，从懂事开始，就是个很爱学习的好孩子。虽然说那时农村都一样穷，但我家似乎比任何人家都穷。那时的农村能拿来换钱的只有鸡、鸭、猪等，但我家就是养不成，好像中了邪似的，养什么都不成，特别是猪。妈妈是个多愁善感的农村妇女，因为穷，她平时很自责。在我记忆中，妈妈一直在责怪自己，因为她命苦，所以养的猪、鸭、鸡才不成活。平时连一头小猪死了她都哭，我自然也受到很大的影响，也很难过，感觉很自卑，在别人面前抬不起头。但是我学习成绩好，这成了我唯一的支撑。"

压垮孩子的不是贫穷，而是父母面对生活的态度。当父母不能挑起生活的重担，孩子（尤其是长子）就会自动成为那个挑起生活担子的人。虽然在影视作品中这往往被传颂，穷人家的孩子早当家，但过于懂事、过于乖巧、过于早熟的孩子日后往往会出现大问题。毕竟这一切都成了他人生的牵绊，让他一味地去救赎父母，过早撑起本不该他来承担的责任，让他不能按照自己的想法、自己的人生轨迹而活，最后被这一切拖垮。

正是一个又一个病态父母，导致了神经症问题的代际遗传问题。在治疗中，我接触到很多父子、母子、姐妹、姐弟相继来做治疗的情况。他们可能有着相似或不同的症状表现，却存在着相似的致病机理。比如，一对来治疗的姐妹从小都没有被爱过，因此一个就拼命努力工作，努力获得他人认可，希望从他人那里获得接纳与肯定；而另一个空有抱负，却不敢努力，只是依赖那些看起来成功的男人，通过"爱情"来摆脱自卑。其实她们都是在救赎自己，都是在用外在的光环与他人的接纳，来填补内心因缺爱而造成的"空洞"。

因此神经症问题的代际遗传并不是生理遗传，而是心理创伤的传递——上一辈把心理创伤和没有解决的心理问题传递给了下一代。就好像《天龙八部》中慕容复这个人物，他潇洒文雅，武艺超群，身边又有一个貌美如花的表妹王语嫣。按理，像慕容复这样条件优越的富家公子，本应过着幸福美满的生活，他却每天处心积虑，与很多人争斗，最后爱人跑了，自己也成了个疯癫之徒。这一切都怪慕容复的老爹，他一直在敦促儿子一定要光复祖业，重建"大燕国"。慕容复就是为了完成老爹的夙愿，才舍弃原本幸福安宁的生活，投入残酷的江湖纷争中，最后不但没有实现这个目标，反倒付出了惨重的代价，一无所有。

孩子往往会成为一个拯救者，他被动地担起完成父母夙愿的重担，这却成了他的枷锁。一位男性患者的父亲是孤儿，总是被同村人看不起，因此他父亲这辈子的夙愿就是被人瞧得起。虽然父亲努力挣钱，最后还是失败了。这位患者从小就挑起了家里的大梁——不被别人看不起。但他背负了太多本不属于他的责任，而日后这些将会把他压垮。

病态父母其实也很可怜，只不过是用自认为正确的方式来"爱"孩子，虽然这种爱是毒药，但施爱者本身也是受害者，毕竟问题来自他们的父母，是再上一辈的问题。如此代际的影响，一代影响一代，好像病毒一样蔓延。一位患者给我发来这样的信："我觉得很害怕……怎么办，我不希望孩子将来被我影响，这是我最想为她做的事，我可以变得健康起来吗？我保证为了孩子的健康什么都可以做。"她已经意识到了病态人格给自己的人生造成的痛苦，她不想把这种痛苦传递给孩子。停止这一切灾难的关键就是，从自己做起，做一个真实的人，而不是躲在幻想中逃避恐惧，或利用孩子来填补内心的空洞。

◎ 病态的家庭模式

容易出问题的家庭模式通常处于一种失衡状态，大多有一个处于统治地位的家长，他像暴君一样统治着这个家庭，另一方往往过于软弱而无法与之制衡。有时是父亲长期不在家或在家里没有话语权，强势的母亲独揽大权。当然相反也是成立的，母亲过于软弱，父亲强权，一切都要服从他，母亲不能很好地保护孩子，毕竟她也只是"囚徒"。

一位女性患者谈到她的家庭模式时说，她妈妈是被宠大的，但爸爸是一个非常好的人，也非常有才能和修养，他很宠爱妈妈。但妈妈是一个独裁者，别人都要听她的，以她为中心。妈妈对她的管制也非常多，就像"慈禧"一样掌控一切，而她则一直都是一个乖宝宝，始终没有自由。她不敢追求自由，一直在父母面前维系"我很好"的假象。

一个强势的妈妈，一个不管事的爸爸；一个有追求和理想的妈妈，一个玩物丧志的爸爸；一个独裁的妈妈，一个软弱的爸爸；一个能力超强、自负的妈妈，一个无能无用的爸爸；一个祥林嫂似的妈妈控诉迫害她的爸爸及爸爸的整个家族，一个如空气般存在的爸爸；甚至只有妈妈，没有爸爸，妈妈就是主宰，就是一切，就是天（把妈妈和爸爸对调也成立）。这样的失衡会导致专制，而专制会形成"唯一正确"的思想，但如果这种思想本身就是一种化装成美德的病态要求，那么这个孩子就万劫不复，处于精神炼狱中。

离异与单亲的家庭往往容易出现失衡，尤其当孩子与父母中神经症倾向比较严重的一方一起生活时。一位男性患者在十岁时父亲便过世了，他只能和妈妈相依为命。后来又因为妈妈和爸爸这边的亲戚关系不好，在爸爸去世之后，妈妈就断了和他们之间的往来。而妈妈这个人极其缺乏安全感，容易焦虑，对儿子也非常苛求，总是讲他这里不好、那里不对。在这样的精神监狱中，他成了一个"老好人"，不敢得罪哪怕一个人，不敢做错哪怕一件事，整天为了安全感而卑躬屈膝地迎合所有人。

混乱的成长环境也会对一个人的心理健康造成严重伤害，比如父母的冷漠、家庭的变故、非亲生父母抚养、社会历史等因素。这会让孩子从小就缺少安全感，让他感到没有人关心他的死活。在一个糟糕的环境中长大，他永远都不知道爱是什么滋味，如同孤儿一般。一位女性患者的父母在她很小的时候就离婚了，因此她有了两个家——爸爸一个家，妈妈一个家。这种结果等于她没有自己的家——在妈妈家里，妈妈的男友总是打她，用烟头烫她；在爸爸家里，继母对她也不好，总是打骂和告状。于是她在十岁就离家出走了，最后是姑妈收养了她。姑妈虽然收养了她，但也仅仅是没让她饿死，她在精神上依然缺乏温暖和关怀。

当我听到这些，只感到这个孩子的坚强，她竟然可以活到这么大。当一个女孩告诉我，她十一岁时就想把父母杀了，然后自杀，我一点都不感到震惊。这一切就像物理学里力的作用，反作用力有多大，就可以想象作用力有多大。一切都是守恒的，不仅仅是力，还有爱、伤害、怨恨、痛苦。

> 不经过反思的亲情夹杂了太多的为所欲为！

"每次跟别人说到父母，那些人、那些医生总是说：'怎么能讲父母有问题呢？'父母，在中国是一个大词，它代表了太多，我多希望我能有一对孝敬得起的父母，还能得个好名声。有的人说我吃得好、喝得好，还讲父母有问题，他们停留在用肚子想问题，我和他们解释不清楚。有的子女很孝顺，就像农夫对种子浇水施肥，种子开花结果一样，本是顺其自然的反应，不值得宣扬，但值得羡慕。那些观察者说是道德,好像他们是为了'道德'才孝顺,我不相信道德,只相信人性,不害人,你祖宗就有德了。我曾想过,冤有头债有主,父母变成如今这样子,怪他们解决不了问题,我想去把爷爷的坟砸了,我想问他是什么驱使我老子对名利这么向往,我改变不了父母的天性,但我需要的不是这些。

"孝道,就是父母伤害了我们,还要美化成是对我们好。似乎父母做的一切都是纯金的,一切都是为了孩子好。所以,孩子不领情就会被身边的人和社会批判为一个坏孩子。而父母从不会反思是否做错了什么。在这种'美德'的掩护之下,父母有时做了伤害孩子之事,却又自以为为孩子付出太多,竟然又油然而生一种神圣的自豪感。"

孩子满身伤痕,但是因为孝道而不能反驳:毕竟父母做的一切都是"为了你好"。在这样的社会文化之下,父母往往可以肆意地伤害孩子,却被冠以美德,而孩子满身伤痕还要感恩戴德。

被伤害的孩子往往有两种表现。一种是他把所有的问题都怪到父母身上,而无视自己应该承担的责任;另一种是他虽然也能意识到自己的问题与悲剧正来自父母,但因为孝道——我应该是一个孝顺的人,他不敢表达愤怒,并会出于对父母的怨恨而痛恨自己。他认为应该原谅父母的过错,他应该坚强到不被伤害,并宽恕这一切。

其实,真正的孝并不取决于我们是否应该原谅父母,只有当你可以理解和共情父母时,真正的孝才会发生。但这种发生并不是来自主观命令,而是一种情感体验——他们其实也是受害者。当一个人内心没有真正的原谅和接纳,只是强求自己,那么这只是假装孝而已。

一个人的童年经历和父母对他的影响是伴随一生的,或者说对他的一生都会有很深刻和持久的影响。父母对我们造成伤害,对我们不接纳、否定和苛责。缺乏真正无条件的爱,那么我们在内心也就无法接纳最真实的自我,也就缺少作为一个人真正的自信。

恐惧就像一个黑洞，无论我们怎么努力都无法填满。此种恐惧并不是以单一形式存在，而像是一股能量体，是包含诸如伤害、抛弃、恐吓、否定、控制、弱小、无助之类的混合情感。如此负性的能量体有着强大的力量，它会迫使我们顺从它并被它左右。这也解释了为什么一些患者说很多道理他都懂，但就是无法控制自己。此时，他就像是两个自己，一个是理智的，一个是非理智的，理智的自己告诉自己没有什么可怕的，但在面临所害怕的情景时，他无法自控，整个人都会陷入强烈的恐慌与惊恐之中。其实，此种恐惧不完全来自当下，也来自过去的伤痕、内心深处的恐惧。虽然过了很多年，我们自以为已经不再是当年那个软弱可欺的自己，我们自以为已经足够成熟和坚强，自以为已经强大到不会被伤害，但内心最深处的自己其实依然没有变，依然是那个受伤的孩子。

一个人外在越显得强大，也许内心就越脆弱，越是用成功、权力、地位、尊重、和谐人际、完美品德来维系优越感，来维系自己在这个世界上的崇高地位，其实越说明他活在一个壳子中，他通过这个壳子来保护脆弱的内心。这似乎无可厚非，但一个人并不能一直成功，并不能一直优秀，并不能一直完美无缺，也不能一直超越他人。他越是躲在壳子中，就越害怕光环的破碎，越恐惧直面真实的自己。

在这种恐惧之下，任何理智的说教都无法走进他的内心，就像一个被恶狗追赶的人一样，他只有不断地逃。所以他不得不成功，不得不完美，不得不卓越，不得不强大，这一切成了人生的魔咒，让他停不下来。虽然这是他自我救赎的方式，却也因此彻底迷失了本性。

最后，以纪伯伦的《论孩子》结束这一章，诗题虽说是论孩子，却是说给父母听的。说的是现今无数教育、亲子沟通的最大前提：孩子之于父母，是一种怎样的存在？这个中心问题的答案决定着家长与孩子以后所有的相处关系。孩子是一个独立个体，是一个你生命之外的独立存在。他由你而来，却不属于你，他有自己的人生使命，他的生命之箭向着他的未来飞驰，我们就是那射箭的弓。我们帮助他迎向他的目标，我们帮助他成为他自己。相反，我们无法代替他思考，我们不能包办他的人生，我们不能用自己的惊恐、焦虑，阻挡孩子的未来和发展。

On Children

《论孩子》

Your children are not your children.

你的儿女，其实不是你的儿女。

They are the sons and daughters of Life's longing for itself.

他们是生命对于自身渴望而诞生的孩子。

They come through you but not from you,

他们借助你来到这世界，却非因你而来，

And though they are with you, yet they belong not to you.

他们在你身旁，却并不属于你。

You may give them your love but not your thought,

你可以给予他们的是你的爱，却不是你的想法，

For they have their own thoughts.

因为他们有自己的思想。

You may house their bodies but not their soul,

你可以庇护的是他们的身体，但不是他们的心灵，

For their souls dwell in the house of tomorrow,

因为他们的灵魂属于明天，

Which you cannot visit, not even in your dreams.

属于你做梦也无法到达的明天。

You may strive to be like them,

你可以拼尽全力，变得像他们一样，

But seek not to make them like you,

却不要让他们变得和你一样，

For life goes not backward nor tarries with yesterday.

因为生命不会后退，也不在过去停留。

You are the bows from which your children,

你是弓，儿女是从你那里射出的箭，

The archer sees the mark upon the path of the infinite,

弓箭手望着未来之路上的箭靶，

And He bends you with His might,

他用尽力气将你拉开，

That His arrows may go swift and far.

使他的箭射得又快又远。

Let your bending in the archer's hand be for gladness,

怀着快乐的心情，在弓箭手的手中弯曲吧，

For even as He loves the arrow that flies,

因为他爱一路飞翔的箭，

So He loves also the bow that is stable.

也爱无比稳定的弓。

CHAPTER 10
第十章

对金钱、权力、地位的执着

我认为因追求荣誉所引起的神经症过程,其最恰当的象征,就是"魔鬼协定"这个故事中的内容——魔鬼或其他邪恶的化身借着给予无限的权势,引诱被精神或物质烦恼所困的人,但这种人只有当他出卖自己的灵魂或下了地狱时,方能获得这些权势。此种诱惑力可发生于精神内涵富有或贫乏的任何人身上,因为它代表了两种权力愿望:对无限的渴望和对脱离烦恼的便捷之径的需求。根据宗教的圣传,人类最伟大的精神导师——佛陀与基督就曾体验过此种诱惑,但他们"自我"的根基甚稳,认出那是一种诱惑,此种诱惑是能够加以弃绝的。此外,在与魔鬼的协定上所约定的条件,正表示出在神经症发展中所该偿付的代价,用象征性的语言来说就是,通向无限荣誉的捷径势必也是通往"自卑"与"自苦"的内心地狱之路。走上这条路,最后他必会失去自己的灵魂——他的真我。

——卡伦·霍妮

一个人对荣誉的追求，如果是因为内心的匮乏，就会陷入"魔鬼协议"而丧失自我。因为从小缺乏真诚的爱，所以在他内心形成了一个巨大的空洞，这样的空洞会让他陷入深深的恐惧与焦虑中。为了减轻焦虑，他投入对荣誉的追求中，只有这样才能救赎自己，但通向无限荣誉的捷径势必也通往"自卑"与"自苦"的内心地狱。

可以让精神贫瘠的人找到安全感的东西大致为：权力、名誉、地位、成就、品德、金钱、被爱，或其他任何让他感到自己有价值的东西。他就像一个饥不择食的人，填饱"肚子"比什么都重要，所以他不过是一个精神上的乞丐——一味地逼迫自己去获取那些荣誉光环来填补空洞的内心。

他非常有上进心，有远大理想，幻想可以出人头地、与众不同。为了获得成功，他整个人就像打了鸡血一样不知疲倦。其实，他的动力不过是试图通过幻想中的伟大来填补内心的空洞，这是一种强迫性的需要。一位男性患者每天都很紧张、自卑，在人前浑身不自在，担心表现不好而被人嘲笑。小时候，他的妈妈瞧不起爸爸，每当想起妈妈厌恶爸爸的表情他就感到恐惧，他担心自己和爸爸一样，害怕妈妈也如此厌恶自己。因为父母总是为了钱吵架，所以他总是幻想成为一个有钱人，这样就不会被妈妈看不起了。可是事与愿违，虽然他总是幻想挣大钱，但后来反倒亏了很多。他谈到这一切并不是为了钱，他只是要证明自己，找到一种被认可的感觉，只有这样他才能解脱。

他试图通过钱来证明自己，让自己相信自己足够强大，通过钱来减轻内心的不安全感，并抬起头做人。因此，当他失败时，总是会买彩票，他谈到只有这样才能让幻想不至于破灭。但如果不放弃病态的执着，他永远都无法意识到自己真正缺失的并不是成功，而是缺少接受失败、面对自己的勇气。

"被人看得起"成了他人生最高的追求，金钱、成功、地位成了他的"解药",他所做的事情不是源自喜欢,而是为了离成功更近一步,这可以给他带来虚荣心的满足。因此,金融成了他们向往的专业,做销售、做生意成了他们向往的职业。一位患者写道:"因为从小不能自我接纳而导致的自卑,让我很难自己给自己补充能量,我需要不断地从外界的认可、掌声甚至肯定的眼神中,去获取燃料和力量。多年来,我也下意识地一直把获得外界接纳和认可当作人生第一目标——买好车、减肥、演讲、口才、专业知识、才艺、挣钱、成功,都是为了让外界认可与接纳我。我的逻辑告诉我,这个时代的中国人只认可商业上的成功,那么我必须做一个商人,所以我要努力,努力学习得体的言谈,努力学习商业能力。就这样,我的成功欲望越来越强烈,我甚至迷失了自我。"

做什么能得到别人的认可,做什么能获得他人的接纳,做什么能让自己看起来优秀、与众不同,他就会拼命地做。有时,通过"正路"无法获得他想要的殊荣,他就会通过网游、打架等"非主流"方式来赢得别人的关注与崇拜……做什么并不重要,重要的是通过这些行为是否可以彰显不凡。

他成了一个"投机分子",他需要的就是权力和财富的获得。在他的眼里只有赢,其他一切都不重要。但是,对赢的渴望如此强烈,以至于在还没有开始之时,他就已经在头脑中幻想成功的场面,就已经沉浸在成功的喜悦之中。如果他开始去做,又难以忍受脚踏实地的艰辛——毕竟一个真正的强者应该不努力就能够成功,而且如果他努力了还做不好,这只会给他更大的打击。

这种病态的雄心会掩盖在社会文化之下,毕竟有谁不希望成功呢?尤其是在很多人都急功近利的背景下,谁能说得清什么是多,什么是少,什么是正常,什么又是病态。当我指出患者被病态雄心所驱使时,他往往会反驳道:"这难道不是人类共有的上进心的表现?人没有追求和咸鱼有什么不同?难道你是想让我成为一个没有理想的人?成功学不是在教育我们,只要有恒心,喜马拉雅山也是可以爬上去的?"

其实,正常的上进心与病态雄心之间的区别,就好像一个人想要看更好的风景而爬上一棵树与被一只恶狗追赶而不得不爬上一棵树的区别。后者就像是一个溺水者紧紧抓住木桩一般,他内心充满恐惧,却把这一切美化成理想与上进心。

> 统治和支配他人的愿望,赢得声望的愿望,获得财富的愿望,其本身显然并不是病态的倾向,正像希望获得爱的愿望本身并不是病态的愿望一样。但当对权力、名望和财富的病态追求被用来作为对抗焦虑的保护措施,以对抗自觉无足轻重或被他人看得无足轻重的危险时,对权力和荣誉的追求就成了一种逃避焦虑的手段。我们文化中的神经症患者之所以选择这种方式,是因为事实上在我们的社会结构中,权力、名望和财富可以提供一种较大的安全感。
>
> ——卡伦·霍妮

比如,一位男性患者年轻时做过各种生意,不过都失败了,之后他遇到了一个贵人,人生出现了转机,因此他制定了人生目标——30岁时挣500万元,35岁时挣5000万元,40岁时挣5亿元。而我正是在他35岁时与他相识的,此时他的资产正好5000万元。但他找不到快乐,成功无法继续给他带来真实的快乐与幸福,在儿子满月酒时他竟然都笑不出来。当成功成了一个人对抗焦虑的防御措施时,就成了一个人的枷锁,只会给他暂时的安全,不会带给他真正的幸福。一些人幻想被钱拯救,但钱只能带来表面的虚荣,并不会给一个人带来真正的安全感。

肯定、成功、价值、自尊、权力、地位,这些都是他的精神慰藉,获得这些比什么都重要,为此他宁愿出卖灵魂与自由。所以,他往往忽视现实中的阻碍,只会不停地要求与获得。如果在现实中无法达到,他就会在幻想中去满足，整天幻想自己就是成功人士甚或是世界的主宰。

平庸、比别人差，对他来说是无法忍受的。他总是想方设法变得卓越，如果不能提升自己，就会倍感焦虑。一位女性患者挺着大肚子还在补习英语，还想在孕期多考几个证书。当问她为何这么拼，她说老公一直在进步，而她一直在原地踏步甚至退步，因此倍感焦虑。她无法接受自己不如人，被人超越，就算超过她的是她的老公，就算她挺着大肚子，她都不能放过自己。

有的患者总是给自己列计划，虽然计划从来都没法完成，但他们就是一直活在计划之中。一位男性患者就总给自己列各种计划，比如戒烟、健身、学习这类可以提升和完善自己的计划，可悲的是他从来都没有做到他所要求的，他却总是乐此不疲。因为计划的存在，就意味着幻想的存在，他甘愿活在这永远都完不成的计划中，这样他就可以一直活在"我很优秀"的梦里。

焦虑与逼迫相辅相成。他焦虑的时候就会逼迫，逼迫自己也做不到的话，他就会更焦虑，而更焦虑就需要更大的成就……如此往复，停不下来。他可以逼着自己不和别人玩乐，以追求更好的成绩；他可以逼着自己成为一个工作狂，可以不吃饭、不睡觉，以超越他人的成就；他可以逼迫自己不惧怕任何人，以不让别人发现他的软弱；他也可以为了维系完美形象拼命压抑情绪，以不让别人发现真实的自己。

他也总是会做与伟人齐肩或自己会飞起来的梦。还有的人会在半睡半醒间，仿佛觉得自己站在高处俯视芸芸众生。其实，这些梦与幻想就是他人生的隐喻，也预示了他之后的人生轨迹。毕竟，他的生活目的就在于达到人生的巅峰、与伟人齐肩、俯视芸芸众生。如果他还是一个学生，那么他对于成就与权力的幻想就是取得最好的成绩、考上最好的学校，除清华、北大一类外，其他学校他根本就看不上眼。为此他会学到吐血，或逼迫自己记住老师说的每一句话，背下书本上的每一个知识点，但他根本就做不到这一切，因此他整个人会陷入焦虑之中。

当他怎么努力也达不到幻想中的成就时，他不是逃避现实，就是陷入抑郁，他无法接受自己不是他幻想中的"玛丽苏"的现实。为此，他也总是会躲避那些比他优秀的人和他搞不定的事，这样可以维系他伟大的幻想。可是就算他躲避了那些让他恐惧的人和事，还有一个是逃不掉的，就是"预期恐惧"——对还没有发生的事情的担忧。比如，对于一些他不确定自己可以做好的事情，诸如开会、发言、相亲等，他会提前一天甚至提前很久就开始焦虑。

在生活中，他也比常人更容易嫉妒与紧张，因为在他表面友好的背后隐藏着一颗优于所有人的雄心，就如同《白雪公主》中那个可怕的王后，认为自己才应该是最优秀、最漂亮、最成功、最受欢迎的那个人。

因此，他在每种环境下都会在无形中有一个假想敌和比较对象，似乎超越了对方，就可以摘得王冠，就可以捍卫自己的骄傲。一位女性患者总是和另一个女孩做比较，比如男友是否比对方的优秀、家里是否比对方家里有钱、未来婆婆是否比对方的婆婆好、嫁妆是不是比对方的多。大多数时候她比对方有优势，当她突然发现对方比自己好的地方时，她就会变得惊慌失措。然后她就强迫性地问爸爸："是否我家庭条件比那个女孩的好？"爸爸说是的；"是否我长得比她好看？"爸爸也说是的；"是否我男友比她男友好？"爸爸还是说是的；"是否我比她好很多？"结果还没等爸爸回答，她自己就说"我比她好太多"。如此强迫的背后就是她无法接受比别人差，并要在各个方面都超越他人的病态雄心。因此，她既喜欢被别人夸奖，又害怕被别人夸奖，因为别人一夸奖她，她自负的小宇宙就爆发了。

患者有时也会意识到自己对很多事情"太用力"，以致整日难以放松。一位患者写道："觉得一切都好，就是感觉绷得太紧，从早上起床赶车，到晚上着急洗漱完毕躺下，觉得一整天都在赶时间。虽然我也能把事情做好，但是总觉得太累，明明可以更轻松地完成任务。还有对待一些事情或是珍贵物品，我也会过于小心翼翼，紧绷的神经很少有时间能彻底放松下来……是性格所致，还是病态的体现？又是连续几天做被人追砍的梦，醒来觉得心慌，没有轻松感，这是内心深处有什么东西在作怪？"

他放不下，并想做好所有，因此他抓得很紧。他做的一切都是为了证明自己，他害怕失败，当事情不在他掌控之中时，他总是噩梦连连。因此，神经症患者既喜欢竞争，又害怕竞争。毕竟，竞争可以凸显不凡，但也就有失败的可能。就算能力优于别人，他也难以在生活中体会到轻松自在，取而代之的是深深的焦虑——害怕自己不能一直保持优秀。

为了避免被小瞧，避免自己显得弱小，他也总是装得很强大。强者形象对他来说异乎寻常地重要，无论是精神上、财富上、地位上，还是在冲突中获胜。一位女性患者发病的原因是偶然看见别人打架，血腥场面把她吓坏了，这让她突然意识到自己在暴力面前无能为力。而这是她无法忍受的，毕竟她之前一直认为自己是一个强大而有能力的人，也会看不起那些软弱的人。当她意识到自己"弱"的时候，她陷入了深深的自恨之中……

但对强者形象的维系，只会成为他的束缚与自恨的来源——毕竟一个强者应该可以战胜一切，一个强者必须在所有方面都超过他人，一个强者也不能遭受一点欺负和欺骗……这一切就如同一条绳捆绑着他，他必须逼迫自己强大，就算是假装的强大。因此，他会在生活的各种细节上，甚至在无关紧要的方面维系强者形象。比如，他要比别人懂得更多，就算这原本不是他的专业领域；他要比别人受到更多关注，就算是在一些无关紧要的场合；他要每时每刻都保护好自己，虽然生活中的伤害在所难免；他不愿接受别人的帮助，因为这意味着同情；他也不愿承认错误，虽然这种错误司空见惯；他还不能在和别人的争论中甘拜下风，同时也不允许自己吃一点亏，就算这种吃亏对他来说真的微不足道。表面上的斤斤计较，体现的是他不能忍受被伤害、被利用、被别人占上风。

患者的嫉妒心理与报复心理很强，毕竟被人超越与欺负都是一种羞辱。他必须还回去，这样才能找到胜利的感觉，才能继续维系自己是"最优秀的人"的幻觉。一些患者告诉我，虽然他表面很平和，但内心非常暴虐，如果让他当了皇帝，估计他会清理掉很大一部分"劣等人群"或曾经伤害过他的人。但现实中他没有那么大的权势，并且他还要顾及形象，因此就算内心愤怒，表面依然会装得友好。他的自尊心极其强烈，甚至会记得幼儿园被同学或老师伤害的经历，当这种经历积累足够多，他会认为自己是这个社会中的受害者，但其实这一切只不过是他病态的自尊心导致的过度敏感罢了——他一直要求所有人都尊重他、重视他。

神经症患者表面上幸福、风光，实际上内心已经变得干枯；表面上积极上进，实际上不过是对自己人性的压抑与羁绊；表面上正常得不能再正常了，实际上这一切不过是他假装强大的表象。在这一切光环的背后，隐藏着一颗痛苦无助的心灵。如果不能直面恐惧，只是依赖成功带来的安全感，那么就不能意识到因为恐惧而扭曲了整个人生的悲剧。他也永远无法领悟到：真正的安全感不是来自云端，而是来自勇敢地踩在地面。

第十一章

被"爱"救赎

权力、地位、财富可以给一个人带来安全感,而"爱"同样可以给人带来安全感。此种爱不仅包括狭义的爱情、性爱,也包括广义的人际关注、肯定、感激、需要、喜爱、欣赏、接纳等。以"爱"为主要安全感来源的人倾向于屈从他人、依赖他人、取悦他人。表面上他不再争名夺利,但这并不是说他已经没有了进取心,而是他选择了另一条道路——屈居人下、取悦他人、获得他人的信任、维系人际和谐,通过他人的接纳来保护自己不被伤害。

> 赢得爱意味着通过强化与他人的接触来获得安全感,而追求权力、声望和财富,则意味着通过弱化与他人的接触、坚守个人的位置来获得安全感。
>
> ——卡伦·霍妮

我们可以按安全感来源的不同区分出两类人：扩张型与收缩型。"扩张型"的人通过成功、权力、财富、能力来凸显不凡，并希望活在别人的羡慕和崇拜之中，如果得不到成就与崇拜，就会一蹶不振。因此他"上进心"极强，往往有着远大的理想与抱负，并且不甘屈居人下，也容不下别人的否定与伤害。并因为想象中自己的不凡，他看不起软弱无能的人，也害怕成为那样的人。

"收缩型"的人迫切需要的不是成就，而是爱，因此他不惜屈居人下，压抑情感以换取别人的接纳，通过别人的接纳来减轻对被抛弃、被远离、孤立无援的恐惧感。在生活中他往往乐于奉献、压抑自我，把他人的需要置于自己之上，努力去迎合别人，并任劳任怨，是一个不折不扣的"老好人"。他需要靠别人才能使自己获救——他急需别人接纳他、肯定他、需要他、喜欢他，从而减轻他内心价值感的缺乏。他年轻时也曾充满幻想，或曾付诸行动，想要获得成就与地位，但遭受打击后，却选择了另一条路——成了一只温顺的小绵羊，成了一个可爱的、对他人有益无害的人。他通过压抑自己以换取别人的"爱"，通过"爱"来获得内心的安全感。

卡伦·霍妮对这两种人有这样精辟的分析："扩张型的人在自己身上美化和培养的是一切意味着权力的东西。对别人而言，权力使得他需要胜过别人并在某些方面使自己处于优势。他往往会操纵或控制别人，使他们依赖他。这种倾向也反映在他期望别人对待他的态度中，无论他是在追求别人的崇拜、尊敬还是承认，他感兴趣的都是使他们尊重他并钦佩他。他深恶痛绝的是自己变得顺从、息事宁人和依赖别人。收缩型的人恰好相反——他必须在意识中'不能'觉得优于他人，也不能在行为中流露出优于他人的情感。相反，他倾向于臣服于别人、依赖别人、取悦别人、对别人做出让步。他所渴望的是帮助、保护。他不能对别人怀恨在心，他也必须回避任何'放肆'的思想、情感或姿态。他必须极端助人为乐、慷慨大方、体贴入微,他必须理解、同情、钟爱别人并为别人做出牺牲,他的理想化自我形象主要是'讨人喜欢'品质的综合体。这些品质有毫不自私、善良、慷慨、谦恭、圣洁、高尚、同情——他要靠别人来使自己获救。"

当然,这里还存在第三种类型,那就是处于中间状态的"混合型"——他对爱与成功的渴望同样强烈,他的内心往往更为冲突与分裂。毕竟,对纯粹扩张型的人来说,只有成功是最重要的。他不必在乎别人的感受与想法,他甚至可以不必顾及道义,只要成功,有权势、地位,其他的都不重要——这个世界上没有比成功更重要的事情。他们表面上很有魅力,自我感觉极好,却操纵欲强,不会真正关心别人,为追求自己的利益不惜一切代价。而纯粹收缩型的人,只要他可以维系一个完美的形象,可以维系人际和谐,就可以全然放下自尊与权利,可以安心做一个无所求的老好人,甘心付出。毕竟没有比爱更重要的事情,就算他吃亏或被利用也不会有太多心理冲突。就像一位女性患者,虽然每次办公室都是她打扫,每次吃了饭都是她收拾桌子,当问她:"别人都看着,只有你做,难道你心里不会有不平衡吗?"她瞪着一双单纯、无辜的大眼睛望着我说:"不会呀,就当锻炼身体了。"我只能无奈地说一句:"要是人人都像你这样,要法律有什么用!"

但"混合型"的人有着更多的痛苦与冲突,毕竟他无法既满足扩张的要求,又同时满足收缩的要求。简单来说,"成功和权势"与"圣洁和爱"本来就是不相容的——如果他努力争取成功,就可能会遭人嫉妒;如果他过于出风头,就可能招致别人的反感;如果他吃了亏,那么他的自尊心无法允许;如果他因为自尊受损而发火,他又无法面对别人会讨厌他这一后果……这样他内心就会形成各种冲突,而这样的冲突会让他分裂,就像内心有个议会,政党之间意见不同,整天吵来吵去,让他无比纠结——他怎么做都是错,怎么做都无法获得内心的安宁与平静。

大多数患者只能体会到症状带来的痛苦，却没有体悟到这一切痛苦正是自己造成的——如果不是执着于权势或爱，他本可以随遇而安，但正是因为病态的执着，他才产生了严重的心理冲突，并把阻碍他的东西当成症状。

有人会说："那好吧，我放下，我放下一切执念。"一些患者马上就从一个极端走向了另一个极端。扩张型的人会突然变得无所求，而一些收缩型的老好人开始想着怎么拒绝别人，维护权益。这些尝试一开始会让他感觉不错，但过了一段时间，他又会变得恐慌，因为这不是"他自己"，他只是为了"治愈"而履行我交给他的任务。当扩张型的人放弃对权势的追求，当收缩型的人开始变得张扬，他们的内心就开始产生强烈的恐惧感，他们害怕会被他人抛弃，然后他马上又变回了之前的样子。

当一个人没有从心底意识到自己的病态执着，没有发现内心的恐惧，没有发现自己被"应该"束缚，只是"命令"自己放下是没有用的，他并没有发现自己对这一切的渴求和依赖程度有多深。因此，心理分析并不是直接给出建议、教会方法，而是让他认识到问题的本质在于他不敢活出自己。如果真的有一天他能从梦中醒来，也许那时他会发现，一直以来他不是做得不够，而是做得太多。

正如收缩型的人本可以想说就说、想做就做、不高兴就拒绝、喜欢就接受，走自己的路让别人说去吧。但是，他需要获得爱、认可、接纳，这些需要就像毒瘾发作一般地强烈，所以他就非要逼着自己做一个老好人、一个烂好人。这一切并不是自然而然的，而是刻意强求的。一位男性患者整天都担心自己会做出出格的事情，比如自己会无意识骂了别人，或说出一些对别人不敬的话，这样会招致别人的打击和伤害。当然，如果仅仅是伤害自己的话也无所谓，他担心别人会报复自己的老婆和孩子，如果是因为自己的过错给家人造成伤害，那么他更不能接受——他无法背负如此的罪责。这并不是对家人的爱，而只是害怕自己成为罪人。毕竟他一直都在努力扮演一个好人,在生活中,他极力地严格监控自己,绝不允许自己做任何出格的事、说任何对别人不敬的话,但越是这样他就越是怀疑自己是否做了出格的事情。因此,他整天都在回忆、反省这一天的言行,如果不确定,他就会感到极其焦虑不安。

问题的关键不在于他是否真的做了出格的事情,而在于他总是在别人面前刻意维系好人形象,害怕成为一个"坏人"。在日常生活中,他一般极少和别人发生冲突,大多数时候忍气吞声,整天乐呵呵、客客气气,就像一尊弥勒佛。但在这乐呵呵的背后隐藏了太多的怨气,他总是幻想发财之后就报复那些伤害过他的人。不过他现在太弱小,就像是一只生活在狼群里的羊,生怕被别人伤害,他必须维系人际的"和谐"。在他与别人发生冲突和矛盾时,他总是忍不住先道歉,他难以让冲突持续的时间过长。就算心里对一些人怀有不满,他也绝不敢表达出来,无论是在言语或是在表情上,因为如果表达出来他就感觉对不起别人。按照他的话说就是:"我不应该做这种事情,我应该友好、善良、好相处、被人信任。"

这种"好人"形象其实不过是一种假装罢了——他只是害怕被人讨厌、远离,才如此委曲求全。当然,我经常对他说,放开一些就好了,骂了就骂了,说了就说了,成为一个坏人就成为坏人吧。但他不敢,他只想成为一个"正常人"——一个老老实实、不会得罪人的老好人。他在治疗中也存在严重的阻抗,认为治疗在教他学坏。

治疗从来不是帮人"从善",也非让人"学坏"。但敢于坏,才敢于真实,而敢于真实,才是活出真实自我的第一步。放弃"好人"的伪装,才能成为一个真正意义上的人!一个健康的人!他之所以不敢"坏",是因为希望通过别人的"爱"获得内心的安全感。

> 他压制了敌意，放弃了战斗精神。他不再突发脾气，变得顺从服帖。他学会喜欢每一个人，以一种无助的崇拜心理去依赖自己所害怕的人。他对别人的态度表面上是"天真"的乐观信任，潜在的却是一种不加区分的怀疑与憎恨。
>
> ——卡伦·霍妮

虽然他对每个人都好，但其实他和谁都不好，毕竟这一切的和谐都是他压抑自我换取的。他在内心无法相信别人可以接受真正的他，心中也充满了对他人的怨恨。

我往往会建议患者说出真实的想法，就算别人会不高兴，就算有损好人形象。如果真的要维系一段感情，必须这样做。毕竟，压抑自己并不能交到真心的朋友，获得真正的爱情。而他人的反馈也往往让患者本人惊讶，他原本以为说出来一些"伤害"别人的话，会令别人讨厌自己，甚至无法继续维系关系，事实却是大多数人并没有把这当回事，反倒会体谅他的情绪，并做出让步。

"老好人"不仅在做人上老老实实，在做事上也是认认真真、勤勤恳恳、任劳任怨。但这一点又和扩张型的人不同，扩张型的人是通过努力工作和学习获得成功、权势与别人的仰慕，收缩型的人是通过"认真"来逃避苛责和伤害——他害怕别人说他不好，不得不逼着自己做好一切。如果他是会计或设计师，他对待数据会非常严谨，生怕犯错，要检查好多次，而这也严重影响了工作和学习的效率。当问他为何这么"勤劳"，他往往告诉我："我不能辜负别人的期望。"在生活中他总是害怕犯错，害怕做得不好，整天生活在焦虑之中。因为他的认真与负责，领导也愿意把重要的事情交给他，但越重要的事情就越让他紧张。因此，他总是难以对自己的工作满意，总认为做得还不够好。

在治疗中，他也绝对是一个尽职尽责的"好患者"——总是事无巨细地和我述说他的病情；他总是尽力完成我交给他的每一个任务；他总是认真做治疗笔记，不会落下任何一个细节；他也会对我犹如对"教主"一般地尊重。但是太在乎细节，反倒让他没有抓住重点，他越想要表达清楚每一个细节，就越容易忽略全局——他只是在扮演一个好患者，以免被我反感。因此，他的注意力更多放在表现上，而不是心与心的交流上。

做好一切成了他人生的最高追求——一个好员工、一个值得信赖的朋友、一个好伴侣、一个好家长、一个好人。在他身上几乎挑不出不好的地方。就算他已经做得这么好，他也依然不放心，总是会担心有做不好的事情，更担心别人发现这一点。因此他总有一种"潜伏"的感觉，担心别人发现他的真面目，离他而去。这种焦虑也会体现在梦中：他会梦到自己在峭壁上，没有围栏，虽然有梯子可以下去，别人都很容易下去，但他不行。

他胆子很小，不敢冒险，除非有百分之一百二十的把握他才敢去做。因此，他人生中做出的很多重大选择总是低于他的实际能力，他觉得这样才安全，才可以避免失败，才不至于被人看不起，但这也浪费了他的潜力与能力。

> 他总是达不到自己的要求，因此总是会体会到强烈的挫败感与自卑感，然后对一些看似达到他期望的人，又会产生一种盲目的崇拜。他往往会被一些喜欢吹牛、满嘴跑火车的人所迷惑，虽然他压抑了愤怒、报复和野心，但他在内心深处依然会暗自崇拜这些"敢作敢为"的人——他并不能区分真正的自信与虚假的自负、真正的力量与自私的残暴。
>
> ——卡伦·霍妮

"爱"对他而言就如空气一样不可缺少。因此，他压抑了一切"令人讨厌"的品质，诸如自负、自大、圆滑、自私、报复性冲动、攻击性、苛刻——他应该为爱牺牲一切，爱就是牺牲。他没有主见、没有想法、没有脾气、没有地位，也缺乏价值，不敢提出哪怕是合理的意见。他也总是顺从别人，总是不能大大方方地做事和说话，总是要顾及别人的感受。一位女性患者这样描述心理状态："就像一个淋得像落汤鸡一样的女人蹲在那里，别人说什么就是什么，我没法保护自己。"

这个世界上并不存在真正的老好人，其所作所为仅仅是对他人的讨好而已，就和想成功一样，好人的面具与他人的肯定起到缓解他内心焦虑的作用。因此，老好人的背后往往隐藏了太多对他人及社会的愤怒与不满，尤其是当别人没有"善待"他的时候。比如一些重大案件中的行凶者，当记者采访他身边的人时，身边的人往往无法把其罪行和他本人联系在一起，毕竟他在生活中的"善"让人无法相信他能做出如此的"恶"。其实，一个人内心中的善与恶本是处于一种平衡的状态，正如太极八卦，当一个人总是如此极端地展现善的一面，掩盖心中的恶，结果他的恶不但没有消失，在某些刺激下反倒会迸发出来，以致吓坏自己。就像一些患者总是担心会把孩子扔下楼，担心梦游的时候乱伦，担心拿刀杀了自己或孩子，当然，他并不会真正做出来，但这样的强迫意向的背后却折射出一个更重要的问题——他不敢面对自己的"恶"，甚至坏的想法，他都无法直视。这也说明压抑自己情绪之后的反弹——他的"恶"更加泛滥。

为了赢得别人的肯定，就必须表现出高尚的人格，但这并不是真正的品行高尚，毕竟发自内心与不得不之间是有很大区别的。对于被内心恐惧感所驱使的人来说，他不敢不高尚——真正的高尚发自内心，虚假的高尚来自恐惧。当一位患者因不与异性亲近而自觉品行高尚的时候，当一位患者以人品的名义来逃避人际冲突或任劳任怨的时候，我只是提醒了他们一句：难道你不会因为苍白的人生而感到遗憾吗？

他压抑了性格、脾气、本能、情感，结果却是别人越来越不把他当回事了。就像一个人习惯了"孔融让梨"，以致别人把最小的梨给他时，都不会询问他的意见，认为他不会说什么，甚至觉得他不会有任何想法。最后，他也只能自食恶果，欲哭无泪了。就算如此，他也不敢和别人说其实他想吃最大的梨，他害怕破坏了之前留给别人的好形象。

对于维系好人的形象，他有一系列方法，下面列举一些他伪装成"好人"的惯常套路。

◎ 隐藏自己

他不想让别人了解他太多，毕竟言多必失。说话和做事时，他总是喜欢遮遮掩掩，不能痛快直接地说出想法，表达需要，流露情感。如果说错话、做错事，他整个人就会很焦虑，因此就连发"朋友圈"，也要斟酌再三，不能随性而为。

在生活中他也非常在乎"个人隐私"，虽然他不是什么重要人物，也没有狗仔队天天盯着他，他却习惯性地按照明星的保密级别来维系隐私。比如，一些人来做治疗不敢用真名，网络治疗也不敢开摄像头，他不想让我把他的"丑陋"和他这个人联系在一起。

他整天像是"潜伏"一般，夹着尾巴做人。只有让别人了解得越少，他才越安全。一位女性患者在咨询中总是吞吞吐吐，给我写的信却洋洋洒洒。当问她为何见面时说话不痛快一点，总是磨磨唧唧，她在信中写道："我应该让你多了解我，却怕你多了解我，我害怕被嘲笑、被排斥、被否定、被批评。"因此，我们一直在玩小偷和警察的游戏。

不仅在治疗中，患者在生活中也不愿谈及心事，不愿别人发现面具背后的他。他们给出的理由是，就算别人知道也帮不上忙。但实际上他是不敢让别人了解真实的他。这种选择的结果是，他往往独自承受一切，没有一个可以宣泄的出口。记得一位女性患者把患病的事实向老公隐瞒了20年，如此亲密的人都不了解真实的她，可想而知她把自己隐藏得有多深，这个世界上没有人真正了解她。

◎关于付出

付出与获得往往是一种平衡状态，有的人却"人品极好"，只是一味付出——他会遗忘别人对他的不好，就和东郭先生一样"善良"。比如，他明知有的钱借出去就是有去无回，却还是抹不开面子；就算一些人并没有把他放在心上，他依然是能帮就帮；就算有些人并没有为他付出过什么，他却总是惦记着为别人做点什么，而不计回报。如果别人生病而他没有看望，如果别人需要帮忙而他没有提供帮助，就像他对别人的痛苦负有责任似的，他总会想办法来弥补。

"能帮就帮"成了他生活中一种自觉的惯性，有时他自己都难以觉察，还以为这是理所当然。只有当他付出了很多却没有回报，让他心寒时，他才会开始考量自己的习惯性付出是不是一种病态。一位女老师谈到，院长要写书，就把每个章节分给各个相关专业的老师。因为她不懂得拒绝，所以总是会答应，并且写得比谁都认真。当继续给她额外章节，她也总是不会拒绝。她把太多的时间用在了"助人为乐"上，反倒没有时间做科研，影响了评职称。并且在评职称时，她帮过的那些领导，也没有因为她之前的付出而投她一票，她心里很不爽。但这也不能怪别人，只能怪她自己为何总是如此"热心肠"。

当一部分来访者得知我正遇到某方面的困难而想帮助我时，我总是很警觉，这也会成为我们治疗中的一部分。毕竟我已经得到了我该得的（诊疗费），如果再让他帮忙，就是在占他的便宜。是否他又在用他惯常与人相处的方式来跟我相处？如果是这样，我需要让他意识到这一点，而不是利用他这一点。

◎ 不能给别人添麻烦

既然付出了那么多，让别人帮帮忙也是应该的吧。但在这一点上他也与常人不同，他难以张口向别人寻求帮助。一位患者这样评价自己："我自己没有界限，所以是空气、是透明的。只要我不对别人造成麻烦，怎么样都可以，我的底线就是不给别人添麻烦。比如，我做微商，不好意思按原价卖，不好意思让人家帮我分享，不好意思要人家的买家秀，但这还怎么做微商？"

"宁愿天下人负我，我也不负天下人"成了他的人生观。这同样不是高尚，而是恐惧，他害怕招人讨厌。对于一个内心弱小的人来说，别人的任何讨厌都让他难以承受。

◎ 讨好别人

没有自我的人最容易讨好别人，也会变得很"可爱"。一些患者在我面前，我总觉得他像是影视剧里的主角，或书里的理想化的人。他总是那么彬彬有礼，也总是那么会察言观色，投其所好。他总是会体会到他人的需要和感受，他是那么好，好得让我错以为他就是"完人"。但了解得越多，越发觉这一切不过是试图取悦他人的手段，这其中没有情感，只是一种对自我的逼迫，就像变色龙的保护色。

他就像一个精神乞丐，从别人的接纳与赞美中找寻自己。因此，他压抑了攻击性，担心会招致报复；他也总是以美德来约束自我，用素质来衡量一个人的价值，但这只是说明他缺乏活出自己的勇气罢了。

◎ 和谐的人际

一位患者在日记中写道："我为什么总是在意那些不喜欢我的人，而对那些喜欢我的人反倒视而不见？"我提醒他这是一个重要的发现，忽视爱自己的人而过分关注那些不在意我们的人，本身就是一种病态。

另一位男性患者写道："我在单位里基本没有和别人发生过争吵，我与所有同事都相处得小心翼翼，不管是说话还是处事，能让就让，能躲就躲，尽量不得罪任何同事。有一次因为工作，我和单位里不好相处的人打了一架。当晚回去我心里就一直惦记着这件事情，总在心中不停猜测这位同事对我是否还有成见。于是，每次与他说话、接触就感觉特别谨慎、敏感、紧张，怕说错话得罪他。为了验证想法，我会故意和他打招呼、聊天。而每次听到他的声音，我都感到很紧张、不舒服，注意力一下子就从手上的事转移到他身上，上班时余光、注意力会不由自主地转向他……"

如此在乎一个不喜欢自己的人，说明他贪婪地想要被所有人欢迎。他的人际不是真正的和谐，只不过是"被和谐"。被人肯定成了他价值的来源，所以有人不喜欢他简直是要了他的命。

"好人不长命，坏人活千年"——"好人"一直都没有真实地活过，他总是在委曲求全！"坏人"起码不用维系一个面具，可以活得率真。

◎ 不敢超过别人

当一个人的生活重心在别人而非自己身上时，他就会非常在意别人的感受，比如，我考了一个好成绩，同桌不会不高兴吧；我升职加薪了，同事不会有意见吧；领导表扬我了，别人不会嫉妒吧，凡此种种。因此，在生活中他就会刻意压低自己以"体谅"别人，比如，就算家里很有钱，也不能让别人知道，担心别人会心里不舒服；工作中如果发现即将超过别人，也会突然放松，通过不超过别人来保护自己，获取安全感。

一位患者写道："工作中我遇到了一点小问题，部门经理让我主笔携同事一起写一些东西，虽然我的经验比她多一点，但我总害怕伤到她，似乎不想让人家感觉不如我。其实人家也没那么想，她有时候会说，你不在我怕我搞不定。可我总是担心人家会那么想。"

他太弱小了，觉得生活就像丛林法则一般，如果不能战胜别人，就要臣服于别人，只有这样他才能活下去。

◎ 懂事与规矩

一个没有自我、没有主见、没有安全感的人，靠什么而活呢？答案就是：规矩。

这样的规矩就如同一套严苛的法条，在生活中他首先考虑的并不是自己想要干什么，而是应该怎么做、做什么才是对的、怎样做才能符合社会主流价值观，才能让别人满意。

太过在乎对与错、好与坏会让一个人变得僵化，不能自由地表达自我与情感，也会变得恐慌，因为不能确保自己所说的、所做的是正确的。一位女性患者经常换工作，在一个公司做的时间长了，她就变得越来越紧张。当探究她紧张的来源时，她说她总是在各种环境下寻找"规则"——什么是对的，什么是错的。她只有活在这套规则中，才不会犯错误，不会被别人否定，不会那么恐惧。

◎ 依赖与模仿

在一些陌生场合，或在他不熟悉、不知道"规矩"的环境，他就变得依赖他人、模仿他人。当然，从众心理是一种大众心理现象，但他的表现更极端，一旦不知道在某种场合怎么做是对的，他就变得异乎寻常地焦虑。

一位患者这样描述自己的心理："有时我会模仿别人，例如我不想工作的时候，我就要看看旁边的同事在干什么，感觉别人玩，我才可以玩。还有一天早上起来，我看外面挺冷的，就多穿了点，路上我老在观察别人都穿什么，我是不是穿得挺奇怪。就连小时候写字我都是模仿别人，现在我都分不清写的是自己的字，还是别人的字。"

依赖模仿的后果就是，他的自我更加缺失，好像是一台机器——没有指令，他不知道该如何行动。

她接着写道："聚会时不知道怎么去敬酒；在群里也不说话，不知道说什么，几乎从来不在群里发言；与同事一起走在路上都不知道该说什么话题，不知道该说些什么才能不至于冷场；不知道该不该打招呼；我知道自己是一条生命，但这条生命一点也不鲜活。"

◎ 纯洁与正派

只要符合主流价值观的品格就会被他发扬到极致，这样就不会留下把柄，让别人嫌弃他；而一些不正派的事情，他也会极力隐藏，因为他不想破坏他的"好人"形象。他是一个严于律己的人，从他身上表现出来的似乎永远是"真善美"，而他的行为也一直都符合中华传统美德。

一位女性患者在学生时代就是一个品学兼优的人，后来还考上了重点大学。但在读大学时出现了问题，因为有很多事情让她纠结，比如，在公交车上她没有让座，她会责怪自己；不小心踩到花花草草，她会认为自己没有公德；假期没有用全部的时间来学习，她会批评自己堕落；捡了一百元钱没有交给警察，她也会自责好久；花几百元买了一件漂亮衣服，她又开始为浪费了父母的钱而内疚……后来她读了研究生，也谈了恋爱，这却成了她日后的心结——她谈过恋爱，所以她已经不纯洁了……

她不仅不能"自私"，还不能占便宜，就算她在餐馆捡了五角钱都要交给老板，不能拿走。虽然她认为这是人品问题，但这实际上是一种"应该"——我应该是一个好人。她害怕不能像自己所认为的那般完美，也担心别人会反感自己。

◎ 闲不下来

因为自我价值的缺失，他必须寻找"突破口"——那些可以让他成功、有价值的地方。他总是闲不下来，总是试图在学历、证书、工作各个方面有所长进。当然不是所有的努力都能获得成功，不是所有的期望都能变成现实，此时，他成了一根"枯木"，急待"满血复活"——急需找到新的方向、新的目标。

一位患者写道："为什么我总是闲不住，因为也许我可以通过做事情把自己支撑起来。感觉自己是一根枯木，就剩那么一个小小的春芽，如果那点芽都没了，就不好活了。你觉得我可怜吗？我觉得我好可怜，跟卖火柴的小女孩差不多。"

物质上的贫穷并不可怕，可怕的是精神上的匮乏。很多孩子从小就是一个乖乖男、乖乖女，他必须从别人身上找"爱"，一开始是父母，接下来是身边所有的人。通过取悦他人维系的价值，虽然依然不是真正的自信，却是一种自信的替代物。

他活着不是为了自己，而是为了别人。他在生活中时时刻刻小心、敏感，生怕做错了什么或说错了什么会伤害到别人，并且也会无时无刻不关注周围人对自己的评价和看法。表面上看起来他是一个独立的人，实则他已经成为"别人"的囚徒。

他有时也会意识到自己的虚假，也会意识到自己的伪善，也会发觉自己已经活在一种"老好人"的禁锢当中，但他依然不敢摆脱这样的枷锁——因为别人的肯定是他人生的支柱！

> 一个人"好"的程度，和他病的深度成正比。

记得一位 70 多岁的老奶奶来做治疗，原因是她的胳膊不小心跌断了，她不能继续照顾 90 多岁的婆婆了，她觉得自己很没用，因此就抑郁了。后来，我发现她的一生就是"助人为乐"的一生——工作中她是一个兢兢业业被领导认可的好同事；家庭中她是一个相夫教子的好妻子；友谊中她是一个只会付出不知索取的好朋友……我开玩笑说："如果有一天你去世了，那么墓志铭上只会有四个字——一个好人。"

CHAPTER12
第十二章

所谓"爱情"

> 性欲之爱对这类人充满诱惑，被视为最高成就。爱必须是而且似乎确实是进入天堂的门票，在那儿一切悲痛都结束了：不再孤独，不再有失落感、罪恶感和无价值感；对自己再也没有责任，再也不向残酷的世界去争取他觉得完全无望的东西。相反，爱似乎保证能给予保护、支持、关爱、鼓励、同情和理解。它给予了他一种有价值的感觉，赋予他的生命以意义。它会是一种拯救和补偿。这样，他把人分为拥有者和一无所有者两类，不是根据金钱和社会地位，而是根据有没有爱与被爱，这也便不足为奇了。
>
> ——卡伦·霍妮

爱有广义和狭义之分。当他沉浸在广义的爱中时，他就成了一个"老好人"，为了别人可以牺牲自己；当他沉浸在狭义的爱中时，他就成了爱情的囚徒——他在爱中获得了统一，获得了自尊，缓解了内心的焦虑与无价值感。因此，他不是希望被爱，而是必须被爱。他对爱的重视，就如同吸血鬼对血或瘾君子对毒品的执念，仿佛爱可以滋养他干枯的生命与灵魂。

什么是爱情？心理学家弗洛姆对爱是这样定义的：真正的爱是内在创造力的表现，包括关怀、尊重、责任和了解等诸多因素。爱不是一种消极的冲动情绪，而是积极追求所爱的人的发展和幸福，这种追求的基础是人的爱的能力。什么是成熟的爱情？那就是在保留自己完整性和独立性的条件下，也就是保持自己个性的条件下，与他人合二为一。爱情是一种积极的力量，这种力量可以冲破人与人之间的高墙并使人与人结合。爱情可以使人克服孤寂和与世隔绝感，但同时又使人保持对自己的忠诚，保持自己的完整性和本来面貌。

从弗洛姆对爱的探讨中，我们会发现"爱"的诸多核心元素，例如爱是行动，而不仅仅是感觉；爱是一种承诺，不以消融自己的个性为基础，反倒是保持独立地融合；爱是一种投入，是关注对方的成长，而不是征服或占有。

爱意味着人与人的结合。然而，在弗洛姆看来，并不是人与人之间所有形式的结合都可以被称为爱。那些屈从于他人，通过把自己变成其引导者、启示者、保护者的一部分来使自己摆脱孤独和与世隔绝感的受虐狂，以及那些统治他人、吞并他人，把另一个人变成自己的附庸、变成自己的一部分的虐待狂，他们与另一个人的结合过程令双方都失去了独立性和完整性，他们的结合不过是"共生有机体的结合"，是爱的不成熟形式，而绝不是真正成熟的爱。

爱的目的是使爱的对象获得幸福、发展和自由，因此爱情首先是"给"而不是"得"。不成熟的爱说"我爱你，因为我需要你"；成熟的爱说"我需要你，因为我爱你"。

> 如果一个人试图通过爱情缓解自己内心的分裂与冲突、保持自我的完整性，那么此时就是"需要"而不是爱，在治疗上将此称为"病态依赖"：这意味着爱的获得并不是一种奢侈，也不是额外的力量源泉或欢乐源泉，而是一种维持生命的基本需要——不是"我希望被爱"，而是"我必须被爱"。他并不知道自己内心充满了焦虑，也不知道自己不顾一切要抓住"爱"以获得安全感。他能够感觉到的仅仅是："我喜欢这个人，我信任这个人，我完全被迷住了。"
>
> ——卡伦·霍妮

能获得真正的爱的人必须是一个爱自己的人，只有真正自爱（不是自恋）的人才会去爱人。一个不爱自己的人，只是需要别人，而不是爱别人。

正如《被嫌弃的松子的一生》中的松子，小时候父亲的爱都给了卧床不起、身体羸弱的妹妹，拥有"先天优势"的妹妹成了幸运儿。就算父亲带松子出去玩，心里想的也尽是妹妹；就算是观看所有人都捧腹的小丑表演，也没有博得父亲嘴角的一丝上扬。贴心的松子发现了父亲心中的压抑，就做了个鬼脸给爸爸看，爸爸笑了。之后松子为了取悦父亲，就总是做鬼脸给爸爸看。后来这逐渐演变成了松子的招牌表情，当她尴尬的时候就总是通过傻笑和做鬼脸来缓解紧张。

本来她可以这样一直"幸福"下去，但后来因为命运弄人，她丢了工作，丢了爱情，丢了继续做一个乖乖女的可能。虽然她脱离了家庭，却没有脱离父亲给她的十字架——她一直都只有通过取悦别人，才能接纳自己，她需要用别人的"爱"来填补内心的黑洞。

在恋爱上她成了一个"饥不择食"的人——她总是会爱上并不合适或并不真正爱她的人；她总是为了减轻孤独与自恨，而被一些看似有光环的人吸引，这些人最后只是把她当成一个满足性欲的物件，而非一个有价值的人。她总是被情所伤，但因为内心的无价值感与不被爱的焦虑，她总是幻想着被"爱"拯救，所以她总是奋不顾身，总是一错再错。

我们可以想象一个被疯狗追赶的人，总是急于找棵大树爬上去，他看似有选择，其实没有选择。没有被疯狗追赶的人，爬或不爬是出于自己的喜好，而被疯狗追赶的人则必须爬，最好是爬上一棵高大的树，才觉得安全。松子并不傻，只是她太害怕、太绝望、太卑微。因为她不爱自己，所以只能通过别人爱的"给予"，才能缓解心中的自恨。

所以，当龙洋一（当初那个害她不能继续做老师的学生）来找她时，松子才说出这样的话："一个人是地狱，两个人也是地狱，两个人总比一个人孤孤单单的好。"她选择了"黏住"龙洋一来摆脱绝望，并且在做爱时让他一遍一遍地说："我爱松子，我们永远在一起，和松子永远在一起，永远在一起……"

幻想被爱拯救，最终只会被爱所伤，她所执着想要的总是会与她失之交臂。松子最后也发出了这样的感慨："为什么？为什么我爱的人不爱我？"

答案其实很简单：她只是需要对方，而不是真正爱对方；她只是幻想通过爱来获救，而她并不爱自己。

松子没有获得父亲无条件的爱，她必须伪装自己，取悦别人，而其结果就是她已经不再是她自己，她躲到了"可爱"的背后——她必须做好事、做好人，来讨好他人，来取悦这个世界，并获得自己在这个世界中存在的价值。如此卑微的渴求却被一次突发事件打破，最后她连继续讨巧活下去的资格都失去了。她一无所有了，在绝望之中她只能依赖一个能爱她的人，她不在乎那个人是谁，只要可以让她没有那么绝望。

与其说这是爱情，不如说是一种依赖，正如一些对权力、地位、财富执着的人一样，就算得到了，他也没有真正得救，只是暂时获得幸福的幻觉罢了。

有很多人说，松子是没有男人就不能活。

如果不是爱情的幻想给了她支撑，她早就被内心的恐惧所吞噬。她抓住每一个在她生命中过往的男人，就像抓住救命稻草一般。松子不是爱这些男人，她只是太害怕了，无法独自在这个"地狱"中生存，她必须依附男人，从他们那里获得爱，幻想通过爱来救赎自己——被爱，让她觉得自己是有价值的。最后她却无奈地发现，她努力获得的不过是爱的赝品，毕竟一个不爱自己的人，无法给予他人真正的爱，也无法赢得真正的爱。

松子太卑微、太害怕、太渴望爱，只要有人爱她，她就会不假思索地跳进去。当她"爱"得太过卑微时，别人当然对她变得肆无忌惮了。也许小说中的作家一开始也非常爱松子，但从打过松子一次，发现她竟然笑了出来之后，便无所顾忌，甚至说出让她卖身养家的话。他可能一开始只是说说气话，没想到松子竟然同意了。遇到这种情况，郁郁不得志的作家竟然也习惯性地在她身上发泄情绪，因为松子早就不是那个他心中所认为的女神，他自然也无法再敬重松子了。

全身心付出的结果就是无情的践踏，没有人会爱一个没有自我的人。这造成了松子人生的悲剧——急需被爱拯救，却一次次被爱所伤。因为松子的表现并不是出自爱，而是出自怕，就像一个落水者为了求生而死命抓住浮木一般。

一位女性患者这样评价此种心理现象："对于缺爱的人来说，爱比鸦片的瘾都强。所以，想得到爱的人才是骗子，她一直要挟对方给她爱——就像用一把匕首逼迫：给钱，不给我就杀了你（给爱，不爱我就纠缠你）。所以，她离不开别人和别人的关系不大，只要能减少她的不安全感的人都是她的猎物，是她捉住人家而不是人家捉住她。"

在生活中有千千万万的"松子"，就算她们比松子幸运，可以维系"正常"的生活轨迹，并遇到一个好男人来爱她，但她终不会满足。因为她需要的并不是一段真实的爱情、一个真正爱她的人,她需要的是一种被爱笼罩的激情与迷恋状态,她希望在爱中找到安全感,来填补童年不被爱的创伤。这就好比人的欲望,是永远无法被满足的;就好比被金钱驱使,永远都没有够。就像茨威格《一个陌生女人的来信》中那个写信的女人,虽然她身边不乏爱她的人,但她一生只等待那个英俊、富有、有活力的作家。虽然她知道对方只是一个花花公子,知道对方压根就没有在意过自己,但她仍不可救药地爱上了他。她的生活完全以他为中心,纵然他并不知情。她太过卑微,到最后都没有鼓起勇气当面表达对他的迷恋,在孤苦中结束了可悲的一生。如果剧情反转,他们真的走到一起,也许她就不爱了,她会发现真实的他压根就不是她所爱的那个人——她爱的仅仅是自己一厢情愿的幻想,她爱的一直都是幻想中的他。她不会爱,也不懂得爱,因为她的内心没有爱。

其实松子的内心并不相信有人会真的爱她,因此松子才不断让龙洋一重复:"我爱松子,我们永远在一起,和松子永远在一起,永远在一起……"在内心深处她并不认为自己是一个值得爱的人。

> 她根深蒂固地觉得自己不可爱。在此,我指的不是她觉得不被某人所爱,而是指其信念,潜意识地坚信无人爱她,也绝不会爱上她。或者,她会认为别人爱她是因为她的外表、声音和她给予的帮助,因为她给予他们性满足。他们不是因为她本人而爱她,因为她根本不可爱。如果事实好像与这种信念矛盾,她就会以各种理由置之不理:也许那个人孤独,或是需要某个人来依赖,或是出于怜悯,等等。
>
> ——卡伦·霍妮

无论是松子还是那个写信的女人,她们都是通过爱来减轻卑微与无足轻重的感觉。这让我想起韩剧《主君的太阳》中的女主角恭实，不论她做什么总感觉有鬼跟着她，让她无法忍受。但只要在男主角中元身边，这些鬼魂就不见了。无论中元怎么嫌弃与讨厌她，她都不肯离去……

> 爱与对爱的病态依赖之间的差别就在于：在真正的爱中，爱的感受是最主要的，而在病态的爱中，最主要的感受是安全感的需要，爱的错觉不过是次要的感受罢了。实际上，这种爱只不过是一个人为满足自己的需要而紧紧抓住对方不放，这并不是真正可靠的爱情，一旦自觉的愿望得不到满足，这种感情就随时可能发生剧烈转变。情感的可靠性和坚定性——我们爱情中的一个基本因素，在这种情况下根本不存在。没有能力去爱的人，不考虑对方的人格、个性、局限、需要、愿望、发展。这种不考虑对方的原因是，焦虑促使神经症患者要紧紧抓住对方不放——落入水中奄奄一息的人一旦抓住一个游泳者，通常是不考虑对方是否愿意或有无能力救他上岸的。以对爱的追求作为保护手段的神经症患者，几乎根本意识不到自己缺乏爱的能力，他们中大部分会把对他人的需要，错误地视为一种富于爱的气质。
>
> ——卡伦·霍妮

在生活中，一些人在恋爱中苦苦纠缠，表面上是因为爱，实际上不过是一个奄奄一息的人企图抓住救命稻草罢了。虽然他把这一切当成爱的证明，但只不过说明他内心充满了恐惧。一位男性患者和女友的关系就处于一种严重的不平衡状态，他总是顺着女友，很多话不敢说，很多事不敢做。虽然他是一个大男人，但在女友面前总是一副卑躬屈膝的样子。他也希望在女友身边可以真实一点，可以表达情绪和不满，但他太害怕失去，一直好像跪在女友面前，没有半点自尊。虽然他认为这是重感情的表现，但当对方已经不把他当回事时，他依然黏着对方，讨好对方，觉得不能没有对方，这就已经成为一种病态，而不是富于感情。因为不堪回首的成长经历，他的内心充满焦虑与恐惧，晚上睡觉都不敢关灯，并且总是要检查门窗。他无意识地依附在和女友的关系上，以此来缓解内心的恐惧。首先，和她在一起是一段"已知"的关系，对方可以接纳和包容他，他在对方身边有安全感；其次，对方的条件好，是一个适合结婚的对象，和对方的结合可以带来光环，或者说可以让他用"好"来减轻内心的卑微；最后，在人生的每个时期他都需要人来依赖，恋爱之前，他一直依赖他的室友和哥哥，而有了女友之后，他则每天都要和女友在一起或通话，就算买件衣服都要得到女友的肯定才放心。他表面上的不离不弃，不过是掩盖了他对女友的病态依赖，不过是通过女友来减轻焦虑，获得价值，逃避恐惧。这不是爱，而是怕。他躲在和女友熟悉的关系中以逃避未知的危险，逃避该承担的责任，维系虚假的自信。

他不是爱她，只是不能没有她。但他越是如此卑微，对方就越是不把他当一回事。此时，他就会更加讨好对方，就算对方和他分手了，他依然不忘对方的生日，又送礼物，又发红包，就算在梦中也对女友说尽了煽情的话……

他其实没有意识到，他只是在利用对方来找寻安全感。虽然他认为这是爱的证明，但其实这不过就是一个精神乞丐在乞讨而已。只要能给予他安全感的人，他就会去"爱"，而不在乎那个人是否真的爱他，或是值得他去爱。

除了爱，性同样可以给一个人带来安全感，性也释放了很多人生理与心理的紧张。有的人对性特别着迷，性会给人一种类似于爱的错觉，一种被包容、被接纳、被赞美的感觉。《霍乱时期的爱情》中的阿里萨，当他被爱所伤之后，性成了解药，不仅减轻了他的孤独感，还缓解了他的自恨。我的一些患者对性、手淫特别痴迷，这样的痴迷已经不再是出于生理需要，而是因为在其中满足了占有与征服的欲望，他们以此来减轻焦虑。

此种"爱"不仅会在情侣之间出现，也会在治疗过程中出现，被称为"移情"。患者脆弱的安全感与价值感被打破，被各种躯体及情绪症状所困，而治疗师扮演着一个"拯救者"的角色，所以本身就具有天然的光环。获得咨询师的爱，可以给患者提供安全感，并修复他破损的自尊。

这是无意识的动机，所以此种"爱"来得特别突然，好像一个转念或一夜之间就能够发生。让人感到奇怪的是，怎么没有过程，"爱"就变得如此强烈。就像一个婴儿需要漫长的过程才可以学会走路，一粒种子需要漫长的培育才可以长成大树，真正的爱情也需要时间的积淀才可以达到高峰。但患者的"爱"来得如此突然，好像水还没有放到炉子上，就已经开始沸腾。有经验的咨询师仅凭这一点就可以发现"爱"的可疑之处。

仿佛一夜之间，他（她）爱上了咨询师，爱得无法自拔，爱得汹涌澎湃。如果咨询师也是一个自恋的人，那么他可能会接受这澎湃的感情，或沉浸在被追求的喜悦之中。然而易得的幸福无法持久，这点体会更多是源自教训而非道理。

一位来访者如此描述她移情时的状态：

"我最害怕你问我的一句话就是：'你喜欢我什么呢？'我真的说不上来啊。我觉得我是完全沉浸在一个人的世界里，移情已经占据了我工作以外的几乎全部时间，我没办法集中精力做事情，总想着怎么去见你，太想你，太思念你了。

"我没心情上班，没心情做事情，唯一的心情就是想你、想你，思念你、思念你。然后我就想,就算我把自己的家庭破坏了,把你的家庭破坏了,我们在一起了,那又能怎样,难道王子和公主就能幸福地生活在一起了?

"所以,我就觉得好像失恋了,以至于下班总忘记打卡,各种各样的忘记,以至于不能好好做事情,魂不守舍。

"你是我的咨询师,我应该是什么话都可以讲的。可是我现在好像没把你当成老师,你是我喜欢的人,很多话没法说出口。

"或许你又会说'为什么会想和我在一起',总是在探究所谓的喜欢。我说我想你了,我也希望你想我,也许是这种希望让我不敢说。现在治疗变成了幌子,让我有正当的理由见到你,见你变成主要的,治疗变成次要的了。"

我是她的咨询师,她在对我毫无了解的情况下突然"爱"上我,我只是感到其中隐藏了太多潜意识的需求。

后来,以移情为起点,我们分析了她从青春期到现在喜欢过的人,发现了他们的一个共同的特点:优秀。起码在那个特定的时代背景下,他们都是优秀的。青春期她喜欢过一个人,因为所有人都说他好;上大学她喜欢过一个男孩,因为他在各种活动中表现突出;工作后她爱上一个人,因为那个人是研究生,而这正好弥补了她在学历上的自卑。在进行心理治疗时,她"爱"上了我——我是心理咨询师,懂得多,可以引领她,可以给她希望和光明。

细心一点就会发现,她喜欢过的异性都在某种程度上弥补了她的不足——文凭不高,找一个文凭高的;人际敏感,找一个善于社交的;心态不好,找一个心理咨询师……"缺啥补啥"并不是爱,起码不是单纯的爱。

依赖、移情、迷恋,这些看起来是"爱"的东西散发着迷人的味道,让精神匮乏的人相信这就是真爱。就好像在沙漠中行走的人，他宁愿相信海市蜃楼是真实的存在，毕竟这给了他继续走下去的希望。所以，所谓的爱情成了他们的精神食粮，就像毒品般无法割舍。但只是沉浸而不去分析，最终只能成为"松子"似的人物——你爱的人，终究不会爱你，并且"爱"也无法使你得到真正的救赎，只是一种被拯救的幻觉罢了。

闪闪发光的东西不一定是金子，轰轰烈烈的也不一定是爱情。虽然"爱情"看似是通往天堂的路，但如果它成了一种减少焦虑与无价值感的手段，就成了通向地狱之门。本来是拯救自己的努力，到头来却成了问题的一部分。

既然如此，我们如何才能找到真爱，而不是所谓的爱情？

一个关键词就是"自我"，一个没有自我的人、一个不爱自己的人、一个没有活出自我的人，如何能够学会爱别人？当我们一直被爱所伤，被爱所困，首先要搞清楚我们为何不爱自己，又是怎么把自己弄丢的。找到真爱的关键在于找回并接纳你自己，而不是依赖别人，并幻想被爱拯救。

CHAPTER13
第十三章

迷 失 自 我

> 所谓真我，就是我们自己身上存在的、独特的人格中枢，是唯一能够且希望成长的部分，是一种趋向个人发展与成就的"原始"力（就像一粒种子，如果没有外界的干扰，它自会长成一棵大树）。舍弃自我就如同出卖灵魂，叫作"脱离自我"——神经症患者往往远离自己的情感、愿望、信仰及精力，丧失了主宰自己生活的感觉，丧失了自己是一个有机整体的感觉。
>
> 丧失自我是一种绝望——对自我存在却又浑然不觉而感到绝望，或不愿成为自己现在这个样子而感到失望，但它是一种既不喧嚷也不尖叫的失望。丧失自我的人继续生活着，就好像还与这个颇具生命力的中枢保持着紧密接触，其实他们不过就是一根根路灯杆，上面顶着个脑袋。前来求医的患者述说头痛、性障碍、工作中的压抑或其他症状，然而他们通常并没有意识到自己已经与自己的"心"失去了联结。
>
> ——卡伦·霍妮

当一个人沉浸在理想化自我的幻想之中，活在"应该"的束缚之中，活在对荣誉、权力、地位和爱的执着之中，他早就已经不再是真实与本来的他，或者说正是因为害怕成为自己，他才幻想并逼迫自己成为一个他所不是的人。但与真我的脱离就等于他已经与自己的灵魂失去了联系，一个没有灵魂的人和行尸走肉没有太大的分别。受伤流血他会感觉到疼，被病症所困他会感到痛苦，但他对和自己的灵魂失去联结却麻木无觉。

就好像一个被魔鬼附身的人，他所做的一切不过是"魔鬼"的指使，他的真心早已被屏蔽，他成了一具僵尸——就好像路灯杆上顶着个脑袋。他早就已经没有了自发的情感、发自真心的努力、对生活的热爱，他所做的一切都被"应该"驱使，而非自由意志。

痛苦来自两个维度：表层与深层——症状的痛苦与害怕成为自己的痛苦。一个人最大的绝望在于他不敢成为他自己。但在意识到这一点之前，他只会关注表层的痛苦——为不能满足理想化自我的幻想及各种"应该"而痛苦。他并没有觉察到手脚被捆绑，真我被流放，人生与灵魂早已被扭曲。

一些人来做治疗只是希望解决表层的痛苦，幻想消除症状，回到从前。他对宣称可以快速有效去除症状的疗法很着迷，但就算症状减轻，他依然没有被治愈——他依然被"心魔"所困，他依然不是他自己。

任何事情都有发生、发展、变化的过程，最后他会陷入绝境，其实说明他的人格早已扭曲，精力被极大地浪费，情感已经被抽干，他早已不是一个有血有肉的人。症状的出现仅仅是提示他之前活得有多么病态。如果没有症状他也不会幸福，只是他没有觉察，他只是幻想消除症状，然后便可以成为他想成为的人。

心理问题的痛苦与绝望正是来自我们内心深处的各种冲突，其实最大的冲突当属面对本来的自己还是成为理想中的自己的冲突，或者说做一个人还是成为一个神的冲突。如果他内心深处的冲突依然存在，仅仅是减轻症状与痛苦，只会降低他分析自己的兴趣、解救自我的动力。此种治愈，仅仅是一种"假治愈"状态——他通过成功、地位、权力、荣誉、他人的接纳、被爱甚至性爱，来缓解内心的焦虑与冲突，减轻了内心的自卑与无价值感。但此种平衡极其脆弱，容易被破坏，当他不能再维系成功与好人形象，内心被掩盖的冲突就会迸发，再次将他撕裂。正如一些人在四五十岁来做治疗，之前他一直自我感觉良好，没有意识到自己内心有什么问题，或有问题也都被他战胜了。但当他之前所维系的病态平衡被打破之后，他整个人陷入极度的恐慌之中。这不是说他的前四五十年没有问题，而只是他之前用外在的"光环"掩盖了内在冲突，获得一种表面的宁静。正如任何谎言终将败露一样，他最后症状的爆发也在情理之中。

因此，一些接受过极短时间的治疗，或自以为战胜了症状随即停止治疗的患者，往往也很危险，毕竟心理问题的产生和治疗都是长期的。如果不能意识到自我的迷失，仅仅停留在症状的解决，这很可能是一种"假治愈"，日后他会陷入比之前更强烈的恐慌之中。

一些患者也会悔恨为何不早点治疗，比如在初中或高中的发病初期。其实，年龄小或发病不久的患者并不容易治疗。此时患者还存在诸多幻想，并对问题做外部归因，而不是归咎在自己身上。因此，他会缺乏自我探索的耐心，只是急于解决表面的问题。

当一个人没有领悟到人格的扭曲时，只会继续沉浸在对荣誉的追求、对完美的执着、对爱的向往之中。而他整个人也将被"应该系统"所支配，因为只有这样才能继续他理想化自我的幻想。

> 患者决定将自己塑造成非自己原本形象的时候,他感觉他认为应该去感觉的东西,喜欢他认为应该去喜欢的东西,期待他认为应该去期待的东西。换句话说,"应该"专横疯狂地驱使他去成为不同于他本人的人,去做他力所不及的事。而在他的想象中,他现在已大不相同了——真的是如此不同,以至于他的真我变得更为褪色与苍白。他现在已经对实际的自我感到羞耻,包括对他的情感、机智和行为,因此他主动把兴趣从身上撤下。"成为自己"的想法甚至会变得可憎可怖。正如一位患者在想到"这就是我"时就会感到恐惧。
>
> ——卡伦·霍妮

一切都被"应该"操控、左右,他就好像一个被绳子牵扯的木偶。如果他的自负幻想是建立在圣洁的基础之上,他就会强迫自己远离一切玷污他纯洁性的东西;如果他的完美自我是建立在善良的基础之上,他就会对每个人都很好,绝无私心;如果他高人一等的优越感来自在各个方面超越他人,他就会逼迫自己比别人更努力,以免出现失败和不如人的结果。而此时,他内心的想法和情感已经变得越来越不重要,重要的只是他应该怎样做,他应该是一个怎样的人。越是如此,他就越不是本来的自己了。

这样的"应该"就像"金手铐"与"正义之剑"。当一个人被一副"金手铐"所束缚、被一把"正义之剑"所恐吓,他从来不敢质疑,因为它们是"纯金"的、是"正义"的,他就只会逼迫自己,而没有意识到"应该"才是问题的关键。心病的可怕之处就是,当我们被"心魔"所压迫时,却在为它歌功颂德,认为它所要求的是正当的,它的存在意味着自己有崇高的理想和追求。

"我不是这样的人"是我在治疗中听到比较多的一句话,但听到这句话时我往往哭笑不得，因为他所否认的其实就是他自己的一部分。比如，一些强奸、杀人、乱伦、对佛祖不敬等想法会把他吓坏，他认为这些"邪恶"的想法根本就不是他的，但不是他的又是谁的呢？他只不过一直把自己扮演成一个绝对正派的人，排斥一切"恶"的想法或可能被别人误会的表现。但可悲的是，他越排斥，这些想法与症状只会越泛滥，无法控制。

当内心的真实想法和情感被压抑了太久时，就会通过梦体现出来，比如一位女性患者，经常梦到一些自己爱慕的异性，并且会在梦中发生性关系。当然这些在现实中是不会发生的，毕竟她是一个"纯洁"的人，她并不敢做任何出格的事情。

控制，成了神经症患者的人生常态。人生本来应该是自然而然的过程，但因为害怕成为自己，他就要控制自己，就像一个妖怪变身为人之后，往往变得不够彻底，有时"尾巴"会露出来，因此要把这些没有变彻底的东西藏好。而患者也一样，他不过是很努力地把自己变成一个他所不是的人——一个更优秀、更受欢迎、更纯洁、更成功的人。但这不是他，就像妖怪变身一般，一定会有瑕疵，当瑕疵露出来时他就会很恐慌，担心别人识破"画皮"背后的鬼脸与丑态，他也无法面对如此丑陋的自己，或者他早已忘记自己本来的模样。

人和妖的比喻很恰当。他想成为的自己被他视为人，而他不想承认的自己被他视为妖。想必，症状的出现就像妖在人群中露出真容时的恐慌。

我经常和患者谈到"123"与"789"的比喻。一些患者担心变疯，担心杀人，担心余光和脸红让自己被别人误以为是猥琐的人，担心眼神会看异性的敏感部位，担心会控制不住地打人、骂人等。这些不可能发生或发生的可能性极小的事就是"789"。因为他无法控制，又不能放弃控制，无法面对后果，结果产生了心理冲突。他来做治疗也是让咨询师给他提供高明的"方法",以便更好地控制自己。

但他为何会为这种发生概率极小的事担忧呢?这就涉及"123"的概念。"123"指的是生活中经常发生的那些他可以控制、可以压抑、可以扭曲的事情。比如,一件事情他"不应该"做,那么他可以控制自己不做;一个人他不喜欢,他可以装作喜欢;一件事他可能会做不好,他可以逃避不做;一些影响面子和形象的东西,他可以压抑和伪装,凡此种种。

比如,一位女性患者本来是吸烟的,但她从不当着别人的面吸,担心别人觉得她是一个坏女孩;本来她是二婚,但她从来不告诉别人,担心别人看不起她;她也尽量远离一些朋友,因为她们比她混得好,和她们走得太近就会让她自卑;一些事她本来不想做,但当别人求她帮忙,她总是会帮助别人……这些事情都是她可以控制、可以压抑、可以伪装的,她可以继续维系完美形象。那些可以获得良好口碑的事情,她就拼命地做或控制。正是因为她一直在控制"123"这些生活中的点滴,所以她才会害怕"789"那些可能会破坏她苦心经营的完美形象的东西。如果她真的变疯、杀人、打人、骂人,她前半生所维系的完美形象就将全都崩溃。其震撼程度就似模范人物竟然也有坏想法或坏行为一样让人难以接受。她担心会原形毕露,这才是她最恐慌的。

而患者大多没有意识到这一切。他只是责怪症状,奇怪为何害怕"789",其实他没有意识到在生活中自己对"123"的控制有多么病态。如果不是因为对"123"的压抑与扭曲,最终他也不会产生对"789"的恐惧。

他不敢放弃控制,是担心本来的自己太过不堪,他担心会因此遭人嫌弃。其实,真实的他并没有那么不堪,只是从小的经历与父母的伤害让他认为真实的自己很糟糕,他必须装得"人模人样"。比如,一位男性患者从小就被妈妈用最恶毒的话辱骂,也会被妈妈无端或因极其微小的错误殴打。而爸爸几乎不在家，妈妈成了他唯一的依靠，他必须讨好妈妈，努力赢得妈妈的爱。他不敢活出真实的自己——他整天装成一个"人"，并因此一点点脱离了真我。

他的内心太缺乏爱，脱离自我就是为了换取爱，因此他变得讨好、顺从或是强大、无畏。这些表面上相互矛盾，但实际上都是获得爱的方式。这一切并不是发自内心真实的情感，而是出于自我保护的需要，无论是"顺从"还是"无畏"，都只是他达到目的的手段。

缺乏情感自主性与自发性的人，整个人就像一个木偶、傀儡。他所做的一切不过是被"应该"所指使，被"美德"所束缚，被"爱"所牵绊，被"成就"所迷惑。他犹如一个在迷宫里的人，虽然他相信行在正确的道路上，但实际上他早已误入歧途；虽然他以为这就是他自己，但实际上他早已宛如活在梦中。

"王老师：我对我这二十几年的人生有好多怀疑，为何我与同龄人相比显得无知和幼稚？别人在学习和适应这个变化的社会时，我在干什么？比如别人聊房、聊车、聊很多事，我发现我都不懂，或者仅仅限于了解一些表面的信息。我感到对这个社会中的很多事我好像都反应迟钝，去办理一些社会事务时我也显得很小心翼翼，而且容易出错。此外还有最大的问题，就是人情世故，我好像在任何一个人际环境中都是一个站在门口的礼宾小姐，只有礼貌、礼貌，或者更像一个机器娃娃。

"王老师，你说要做真实的自己，可是我好像已经迷失了，我从未发现过真实的自己是什么样。我常常觉得自己像一个惊慌失措的孩子，迷失在这个复杂的社会中。我越是简单，就越是感到与这个社会格格不入，就越是感到低人一等。要问我真正感兴趣的是什么，那答案就是'简单'——简单的事，简单的人际关系。我知道这是不切实际的，所以我对未来的人生常感到忐忑不安。

"我对着镜子跟自己说,你有哪里不好?干吗这样瞧不起自己?我只想做一个普通的人,有自己的个性,不那么容易被别人讨厌,我该怎么做?"

她成了一个机器娃娃和迎宾小姐,这一切都是想让自己不那么被别人讨厌,但别人的观点有很多,她不可能让所有人满意,因此她迷失了——她怎么做都是错的。因此,她惊慌失措地迷失在复杂的社会中。

一个为别人和别人的看法而活的人,最终只会成为一台机器。她在计算着言行及各种得失,她在对别人的看法与评价敏感着,她在按照"绝对"正确的道路行驶,但唯独缺了一个最重要的东西,那就是她自己。她礼貌是因为她应该有修养;她顺从是因为她应该不得罪人;她讨厌简单,是因为她要表现得成熟与老练;她好像一个迎宾小姐,是因为她应该表现得体。一个个"应该"的背后,竟然没有真正的感情,这一切都是"应该",而不是由心而发。也许,她会看不起虚伪的人,但活在"应该"之中,难道不是更大的伪装?不是简单不好,而是她害怕简单招人嫌弃,就算表现得老成,也绝不会满意,毕竟她又会担心别人觉得她世故。她怎么做都是错的,因为无论如何她都无法讨好所有的人。

活在"假自我"中,她整个人的出发点不是"我想要怎样",而变成了"我应该怎样",怎么做才不会让别人讨厌。因此,她的感情缺乏自发性、深刻性和真实性。表面上她也许富于感情,但不过是按照演员的脚本照本宣科罢了。她在友善的背后缺乏真正的温情与真心,仅仅出于"应该"是一个好相处的人而已!

另一位女性患者这样写道:

"王老师,我突然因为一件事情想清楚一点东西:今晚我和婆婆通电话，想让她照顾我发高烧的女儿。挂了电话之后，我突然觉得有点问题：为什么我那么客气呢？其实我和她的关系挺紧张的，可是今晚这句'麻烦您照顾她了'让我觉醒了一点东西。虽然我一直觉得自己没问题，但其实我早已经不知道自己是谁了——我记得刚进入婆婆家时，真的很听话，她煮饭，我就在旁边守着，其实用不着这样。而且我连电视都不敢看，怕别人觉得我随意、懒。刚开始我都好到没有脾气，最重要的是我还在乎亲戚的看法，而且亲戚还很多。回头想一下，我活得还真累——我一直扮演一个善良、没脾气、聪明、能干、什么都懂的女生，到最后实在忍不住才闹成这样。不认真发现都不知道，我处处都在讨好别人啊！不认真感觉，真的就以为这种'好性格'是我本身的样子，其实这一切都是伪装。"

她已经活在了厚厚的面具背后。她不会和别人说不堪回首的往事，更不会让别人知道病情，她能找到各种伪装自己的理由，比如怕父母担心、别人不能理解自己，等等。但究其原因，就是她无法放下这层"伪善"和"漂亮"的面具——她不敢暴露最真实的自我。

不敢活出自己的关键在于恐惧：一些人害怕狗、蛇、黑暗，晚上睡觉不敢关灯，这些其实不是他真正害怕的，而仅仅是一种他的恐惧的投射，是一种具有象征意义的隐喻。其实，他害怕的是童年创伤所形成的一股负面能量，这股能量就像一个鬼魂一直待在他的内心深处。因此，鬼并不是客观的存在，而是活在我们的心中——越害怕鬼，越说明心里住着一个"鬼"。

患者往往带着症状来求治，其实症状仅仅是问题的冰山一角，而冰山之下的部分才是心理治疗的重点——他已经不再是原本的自己。虽然他口口声声说是为了找回自我，但他要找回的不过是幻想中的自己罢了。

脱离自我使得他有可能根据形势的需要来改变人格。他像变色龙一样总是在生活中扮演某种角色却不自知。他也像出色的演员，酝酿和角色相配的情感。一些患者在非常痛苦的情况下，走到人群中会马上擦干眼泪，面带微笑，别人压根就体会不出他的痛苦情绪。此时，如果别人需要帮助，他还能装成"知心姐姐"去安慰别人。然而，别人和他相处时往往觉得和他有距离，缺乏灵魂深处的交流，仅仅是维系表面和谐的社交。

一个已经把自己丢失、没有自我、连自己都不爱的人，怎么能去爱别人？他的生活仅仅是完美的演出而已，其中缺乏了最重要的部分——他真实的自己。

一位患者写道：

"以前玩过一个脑筋急转弯游戏，当时一个同学问，我、她、他、爱，组成一句话，答案是什么？我仔细地、傻乎乎地说出了N多答案，公布的答案是：他爱她。我急了，立刻就问了出来，'那我呢？'其实，此题答案就是：关你屁事。在乎别人的评价，害怕被别人看不起，怕别人担心，怕麻烦别人，别人、别人、别人，'那我呢？'我哪儿去了，我怎么把自己丢了呢？"

他的自己早已不知丢到哪里去了。强迫取代了自发，伪装取代了真实，假我取代了真我，他就好像一个空壳。

"他不再是一个驾驭者，而是一个被驾驭者"——他被幻想、恐惧、焦虑所控制。

就算没有明显的外显症状，他也会体验到孤独与无意义的感觉。虽然表面上他装得和别人没有两样，别人都认为他应该是幸福的，但他并不幸福，正如他的"自信"是虚假的自信一般。

当然，大多数人是在挫败的时候来做治疗，因为无法维系之前的心理平衡。也有些患者是在成功的巅峰来做治疗，因为他得到了一切，获得了他一直想要的成功，获得了所有的尊重与崇拜，却突然变得迷失起来。首先，他突然发现一种无意义感，自己所做的一切并不能给自己带来真正的幸福，虽然他认为应该幸福；其次，他发现活得很累，生活就像一场停不下来的苦役，他也变得越来越冷漠，对他爱的人没有感情（虽然表面充满热情）。他会突然发现好久没有痛快地哭、痛快地笑。此时，他意识到自己病了，毫无理由、毫无征兆地病了。他得到了全世界，却丢了幸福。

缺乏意义与快乐，是因为他所追求的一切并不是他真心的喜好，他就算得到了全世界，也只是为了获得安全感，而非为了成长。在他没有成功时他焦虑，当他成功了他依然焦虑，他害怕失去这一切，也担心被别人超越。就算一切按照计划进行，他也会感到迷失；就算他善于自欺，他的"良心"依然会不时地给他一些警示，空虚、无意义感就是其中之一。

因为他强迫性地努力，他也许会成为成功的商人、政界要人、周围人羡慕的焦点。他似乎得到了荣誉、赞美，起码在人前可以维系光辉形象，别人也感受不到他的自卑和自恨。但他依然是一个囚徒，依然要为虚假的荣誉而活，躲在成功和面子的背后，却丢失了生命中最重要的东西——爱与自由。正如一位患者告诉我的，虽然他事业成功，经营着一家公司，但他离不开公司。一旦离开公司久了他就焦虑，因为他必须盯着每日的业绩和进账，只有看到业绩稳定、一切正常，他才能放心、安心。所以他不敢休假，没有爱好，没有朋友，没有自由……

一个非常重要却不常被反思的问题就是，你为什么而活？

一位女性患者在梦中问了爸爸一句话："爸爸，我现在在你心里是一个合格的人吗？"她早已为人母，但爸爸依旧在影响着她——从小她就是一个乖孩子，在学校是一个好学生，工作后是一个好员工，嫁人后是一个好妻子，她所做的一切就是为了成为爸爸眼中那个合格的人。但

"我合格了吗"这句话包含了太多的凄凉,毕竟她出卖了人生,只为了换取父亲的一句肯定。

"真自我"意味着一种整合,不会在内心产生严重的冲突和分裂。"假自我"则常处于一种冲突与分裂的状态,让人内心无法平静。真实自我与虚假自我之间必然会有一场残酷的战争,虽然虚假自我的力量很强大,但真实自我的力量源泉依然没有干涸。随着真实自我的复苏,它终将成为更强的一方。正因如此,治疗不仅仅是使症状减轻,更多的是使人性得以解放与成长,并使人最终活出自己。

真正的治疗：找回自我

PART 3
第三部分

CHAPTER 14
第十四章

"方法"与"态度"

患者来治疗是为了去除症状,他非常急于找到行之有效的方法。这本无可非议,就像我们去饭馆就是为了吃饱,如果没有可口的饭菜,想必会令食客失望,甚至觉得被骗。治疗也是同样,如果治疗师不能立即帮他去除症状,他也会对治疗失望。

有问题就解决问题的心态,在日常的事情上也许行得通,但对复杂的人心来说,往往行不通。

正如森田正马教授所言:"我们不能随波逐流,急于求成,受社会一般风潮的左右,必须沉住气慢慢地思考一番——为了对疾病进行确切而又适当的治疗,首先就必须弄清楚该病的性质。对探求疾病性质丝毫不予重视,一味地痴迷于这样、那样的所谓新疗法,无异于盲人骑瞎马,企求那种偶然碰巧、歪打正着的侥幸,倘不坠落悬崖已是万幸。"

对疾病性质不加探求,一味幻想用神奇的方法摆脱疾患的人不在少数。在我接待的患者中，一些人急于让我提供某种方法或程序化的步骤，他只要按照这种方法或步骤去做就好了。如果治疗真的如此简单，同流水线一般，想必就不会有这么多人饱受折磨了。治疗并不是直接的指导与建议，而是对人性的理解与反思，当我们更加了解自己，才能理解症状的存在，才能明白该放下什么，又该坚持什么。

当治疗没有立竿见影时，有的人就会开始对治疗失望，于是他会继续寻找高明的"方法"——某种药物、某种仪器，或某种神奇的疗法，只要宣称可以快速、有效地帮他解决问题即可。

盲目，会让一个人变得短视；急切，会让一个人变得肤浅；捷径，会让一个人变得懒惰……一些人倒是在寻找"神奇的治疗"上花了不少工夫，却不肯花一点精力来反省自己。他只会责怪症状影响了他的生活，却没去反思：为何自己会被这块石头绊倒。

一概而论及含糊其词的解释，并没有触及问题的核心，只说明他太不了解自己与自己的症状了。

我常常告诫我的来访者，治疗不是一蹴而就的事情，也不是仅仅战胜或克服这么简单，必须静下心来反思这一切的缘由。有时，患者会埋怨当初的某件事或某个人，认为如果没有发生这一切，结果就会不同。但事实真的如此吗？一位男性患者因为老师让他当了课代表，当众讲话的机会变多了，但也从那时候开始，他注意到自己的脸红。从小他的父亲就看不起脸红的人，认为这样的人没有出息，他也就陷入了对脸红的恐惧之中，并认为老师故意害他。他觉得如果不当课代表这一切就不会发生。

但事情远没有那么简单，在关注脸红之前他就是一个自卑并在意别人看法的人，看见比自己强的人都绕着走；他也因为性发育比较迟，而不敢去洗澡；工作后因为买不起房子，他三年没有回过老家。所以，任何会让他丢脸的事情都会让他恐惧，脸红只是之一，而不是唯一。所以，脸红不是关键，老师不是问题，关键在于他无法面对被别人看不起的可能性。

治疗并非只是去除症状或悔恨过去，而是要发现症状产生的机制和原理，领悟到个性上的缺陷及价值观的错误。只有当一个人改变了其原有的病态生活态度，才能减轻他内心的冲突。

而这一切并没有"程序化"的方法，就像每天背诵经文，也不一定会领悟到佛学的真谛。治疗也同样，它需要的是对自己点滴的了解与反思，进而产生对自己与困境的顿悟——在点滴的认识中，我们更加看清楚了自己，并一点点接纳了自我。此过程并非康庄大道，稍不留神就会陷入误区。

下面是一位患者的来信及我的回复：

"王宇老师您好，我今天心里非常难受，想把我这几年患病和治疗后的情况和您说一下。初中时班里一位女同学跟我开了一个玩笑，她看着我，就是对视，当时我心里不知道为什么一下子就紧张了起来，表情开始僵硬、不自然。这时候我心里就在想，我是不是哪里做错了？为什么她笑完还看着我呢？我就是怕别人一直看自己。其实说白了，我现在感觉自己不自信、自卑、脸皮薄，很在乎别人的看法。从那以后，我就要求自己不能再像上次一样慌张、表情不自然，结果这种表现却越来越泛化了。

"初中毕业时，班上每个人都要说一段话，我一直在琢磨如何把这段话说到最好、最完美，如何让别人听着没有一点瑕疵。然而在我表达时，可能是心理压力太大，我的声音都颤抖了，甚至有点失声。从那以后，我就非常害怕这样的公众活动，我怕表现不好让别人耻笑。

"现在，每天出门前我都得回忆一下，调整好心理状态再出门。这个心理状态就是，我要接受恐惧，我不能在乎别人的看法，我要接纳它。如果不调整心理状态，我整个人面对别人一刹那就惊慌失措了。说白了，这不和没治疗时一样吗？该压制还是得压制。我现在已经感觉到，我调整状态也好，不调整也好，恐惧最终还是存在的，还是没能如我所愿。我还是三年前那个惊慌失措、不敢面对恐惧的我。

"总之，我有一个感觉，可能这辈子我都好不了，也根本没有痊愈的方法。我不可能每天都指望着森田疗法或者您说的道理活着，我感觉这样太累了。我什么都不想做，不想出门了。求老师给我一点意见，我现在也没有别的办法了。"

回复：

正如你所说的，一切都成了方法，治疗也是如此。它们本来都是为了帮助你接受自己和面对现实而存在的，如果这些都成了你逃避现实的手段，也就成了"方法"。

所以，放弃"方法"是好的。我希望你能赤裸裸地面对现实本身，而不是通过"方法"去逃避它。当然，没有"方法"你会很痛苦，"方法"成了你的解药。但痛苦其实不是坏事情，就好像孙悟空的紧箍咒一样，如果没有它，想必孙悟空也不会大彻大悟吧。痛定，才能思过——去直面现实中不完美的自己，去承受生活中的一切痛苦，放弃一切小花招吧，诸如压制紧张、努力表现得好。赤裸裸地去生活，不带任何隐藏和手段。希望此种"无为"，可以让你早日成为一个真实的人，而不是幻想中的完人！

对社交恐惧症患者来说，重要的不是方法的寻求，而是态度的转变——从对抗到接纳。

对人生来说，重要的不是症状的消除，而是觉察到人格与人生的扭曲。

患者一切的努力都是为了"变好",但难道不正是当初对"变好"的执着让他患病?问题不在于缺少锦囊,而在于他的"活法"出了问题——他一直都在追求荣誉、维系自尊、赚取面子、获得成功。有时患者也知道自己过于执着,也知道一直在追求一个本不存在的梦,也明白所谓的"症状"不过就是一种人之常情,但他就是无法放弃。就算嘴上说会放下,但实际上他此时的"放下"也仅仅是一种达到目的的手段而已,只不过是一种以退为进的计谋。

当治疗没有让他"变好"时,他也就开始对治疗失望。

一位女性患者写道:

"我总是听您分析,似乎说得都很有道理,可是我的症状依然存在,没有消除,我的大脑、心理都很瘀堵,心情又开始莫名烦躁起来。我理解您一天接待很多患者也很辛苦,但我都快咨询两个疗程了,我是不是一辈子都治不好了,是不是没有人可以救我?我真不是个好妈妈,为了治病,给家里增加了太多负担,又不能给孩子幸福和陪伴。所以能不能快点啊,我真不知道活着是为了啥,活得这么累干吗,我现在活着就是来受苦受累的。这么说吧,民生疾苦,您也是在普度众生,请快点帮我脱离苦海吧。"

她太固执了,我的话她根本就听不进去。她幻想通过"方法"治好自己,成为理想中的自己。这仅仅是一种幻想,但她依然执迷不悟。治疗师在她心里成了一个魔法师,似乎有神奇的手段可以帮她战胜症状。越是寄予厚望,越容易失望。

治疗师也希望患者能变好,只不过治疗师与患者对"治愈"的理解压根就不是一回事——治疗师希望他能够放弃对荣誉的执着、对完美的维系,能够回归平常心,做回一个平凡人;患者却只是想消除症状,做"真实的自己",而他所谓的"真我",并不是一个现实中存在的人,而仅仅是一个幻想中的人物，他一直试图活在完美的梦中。

他就像一个赌徒，来寻求高明的赌术，治疗师却想教他如何戒赌，因而患者与治疗师之间存在一种必然的矛盾。患者对治疗的期待会促进治疗同盟的建立，但也为日后的阻抗埋下了隐患。毕竟治疗师能给予他的，终究不是他想要的。比如，一位因脸红问题来求治的患者，他的求治目的是消除脸红，之前他甚至还做过一个脸部神经的手术，因为该手术宣称可以消除脸红。但令他失望的是，手术过后一切依然是老样子，他不得不求助于心理治疗。当然，他的目的依然非常明确——消除脸红。因为脸红意味着幼稚、不成熟、会被人看不起，甚至会让异性误认为自己喜欢对方，这对"纯洁"的他来说，是不被允许的。当得知治疗并不能帮他消除脸红，而仅仅是帮他减轻对脸红的恐惧与排斥，最终他依然要接纳脸红存在的事实时，他不再来做治疗，而是继续寻找消除脸红的"方法"去了。

当理想中的治疗与治疗师的光环破碎之后，他对治疗师也会由爱生恨，并认为治疗师欺骗了他。其实治疗师所做的一切努力，只是希望他能够领悟到：痛苦不是来自存在的症状，而是来自内心的冲突——"理应如此"与"事实如此"之间的冲突。如果他不能放弃幻想，只会误入歧途。

但在很多人都急功近利的背景下，心理学也开始变得"投其所好"——各种神奇的、号称可以快速有效地帮助患者去除症状的疗法开始大行其道，在这种一个愿打一个愿挨的默契下，进行着所谓的治疗。这样的治疗会有一个很好的开始，但随着时间的流逝，患者会越来越不安与焦虑，他内心的冲突压根就没有消除，就算有所缓解，也仅仅是暂时的。一些所谓身心灵的治疗，虽然听起来很玄乎，但其实不过是一种对患者美好幻想的迎合罢了。

心理咨询并不是普通的商品或服务，过于迎合患者反倒迷失了治疗的本质——治疗在于惊醒梦中人，而非继续催眠他。比如，一位女性患者因为人际问题来求治，在人际交往中她总是很紧张、不自信，当我问她觉得自己哪里不好时，她也说不出所以然来。她说问题就出在初中时一些同学不喜欢她，结果她就变得很不自信，认为一定是自己哪里不好。后来，她就刻意地改变"很二"的性格，变得文静和乖巧，就算和最好的朋友在一起都不放松。她之前在老家也做过治疗，治疗师试图让她相信别人是喜欢她的，并试图让她找到自己的优点来抵消自卑感，进而增强社交中的自信。这看起来无可非议，似乎可以消除她的恐惧与自卑。但万一，我是说万一，真的有人不喜欢她，怎么办？一味相信别人喜欢自己，这是不是一种自欺？有人不喜欢我们，这也是现实呀。总是要求别人喜欢自己，总是幻想所有人都喜欢自己，难道不会让她越来越脱离现实？

当然，这些只是治疗上的失误，可以说是治疗师经验的不足，但还有些治疗师明知一些所谓的"新疗法"只是一种对患者的蛊惑，却依然违背职业道德与良心，让患者成了他的"提款机"。比如，一些咨询师利用患者"病急乱投医"的心理，宣称诸如催眠或灵修等神奇的方法可以快速帮助他去除疾患。当然，不是说催眠不好，只是一些患者过于迷信催眠术（或其他神奇的疗法），而咨询师利用这一点给患者编织了一个温柔的陷阱，各取所需地进行着所谓的治疗。

"不含敌意的坚决，不带诱惑的深情"对治疗师来说非常重要。利用患者的脆弱、无助和依赖的心理，蛊惑患者进行所谓的神奇治疗，这就像传销，利用了人们快速致富的心理，用蛊惑人心的方式来给人洗脑，让患者沉浸其中无法自拔，这不是在治病，完全是在害人。

森田正马教授早在20世纪20年代的日本就已经觉察到了这种现象，他在著作《神经衰弱和强迫观念的根治法》⊖中有所提及。

⊖ 森田正马.神经衰弱和强迫观念的根治法[M].臧修智,译.北京：人民卫生出版社，2006.

对疾病的迷信

一说起患病就想到服药,一说到精神性疾病就想到催眠术(念咒祈祷与此同理)。这种观点是来自传统固有的一种迷信思想,甚至医学科学不断进步的当今社会的医生们也很难完全摆脱这样的迷信。断了手指的人,即便服药,他的手指也不会长出来。治疗痴呆从来也没有什么特效药。这些都是人所共知的事实。疲劳时,服药并不是恢复精力的好办法。用入浴或饮酒等办法提神,只能起精神刺激的作用。实际上,没有充分的休息就不能恢复精力。

一般情况下,疾病引发障碍的条件和情况多种多样,十分复杂。由于普通人不了解其内在原因,所以多数人都误认为各种治疗均有效。实际上,所有疗法都依靠生命活力所提供的所谓自然良好状态的辅助作用。恰如培植植物必须给它提供适当的土壤、日光、空气和水分,并驱除害虫。如果只靠给药或拔苗助长,病不会好,植物也不会发育成长。

生活在金钱世界的医生

医生给患者开药、实施各种治疗等做法,并不单纯依据医学理论进行,还有很多复杂的社会原因。把医生当作一种社会职业来看,还必须看到金钱世界流行着的一般社会潮流。首先,作为治病的郎中,按一般风俗习惯在诊疗过后就必须开药。这是由医生与患者两者相互对应的必然关系决定的。对这种做法很难讲谁是谁非,谁好谁坏。如果说不好,只能说双方都不好。医生作为一种社会职业,如果看过病后不开药,不收治疗费,那算怎么回事呢!另外,患者也认为无论如何也应该拿到药才对。在这中间,即便患者拿了不必要的药,也已成为一种习俗。迷信思想在这样的过程中形成牢固的地盘,这是不难想象的。在这样的迷信思想的基础上，患者觉得只有拿了药才心安理得并感恩戴德。但是，在这种心安理得的迷信中，有人将正确的治疗方法弄错，在不知不觉中造成病情加重或恶化，这是一种很大的危险。特别是有人吃了些不必要的药，白白地使那未曾患病的人也产生对病的恐惧不安。这种做法，不止徒劳无益，还属无事生非。

形形色色迷惑患者的郎中先生

某眼科博士把一位患者诊断为近视或潜在性远视后，给了一个月疗程的药丸打发患者回家。据我们的一般见解而言，由于医学上的某种理由，症状判断起来确实十分困难。但是，还有一位标榜自己是专治生殖器方面神经衰弱的博士，他诊断某位年轻的处女为潜伏性淋病，并让她每天进行局部性冲洗，治疗期一个月，并要预交两成定金。

从医学上讲，确实可以大体上预先规定治疗期限。但这种情况，据我来看，这位患者的病很难得到治愈。另有一位医师，大力宣传自己的返老还童法。我最近接待了三四名接受过他这种手术的患者，他们都被迷惑，想通过这种手术治好神经衰弱。当然，这是根本不可能的。

目前，治疗保健也和服装穿着那样，出现了一种因追求新颖而此起彼伏的潮流。因此，有很多医生一听说是神经衰弱，不管三七二十一立刻就给予电击治疗，并且还流行注射精液蛋白、碘、钙、生理盐水或其他什么东西等做法。虽然全部接受完这些治疗之后的神经衰弱患者受够了毫无疗效的"新疗法"的惩罚，但是仍有新的患者陆陆续续、接连不断地来蒙受他们的迷惑。这些都属于社会上存在的、那种医生与患者间的对应关系所决定的必然现象。如果患者一方一味地迷信这种眼前的暂时性精神安慰，要求接受这些换汤不换药的所谓

"新疗法"，那么医生一方也就必然要建立与之相适应的、能满足患者需求的设置。

就像这些电击疗法或注射疗法，可以说在一开始的三四次里，似乎都会收到某些所谓的疗效。这主要是由于在精神上受到了伪装暗示的作用。到了七八次或第十次就会恢复原状，失去效能。再往后，无论持续多久也不会再出现什么效果。但是，患者中最憨厚愚蠢的那部分人，有的竟要在60次或80次之后，才终于因为毫不见效而来找我。

从医生的角度讲，对类似这样的治疗，经过数次之后，如果患者感觉见轻，医生也可以认为这是治疗取得的效果。如果此后患者不再来就诊，医生当然也不可能知道疗效是否持久。对并非从事专门研究的医生而言更是如此。这样，也就无法知道医生与患者谁好谁坏。只有经过较长时间，双方那种追求侥幸或好处的想法，才有可能逐渐淡薄。

患者对疾病应持的态度

对急于求成，不管怎样只要能治好自己的神经衰弱就行的患者来说，如此漫无边际地、与直接治疗毫无关联地解说下去，也许太絮叨。但是，对这一问题是不能着急的，必须沉住气慢慢思考一番。首要的一条是要摆脱迷惘，切勿随波逐流，受社会上一般风潮的左右。

为了对疾病进行确切而又适当的治疗，首先就必须弄清楚该病的性质。对探求疾病性质丝毫不予重视，一味痴迷于这样那样的所谓新疗法，这无异于盲人瞎马，企求那种偶然碰巧、歪打正着的侥幸，倘不坠落悬崖已是万幸。

倘能真正摆脱那些歪打正着、胡拉八扯的怪论，认真对自己本身的实质清醒地加以认识的话，就会获得自身坚实的求生力量。它不同一般，散发开来可以绽成万朵樱花，凝聚起来则好似百炼的钢铁。

20世纪，心理问题在中国没有受到太多的重视，心理治疗也没有得到长足的发展。如今，虽然人们对心理疾病的认识与重视程度不断提高，但金钱的影响也有所增大，难免会出现各种迷惑患者的所谓"新疗法"。而患者又抱着一种急功近利的心态，只要可以治好，不管怎样都行。这样周瑜打黄盖——一个愿打一个愿挨，不仅延误了治疗，有时还会加重病情。一位患者因为轻信了广告，去做了头部手术治疗，结果当我为他诊疗时发现，虽然他的恐惧和抑郁情绪因为手术得以缓解，却变得麻木——缺乏正常人的一般情感体验能力。

更有甚者，有的无德医师还会利用患者求治心切的心理来满足私欲。我曾经接待过这样一位患者，她为了治疗焦虑，到一家医院进行诊疗。医生发现她的焦虑是因为无法接受自己过去的性经历，于是建议她：恐惧什么就面对什么。这句话本身没有问题，但这个医生是借此暗示患者和他发生性关系来以毒攻毒。虽然她告诉我这样做确实缓解了她对过去性经历的自责，但这压根就不是治疗，只是这个医生利用职业之便，把患者当成性满足的工具而已。

不走弯路是不可能的，毕竟很多人都心存幻想，无论是对自己、对生活，抑或是对治疗。只有当他走了很多弯路之后，才能静下心来反思自己，而不是一门心思想着"直捣黄龙"的方法。随着时间的流逝、现实的打击，他对"方法"的执念也会减弱，也开始明白无论怎样挣扎都改变不了现实。其实，令患者挣扎与纠结的症状，只不过是一种人之常情，诸如余光、对视、缺点与不如人之处。因此，并不是症状不放过他，而是他一直不肯放过症状，一直不能放过自己。

一位患者给我发来这样的邮件："对自己的表现很不满，我想为自己做点什么。"

也许他什么都不需要做，只需面对不如意的现实，接受不完美的自己。之前，他并不是做得不够，而是做得太多。

他又留言道:"我知道了,想什么也不能彻底改变我现在的状态,是我太急了,急着改变,想一下子就不一样,倒不如多做一点实事。还有,你是不是从来就没有告诉过我方法,而是告诉我态度。"

态度,既包含对症状的态度,也包含对人生的态度。这意味着一种转变,从对症状的关注,转变为对自己人生的思考。一个人会陷入神经症之中,不是他不好、不努力、不优秀,而是他太努力,太想要优秀,太想要得到所有人的肯定。在患病之前,他就一直在逼迫自己,要求自己,压抑自己。如果不是因为他当初对自己的逼迫,症状也不会产生,而症状产生之后他又一味地幻想用"方法"来消除症状,这不过是之前病态生活模式(做好一切)的复制。这只会让他陷入一个死循环:努力变好—症状产生—与症状对抗—更加焦虑。

所以,治疗不是一味找寻去除症状的法子,而是领悟到自己对去除症状的执着,并且反思对自己一贯的逼迫与做好一切的幻想。只有停止逼迫与幻想,才能与症状和解,与自己和解,与现实和解。这首先需要放弃对"治好"的执着。也许,领悟到治不好了,才是好的开始。

CHAPTER15
第十五章

"治不好了"

治愈,是患者所期望的,他也因此希望治疗师能给予他"正能量"——他希望治疗师可以给他治愈的保证,帮他消除症状,成为他想成为的人。他始终认为,只要坚持总会成功,世上无难事,只怕有心人。

但什么才是治愈呢?在这一点上,患者与治疗师也存在分歧。

因为童年创伤,患者的内心早已形成了一个空洞,而他急于用完美的幻想、成功、名誉、地位、尊重、被爱来缓解内心深处的自卑与恐惧。这种"基本焦虑"就像一股邪恶的能量左右着他、控制着他,逼迫他变成他所不是的人,这成了他减轻内心焦虑的"解决方法"。但他的"苦心经营"总会被突如其来的现实状况所打破,当他无法继续维系完美自我的幻想时,他就会陷入焦虑之中。他当然希望治疗师可以帮他消除症状,这样他就可以继续活在原有的"解决方法"中,继续用幻想的强大与完美来逃避真实的自我与困境。但这并不是治愈,而是继续做梦，真正的治愈是活出真实的自己，而不是继续把自己包裹在完美的幻想里。比如，一位男性患者从小没有父爱，而母亲一味地伤害和贬低他，从小他就依赖强者，后来就干脆把自己扮演与塑造成一个强者，来逃避内心的卑微，并通过这种方式填满心中的空洞。有那么一段时间，他似乎强大了，强大到可以超越困境，可以不被伤害，可以抬起头来做人，但其实他只是掩盖而不是真正抚平了内心的伤痕。因此，当他强大的幻想被打破，当光环不再，当他无法再自欺时，他不得不来寻求治疗。

什么才是正常？没有症状就是正常？回归之前的平衡就是治愈？如果之前的平衡是一种病态的平衡，之前的自我是一个虚假的自我，之前的生活是在演戏，那么回到当初的状态不就是继续做梦？

一位女性患者给我写来了这样的信：

"我患有社交恐惧症，尤其是别人和我对视时我尤为紧张。这个问题产生于高中时期，那时有一位同学和我来往较多，我却很不喜欢她，她说话总是针对我，但我害怕得罪她，也总是压抑情绪。压抑的时间久了，我心里就特别难受，有时上课就直勾勾地看着她，结果她发现了。虽然下课后她和以前一样，没有什么不同，但从那时开始我就觉得自己目光不自然，会引起别人的反感。之后，我的人际关系和生活受到很大的影响。我本来有能力做更好的工作，现在却只能做一份兼职，我无法承受和别人对视的痛苦。我只要不对视就没有问题，但只要一对视，大脑就一片空白，话都不会说了，紧张得要命，似乎别人也被我影响，也跟着很紧张，回避和我目光对视。"

因此，她非常怀念以前没有发病的时候，并且怨恨当初的那个人和当时的那些事。她认为如果一切都没有发生过就好了，现在的自己就不会是这副样子，生活也不会如此失败，自己就会拥有更圆满的人生。

虽然身边的人都安慰她，说并没有发现她的眼神有什么异常，但她依然心虚，认定自己的目光不正常，影响了别人，别人也会有反应。她紧张时就会回避目光接触，好像在弥补什么似的，此时的她就像一个做错事的小孩。

她认为自己本应过更好的生活，有更好的工作、更多的朋友、更优秀的男友，但这一切都被这个病毁了，这么多年来她一直幻想消除症状……

通过进一步了解得知，她在上大学时因为个子矮而烦恼，为了变高，她就逼着自己每天跳绳，结果不但没有长高，还得了滑膜炎，严重影响了运动能力。后来她又关注胖的问题，拼命节食减肥，结果搞得月经不调。她认为这些没有什么大不了，毕竟每个女孩都想变得更漂亮。

这一切表面上和她的症状没有关系，但实际上关系重大——它们之间有一个共同的核心就是"变好"。凡是她觉得不好的地方都会给她带来困扰，而无法解决时就会成为症状。

如果当初她不是为了更好的人际关系，就不会压抑情绪。如果她不压抑自己，就不会把愤怒无意识地通过目光进行表达。如果她放弃对口碑和形象的执着，就不用怕目光伤害到别人。如果她今天可以接受平凡的人生，就不会把一切的不如意都责怪到症状的头上……无论当初还是现在，她都在执着于"变好"，但这样的执着只能让她更加紧张、自卑、敏感，最后无法接受自己。

正是她对"变好"的强求，导致了这一系列的问题，现在她执着于去除症状，又落入了"完美"的陷阱。她永远无法找到内心的平静，除非她可以放下对完美自我的幻想与执着。

心理治疗不是成功学，它不能帮助一个人更成功、更优秀，它只是帮助一个人成为他自己。但"成为自己"并不一定是更好的自己，就像一个一米五的人成为自己的结果依然是一米五，而不会变成一米八。

患者已经沉浸在理想化自我当中，因此一直不放弃，他认为只要坚持，总会成功。他幻想消除症状，就可以成为想要成为的人，可以过上理想的生活，所以症状成了他完美生活的拦路虎。他必须打败症状，才可以成为一个"正常人"。

他太希望治疗有用、有效果，因此治疗师和患者在治疗开始时总是不在一个波段上——一个希望他放弃，另一个却更加执着。

当患者得知治疗不能帮他消除症状，并且他的执着在治疗师看来就是一种"恶智"时，他会变得很委屈，认为他的要求不高，也不是想要成为一个完美的神，只是想做一个普通的正常人，怎么这点可怜的愿望都无法实现呢？其实，表面的"低调"只是掩盖了他内心的"贪婪"，不要忘记他是"有了一就想要二"的人，他的欲望永远不会得到满足，毕竟不是他拥有的少，而是他想要更多——他想成为一个各方面都"正常"的普通人，他想要各方面都不比别人差，他想要所有人都喜欢他，他想要自己没有任何让别人讨厌的缺点，他想要成为一个没有问题的人……

有时他也会意识到对自己要求太高，不过他坚信可以做到，毕竟患病之前他就是这样的人——表现好，朋友很多，受人欢迎，会说话，没有余光和对视问题，等等。他只想回到从前的自己，但如果之前的自信不是建立在流沙之上，又怎会如此脆弱？对于一个活在梦中的人来说，他不会注意到这些细节，他坚信那才是"应该"的自己，那才是"应该"的生活。

真正的治愈并不是战胜症状，而是放弃把一切"变好"的执着。

因此，我常常对患者说："治不好了！"

毕竟，只有放弃对治好的执念，才能停止和症状的对抗，才能减轻与自己的冲突，才能减少理想化自我的幻想，才有可能接纳本来的自己。

但"变好"对他来说太过重要，他在理智上也许知道应该放下了，但在情感上依然不甘心，因为他内心有一个巨大的空洞，需要用"好"来填补——不敢直面内心的创伤，不敢直视本来的自己，他只能继续执着于治好。

当治疗师和患者抱着不同目的开始治疗时，这条路就注定是不平坦的。就算理智上他认为治疗师说的有道理，但在潜意识中他依然会把接纳当成完美的手段，他依然会把治疗师的话当成逃避现实、消除症状的方法。"治愈"，俨然已成为他人生的支柱。

下面是我与一位患者的"交锋"：

"王老师，在吗？我现在必须跟您通话，就五分钟。很重要！

"我突然觉得很难受，人一辈子不就是被自己的意志所支撑去面对困难吗？我信任您，但您在客观上摧毁了我这几年建立的精神支撑！我特别难受！想哭！害怕！您那句'治不好了'，对我伤害太大了！我觉得很难受。这会儿的感觉就像被确诊得了癌症一样，没有了干劲，没有了希望，也对什么都没兴趣，对我妈妈也很不耐烦！

"我要怎么办？

"我刚才跟您争执的内容，就是在维系我的精神支柱，因为您是权威，所以您的话和定论对我影响很大！我不想在有限的生命里，去探讨所谓几百年来都没有定论的心理科学，我只想让我的生命过得相对正常。我相信这是精神感冒，不是精神癌症，很多人从感知层面恢复过来了，我也能好起来……"

把时间倒退到我们前几次的咨询。

他是一个成功人士，起码在他这个年纪他已经很能干了。最近他又和投资机构在谈一个大项目，如果这个项目谈成，可谓名利双收，他非常看重这个项目。他因为项目的事情也爽约过咨询，虽然他在心里把咨询这件事看得很重要。

项目到了关键期，他对自己的焦虑症状就更焦虑了。他担心焦虑会妨碍计划，让他不成功，他急于消除焦虑。但我告诉他，这不现实。根据森田疗法的理论，当我们越想控制、越想消除某种情绪或感受时，此种努力就越不会帮我们消除症状，反而会强化症状。他理智上理解和接受我的话，但在咨询快要结束时，他强调了一点："就算不能消除焦虑的情绪，也请帮我消除焦虑的躯体症状，诸如头皮发紧一类的。"

这一次咨询就在这种表面的平静中过去了。但我感受到一点，无论是想消除焦虑的感受，还是想消除焦虑的躯体症状，都是一回事——他无法接纳和包容，他无法接受任何会阻碍他成功的东西，无论是精神的还是躯体的。焦虑，正是让他头疼的"坏小孩"。

基于此，我们接下来的治疗开始变得针锋相对了，虽然之前他一直都表面尊重和认可我的"说教"。

虽然我知道他学过心理咨询，也考过咨询师的证书，但并没有太放在心上。不过这次他又强调了这一点，还补充说他和国内一些心理学名家交流过他对焦虑和心理问题的看法，也得到了名家的肯定。在如此的铺垫下，他开始和我谈起他的治疗理论："我认为，如果一个人的神经可以负重400斤，但因为自己的病态人格，总是逼迫自己努力、追求、奋斗，那么他的神经就会变得紧绷，就会让自己的神经长期处于负重500斤甚至600斤的状态。这种长期处于红线以上的状态就会导致'肌肉拉伤'，就算现在负重100斤，也会不堪重负。所以治疗的关键在于药物和人格的双重改变，首先通过药物来缓解'肌肉拉伤'，接下来通过病态人格的调整，来改变长期的精神压力。通过这两方面的调整，一个人的抗压能力就能得到恢复，他的精神状态就不会如此紧绷，焦虑也会缓解，他的精神压力也不会长期处于红线以上了……"

听起来很完美，真的很完美，似乎天衣无缝，找不到任何瑕疵。按照他的理论，我只需要帮助他改善病态人格，放弃雄心，不再逼迫自己成功，他的压力就缓解了，再加上药物作用，他的"肌肉拉伤"就恢复了，焦虑就减轻了。最终，焦虑就治愈了。

再然后呢？他的焦虑治愈了，就更容易成功了……

不对，按照他的理论，治疗似乎不是在改善病态人格，反倒是利用心理学来消除焦虑，更加确保他万无一失的成功，又落入病态人格和追求的圈套里了。真是"无间道"呀，一不小心就差一点被他"忽悠"，落入这位高智商患者的心理学圈套里了。

这个桥段让我想起若干年前的一位患者，他具有典型的社交恐惧症状，诸如自卑、脸红、不会说话、见人紧张等。在北京经过一年的心理治疗，他的这些症状都得以缓解。缓解之后，有一天他突然想到，自己都已经没有症状了，是不是可以在美女面前表现得完美一些。当他有这样一个想法之后，他整个人就开始紧张起来，他的社交恐惧症复发了。

接下来我和前文提到的那位患者说了这样的话：

"你的理论很有道理，却忽视了一个重要的点。打个比方，月亮绕着地球转，地球绕着太阳转，而太阳又在银河系中……简单来说，就是一个循环包含在另一个循环之中，或一个循环的终点又可以是另一个新循环的起点。具体来说，当面对一件事情时，病态人格不容忍失败，就会逼迫自己努力，结果精神压力过高，陷入焦虑。焦虑虽然是第一循环的终点，但又会成为下一个循环的起点——病态人格无法接受焦虑的存在，毕竟焦虑的存在会成为成功的阻碍。此种不接纳又会加重精神压力，产生'肌肉拉伤'。从第二个循环可以看出，对焦虑的态度最好是接纳，只有接纳焦虑，接纳失败，才能真正改善病态人格，并阻止这个循环无止境地传递下去。

"当然，从理论模型上来说过于复杂，也可以简单概括为一句话：焦虑治不好了。简单明了。"

这一番话摧毁了他之前的理论和精神支柱。就算他的理论有道理，也是一厢情愿地建立在干掉焦虑之后便可以更成功的基础之上，其实这又落入了病态人格的圈套。这样的"精神支柱"非但不能减轻压力，反而只会让他的病态人格与焦虑不断产生对抗与冲突，让事态不断升级，加重病情。

当然，我可以顺着患者的话说，甚至可以用善意的谎言，我都可以。这样做就好像一个吸毒的人，我卖给他毒品，他得到了想要的，而我得到了钱。但这不是心理治疗，不是在帮助一个人，反倒是让他越陷越深，在一个虚幻的"希望"之下越走越远，积重难返。正如一些疑病症的人一遍一遍地跑到医院获得医生对他无病的保证，短期来看，他被治愈了，但长期来看，他的病越来越重。

"焦虑治不好了。"这句话没有错，但他只关注这句话的字面意义，却忽视了背后的深意。根据他的理论模型，改变病态人格是关键，焦虑只是病态人格基础上的产物，要真正治好焦虑，重点在于病态人格的改善，或者说焦虑本来就不是治疗的终点与重点。治愈的标准不在于一个人是否有焦虑症状，而在于一个人是否放弃了他病态的雄心、对完美的要求。

我没有说出来的话是，焦虑治不好了，但病态人格有希望治好。当病态人格真正得以改善，他就不会在意焦虑，不会在意焦虑是好还是不好。对社交恐惧症患者来说也一样，治疗不是消除症状，而是当一个人不再对完美执着，他就可以接纳自己的种种不好，就不会在意症状是否存在，就不必在意是否会影响别人了。就算症状继续存在，也不会在他的内心产生冲突与挣扎了——减轻一个人内心的冲突与挣扎，才是治疗的重点所在。

当一个人过于在意"症状"是否可以好，说明他依然处于病态人格的掌控之中，依然在维系理想化自我与生活的幻想。因此，"治好"成了他的人生支柱，但这样的"支撑"真的应该被摧毁，早该被摧毁。因为这种"支撑"仅仅是用成功来证明价值，用荣誉来逃避恐惧，用肯定来维系自尊，用自负来掩盖自卑，用幻想来逃避真相。他所有的努力不是为了成为他自己，而是为了脱离自己。

有一个细节让我印象深刻，在这位"高智商"患者和投资机构谈项目时，他的聪明得到了很多"大牛"的首肯，他妈妈终于肯定了他。他谈到，从小妈妈不是不肯定他，只是肯定得太模糊、太笼统。而这次"大牛"们对他的肯定，终于改变了妈妈对他的看法。

一个人已经长大了，但他的心也许依然很小。父母已经老去，但父母的影响一直都在，在无意识中影响我们做事和做人。从小父母对我们的要求、苛责、忽视与有条件的爱，无形中成了我们内心的枷锁，形成了焦虑与恐惧。日后为了消除恐惧，为了凌驾于父母的要求之上，我们就必须对自己提出更高的要求，这样才能消除内心的无价值感。因此，他才会对"治好"如此执着。

因为阻抗的存在，治疗师的话往往会被患者误解，甚至会令其产生怨恨。此时，治疗师需要花更多时间，才能帮助他看清"自己"，并放弃"治好"的幻想。

一位患者给我发来了这样的邮件：

"我都咨询快两个疗程了，对咨询师抱的希望越大可能失望也就越大吧！这个疗程结束后我不想再咨询了！我觉得王老师的书写得挺好，但咨询总是让我觉得废话太多，不够简洁明了、直入人心。咨询并没有解决我的问题的根源，没有引导，只是分析，我的症状没有消除。所谓医者父母心，这些钱对我这个普通老百姓来说很重要。我吃饱了没事，花钱为心理咨询事业做贡献呀？况且这些对我又不起作用，所以我还是另寻他法，相信总会找到一个懂我的人。我要的是快速有效、直捣黄龙、简洁明了的咨询。我面对不了无法消除的症状，对无效的咨询抗拒、失去耐心！现在心理咨询都没用，都是骗人的。"

当然，她来治疗是为了找寻消除症状的方法，虽然我给了她方法，却并不是她想要的。她心理淤堵的原因是过去和现在的生活中有太多的事情不能随心所愿，她和自己、他人及生活之间产生了深深的裂痕，感到怨恨。她希望生活可以像15岁时一样，可以对未来有各种憧憬。

"曾经在学校我也是个踏实、勤奋、认真的人，守规矩，是父母眼里的乖乖女，老师眼里的好学生。我虽然算不上很优秀，但作文写得好，经常被当作范文读，在班上有'四大才女之一'的称号。学校报社的老师还让我当了编辑。我爱好写作，每当被问到将来的理想时，我就会说当一名优秀的新闻工作者……"

后来，她因为早恋而无法安心学习，她的大学梦和编辑梦最后都破灭了，现在只做了一个家庭妇女，每日柴米油盐。她抑郁、心里淤堵了，她无法接受这样的现实与平凡的自己，所以我们相遇了。

"在当今社会，想找一所有实力的心理机构犹如大海捞针，他们只做咨询，很少关注并深切体会患者的心情与痛苦，有的甚至专业水平不够，很少切中要害，为患者寻找事实真相。我相信王宇老师是一个兼具实力和敏锐的洞察力，又与患者感同身受的人。"

看到她在信中如此评价我，我不是高兴，而是恐慌。我知道她把太多希望寄托在我的身上，又无形中过于美化了我。我担心她发现我没有她幻想中的"魔力"时，对我的看法会立即转向另一个极端。

我虽然预感到了结局，但基础工作还是需要做的——资料的收集、相互的了解、成长经历的分析、患病过程的分析。当然我也希望"万丈高楼平地起",但这只是神话而已。

随着治疗的深入,我越来越感到,她似乎把治疗当成了救命稻草,当成了成功学。她来治疗就是让我帮她圆梦——圆当初那个没有实现的梦。

"我昨天晚上又做了个梦,好像又是我的潜意识在告诉我意识层面所意识不到的东西,我觉得梦境可以反映我内心的真实想法。我梦见我回到家里一直闷闷不乐,父母问我怎么了,问我还有什么心愿没实现,要我说出来,他们帮助我实现。我就想为什么我过得不开心。哦,原来我心里一直记挂着那年从学校不辞而别后就再也没有见过的同学们,我想知道那年夏天我到底考了多少分,在梦里我好像参加了高考,我想知道被哪所大学录取了。后来我被孩子的哭声惊醒,便醒过来了。其实,自从那年退学后我就一直不开心,耿耿于怀,一直记挂自己没有参加高考。这一切好像成了梦魇,成了我这么多年来不开心的原因。似乎只有回到学生时代,回到18岁才可以找回真正的快乐。我就像是折断了翅膀的天使,最后变成了坠落到地狱的恶魔。看来这13年,我不仅为之付出了惨重的代价,内心还对过去无法挽回的事情一直耿耿于怀。我一直不开心、不快乐。我好像亲手将自己与这个世界刮开了一道裂痕,与这个世界失去了联结,心里永远有那么一道口子和裂痕,所以生命才显得如此残缺。"

她的人生被"改写",所以她一直不快乐,一直都在逃避现实,也一直都没有脚踏实地地活。她就好像"折翼的天使",依然幻想回到"天堂"。

这也是她来治疗的目的——找回人生理想,重拾当初的梦!

她认为当初如果没有退学,她现在的人生注定不同——她应该坐办公室,成为一个高级白领,过着文艺与小资的生活,不用为钱发愁,而老公也应该更优秀，更能挣钱，给她无忧的生活。现实却是她没有文凭，只能做站柜台的工作，挣着微薄的工资，生活困顿，整天为柴米油盐烦恼。

越是无法接受现在、无法接受现实，她就越是纠结过去，悔恨当初，痛恨那个害她失去了这一切的初恋对象——对过去的念念不忘，就是对现在生活的不满与愤怒。她不能接受自己只能做着卑微的工作，领着微薄的薪水，还要承担繁重的家务。这一切都不是她想要的，不是她所期待的。

但心理治疗不是成功学，它不能让一个人更成功，也不能改变过去、改变命运，它只能帮助一个人面对现实，接受命运的安排。

因此，她对我、对治疗的不满开始多了起来。

"王老师，我感觉来这里咨询之后反而病情越来越重了。我昨晚做噩梦，梦见有个我不敢面对的邪恶的东西压在心口上，压得我喘不过气来，梦里我拼命地想逃避，向阿弥陀佛祈祷。我总是听您分析，可我还是不懂，我觉得自己没有多少耐心了，您能不能给点建设性的方法和意见呀！

"我真的是一筹莫展，我记得刚从学校出来时也做着同样的梦，很多次梦见魔鬼掐着我的脖子，很可怕，我无法挣脱，拼命挣扎，告诉自己这只是一场梦。这个魔鬼是我无法掌握的命运，还是一直折磨我的抑郁？我不得而知。

"求知和转变真的如老师书中所写一样，是一个痛苦的过程，等待也是一个痛苦的过程。但这个过程好难呀，心理淤堵，心里面就痛呀，一痛心情就开始烦躁，天天跟家人发脾气，您说我能有耐心吗？"

压在她身上的正是她无法掌控的命运与无法改变的过去，这一切好像魔鬼一般掐住了她的脖子，让她无法呼吸。她紧紧地抓住幻想（才女、白领、小资、大学、圆满）不放。她无形中把我和治疗当成了她圆梦的工具。

她不愿意放弃对美好生活的执着，也不能放弃过去对才女的幻想，在最黑暗的日子里一直是幻想陪伴着她，给了她希望，给了她支撑——是幻想给了她自尊、自信以及活下去的勇气。她变得越来越焦虑，越来越没有耐心，对治疗也越来越失望。

幻想成了她的救命稻草，她在骨子里太自卑，太缺乏自我价值，一直都没有被爱过，所以她的内心是恐惧的、孤独的、空洞的。而这一切的伤痕，必须用幻想，用幻想中的成功，用幻想中的才女形象，用另一个本不存在的女孩、杜撰出来的优秀形象来填补，让自己相信那就是自己，那才是生活。

有时，她也会发现自己太固执，也会反思我所说的话。但当恐惧袭来，她又再次躲到了她的完美幻想之中，而痛恨这不如意的一切。在骨子里，她依然把"治愈"当成解药，幻想治好了就一切都好了，她又可以成为当初那个才女，生活又可以随心所愿，她不必再直面生活的困苦与艰辛。其实这也不能全怪她，毕竟她内心的伤口太深，她只是在试图救赎自己，虽然方法与方向是错误的。

"昨晚我做了个梦，梦可能与潜意识有关吧。早上，我被老公摇醒。我正在梦里和我父母吵架，在无比伤心、撕心裂肺地大声哭泣。他在旁边听到我抽泣，看到我还在流眼泪，就把我摇醒了。我一边说原来是在做梦啊，一边还在流泪。可能大脑潜意识里被压抑着的那些有关过去的过多悲伤，还有对父母的抱怨、责怪等情绪在梦里得到了发泄，醒来之后我的情绪不那么激动了。我只记得在梦里很激动，哭着对他们控诉，哭得撕心裂肺。梦里，我好像在和妈妈吵架，然后爸爸在旁边也不帮我，也不过问，表情冷淡，漠不关心。我好像又受到了妈妈的责骂，像小时候一样,她又在折磨我,骂我这没用、那没用。我很委屈,很伤心,实在忍不住,跑到他们跟前大声骂道:'你们从来不反省多年的错误,如今我孩子都这么大了,你们还是这样骂我,你们知道我心里的痛苦是怎么造成的吗?都是因为你们。'总之,当着他们的面对他们说出了埋藏多年的心里话。我在梦里边说边撕心裂肺地哭,只知道自己很委屈、很悲伤、很痛苦。就像小时候妈妈折磨我时一样。原来,我对她是有怨恨的。"

当孩子长期被否定,在骨子里她就无法接纳自我,接着就会在头脑中杜撰,也会在现实中努力创造一个"全新的自我"。因为只有这样她才能摆脱软弱无能的自我,摆脱过去的种种失败和伤害。就像她内心有一个空洞,总是需要被填补……

梦已经醒了,但她依然不想醒来,依然想继续做下去,她怨恨那些打扰了她好梦的"噪声",当然也希望我可以继续"催眠"她,让她继续做好梦。

但我想对她说的是:"放下吧,一切都过去了,你所执念的原本就是海市蜃楼般的幻想,是自编自导的闹剧而已。关键在于你一直都不接受你自己,和当初你的父母一样。继续逃避自我,只是在继续之前父母施加在你身上的罪行而已。你现在的重点不是'治好',而是如何脚踏实地地活,如何在现实中面对自己的平凡,如何在内心深处接纳那个可怜的、受伤的女孩。""治不好了"并不是一种消极的情绪,而是一种放弃幻想、直面现实的勇气。对她而言,只有放弃对"梦想"的执念,才能重新开始生活,不再被父母带给她的伤痕继续牵绊。

患者幻想通过治疗来达成"希望",却最终变得"绝望"——他无论怎样做,都无法成为他想要成为的人。他不得不意识到,治疗能做的不是帮他达成"希望",而是直面"绝望"。他也许会对治疗不满,但随着治疗的深入，他会慢慢体会到，对幻想的"绝望"才是新希望的开始。

一位患者写道："王宇老师您好，我来就是想圆梦的，想变得比别人都强。我现在就要实现梦想，不可以吗？您不能给我圆梦吗？我自己圆梦可以吗？"

答案是：不可以。正是因为一直活在梦中，你才会对自己与现实如此恐惧；正是因为一直幻想被治愈，你才一直沉浸在"方法"中而脱离生活；正是因为一直把病态的执着当成人生的支撑与希望，你才让内心的冲突愈演愈烈……只有放弃"圆梦"，才有接纳自我、重新开始生活的可能。

第十六章

所谓"上进心"

当一个人执着于金钱、权力、名誉、地位、被爱时,他就会盲目地认为这些就如同"好好学习,天天向上"一般无可非议。当有人指出他的症状正是这样的执着的产物时,他往往会反驳道:难道这不是人类进步的动力?每个人不都是这样活?哪有人不要面子、不在意别人看法的?把自己变成一个更好的人难道还有错?人没有理想和咸鱼有什么区别,还不如死掉……

一位患者也是这样直接地表达了对我的控诉(治疗上的阻抗):

"王老师,昨天我很高兴,终于找到您为我治疗,家里一直给我找医院,我都拒绝了,我认为他们不会对病人用心,现在大多数医生都这样,而我看了很多您的视频,我一直坚信您是很关心我们这类心理患者的。

"昨天接受完治疗,我很纠结、难过。您说得很到位,指出了这么多年我没想明白的事，就是我之所以在别人面前活得很虚伪，是因为我始终要求自己要做怎样的人。但是我认为想要做一个优秀的人没有错，只是我当初操之过急，承受了很多我承受不了的东西，导致我失去了信心，开始怀疑自己而变得不自信，而我不接受这样的我，就像有两个自己，我想要去掩盖不优秀的自己。

"对，我是应该接受和面对不优秀的自己，即便是这样，我也应该抱有对未来的憧憬。现在的人基本不缺吃穿，更需要的是精神食粮。您却告诉我，不要继续执着于此，您连我最后的一点希望也剥夺了。

"我虽然患了社交恐惧症，可我在人前总的来说还是一个不错的人，只是过不了自己这一关。我25岁，身体健康，没干过伤天害理的事，唯独有了一点心理问题。我以为心理医生会为我们塑造一个健康、阳光的心态，但我的希望怎么在您的口中是那么遥不可及和不自量力呢？

"您说的话的确对我的病很有帮助，我认识到不能总是要求自己做怎样的人，也许这样我的心理障碍会好起来，但这把我变成了一个不求上进的'真残疾'。"

虽然他信中的话有些偏激，但也真实反映了患者的心声——每个人都是抱着变得更好的期望来做治疗的。但当"变好"在我看来是一种"恶智"时，患者往往会诧异、不解，甚至对我充满怨恨。

写这封信的男孩，本来过着无忧无虑的生活，不过上中专时一次竞选学生会干事，他因为紧张而说不出话来，从那之后他就非常在意自己在人前的表现。去单位实习，他虽然年纪小，却逼着自己表现得老成和稳重，整个人就像是"特工"，生怕露出一点幼稚的迹象。没到三个月他就不干了，整天表演比他的本职工作还累——一开始仅仅是和领导在一起紧张，担心不能给领导留下好印象，后来慢慢泛化到所有人。一开始，他的"上进心"表现为给他人尤其是重要的人留下好印象，结果他把普通社交变成了舞台。后来，在人际交往中经常出现紧张的状况，他的"上进心"又表现为，在人际交往中不要紧张和焦虑，要表现得淡定自若。他压根就做不到，最后不得不把自己封闭了起来。当我劝告他放弃这样的"上进心"时，他开始对我、对治疗失望了起来。

其实，很多患者都是因为无法实现自己"上进心"所要求的，才求助于治疗师。比如，一位患者在一次考试时，因为老师说了句"还有五分钟，你怎么还没有写完"，他就慌了起来，后面写的字就有些潦草。之后他认为如果字写得更好，就可以取得好的成绩，从此他开始苦练书法，也参加了书法培训班。这样的努力不但没有让他写出更好的字，还让他的成绩变得更糟——他已经不是在关注写的内容，而是关注书法本身。越是关注书法，他越担心写不好，结果就真的写不好了。另一位患者从小人际关系还不错，后来学习汽修被师傅骂，说他笨，结果他就想成为有能力、成功的人。从此，他就观察成功的人是怎样的一类人，后来他发现要成功，口才就要好，于是他就逼着自己出口成章，但最后他反倒不会说话了……

从这些例子中我们会发现，其实患者原本过着平静的生活，但平静被"上进心"所打破——他逼迫自己更好、更优秀、更成功。此时，他没有反思这种"上进心"的病态，反倒责怪自己不中用。当我谈到要接受一个平凡、有缺点、有不足，甚至有"症状"的自己时，患者往往会认为这是"负能量"的话，并且极力为自己的"上进心"辩护，比如：难道上进心有错吗？难道不能努力把自己变得更好吗？为何别人有上进心就是对的，而我有上进心就是病态？

在回答这个问题之前，我们先回顾卡伦·霍妮在《自我分析》中是怎么为这些神经症的需求（所谓上进心）分类的：

对爱与被认可的神经症性需求

不加区分地取悦他人、讨好他人和希望被他人认可的需要；

不由自主地迎合别人的想法；

注意力的中心在别人，而不在自我，把别人的愿望和意见视为唯一重要的事情；

害怕张扬自我；

害怕别人的敌意或自我内部的敌意感；

过高地估计"爱"的作用，"爱"被认为能解决一切难题；

害怕被抛弃；

害怕孤独；

保持低调；

害怕提出任何请求；

害怕显示自己膨胀的欲望。

对权力的神经症性需求

为了支配别人而去支配别人的需要；

通过扮演某种角色而不是因为自己的喜好而去献身于事业、义务、责任；

基本上不会尊重别人，不尊重别人的个性、尊严、感觉，唯一关心的是他人的服从性；

盲目崇拜权力与实力，蔑视弱小或缺点；

害怕局面失控，害怕无能为力；

害怕"蠢笨"和错误判断。

利用或剥削他人、不择手段以求挫败他人的神经症需求

评价别人主要依据他们是否可以剥削或利用；

以利用他人为荣；

害怕被利用，因而担心成为"傻瓜"。

对社会认可和社会声望的神经症性需求

对所有事物，仅以声望值来评价；

自我评价完全以公众接受度为准；

害怕失去社会地位（丢脸）；

自我形象膨胀；

需要他人敬仰，害怕失去别人的赞赏。

对个人成就的神经症性需求

优于他人的需要；

以成为最佳（最佳情人、最佳运动员、最优秀作家、最佳职员等）为标准来评价自己，尤其在自己的心中，别人的承认与否也至关重要，一旦得不到别人的承认就会愤愤不平；

各种破坏性倾向（挫败他人的倾向）混为一体；

严酷而无情、不计后果地驱动自我以求更大的成就，尽管一直伴有一种广泛性焦虑；

害怕失败（耻辱）。

对尽善尽美、无懈可击的神经症性需求

无情地追求十全十美；

对任何可能的瑕疵都进行反思和自责；

自认为完美无缺而觉得高人一等；

害怕在自我内部发现缺点或害怕犯错误；

害怕批评与指责；

对完美道德无限崇尚，并因此束缚自己。

霍妮接着谈道，重新审视这些倾向时，需要重点考虑的一点是，它们所暗含的需要和态度本身，并没有一个是"变态"的或者是缺乏人性价值观的。我们大多数人都需要被爱，并且感激被爱，需要自我控制、谦虚礼貌、体贴他人。这些看似是"正常的"或具有美德的。鉴于以上事实，有个问题必定会一再被人们提出：为什么这些倾向被称为神经症？这些需求难道不是那些具有不同价值、不同生活方式的人之间既有差别的表现形式吗？

那些基本的人性需求与它们相对应的神经症倾向之间似乎目标相似，但它们的根据与含义完全不同。这种差别几乎像"+7"和"-7"之间的差别一样大："+7"和"-7"都有一个数字"7"，就像大家都使用的同一个词语，具有相通的感情色彩、理解意义和加工过程，不过前缀符号改变了它们的性质和价值。

接下来我就继续谈谈"+7"和"-7"之间的区别。

第一，正常的上进心是一种"希望"，而病态的上进心是一种"逼迫"。每个人都希望变得更好，但不是要求，更不是强求。我们希望成功，希望优秀，但不是要求一定要达到。希望自己成为怎样的人没有错，但要求自己成为怎样的人就大错特错了。比如，一位男性患者在人际交往中话不多，结果他要求自己成为一个能说会道、被所有人欢迎的社交能手。按他的话来说就是，要变得比那些会说话的人更会说话。当然，这种逼迫不但没有让他变得更会说话，反倒让他对说话更感到恐惧，更讨厌自己。

其实，这就像是对待"安全"一样，我们只能希望自己"平平安安"，但却不能要求"万事如意"。一些患者会反驳说，自己的要求也不高呀，毕竟普通人都可以做到。其实患者眼中的"普通人"一点都不普通，并没有各方面都不比别人差且和每个人都能处好关系的"普通人"。"我的要求不高，普通人也能做到"仅仅是一种掩耳盗铃式的自欺。当我们拿"普通人"当借口，只是看到了他的优点，而无意识地忽视了他也有不尽如人意之处。

第二，正常的上进心是兴趣，而病态的上进心是手段。当我们喜欢一件事情，自然会多花精力做得更好，这种努力是出于对这件事本身的热爱。但病态的上进心只是通过把这件事情做好来证明自己的"优秀"，他只是通过"吾必完美"来维系理想化自我的幻想。这两者的区别在于：一个是因为爱，一个是出自怕。

自我实现是在发自真我需要的基础上，努力实现自己的潜能，并且能够用真实的情感与他人及这个世界相处。此时，他爱一个人并不是为了填补内心的空洞；他做一份工作是发自内心的热情；他做自己，而不是隐藏真实的自己以给人留下完美的印象。简而言之，他活得真实、真诚、自然。虽然他不够优秀、不够完美，但他的幸福是来自他能够接纳真实的自己的满足感，而不是活在虚荣之中的优越感。

病态的要求则是减轻他内心焦虑的手段，如果不能达到他就会被焦虑淹没——陷入内心冲突时，他往往夜不能寐、噩梦连连，他会梦到从高处跌落，或被人追赶，但怎么跑都跑不动。此时，他就像一个囚徒，他不得不做到这一切，不然他就感觉要落入万丈深渊。病态的上进心仅仅是一种减轻自己内心焦虑、维系自负幻想的手段，虽然它表面上是一种人类的纯真情感，其实不过是一种夸张的模仿罢了。

第三，病态的上进心是虚假的。他只是为了安全感才表现出无限的热忱，在他内心没有真实的感情，无论是对事还是对人，抑或是对他自己。他为了人际和谐做一个老好人，不代表他真心接纳他人；他为了权力而执着，不代表他热爱事业；他表现出善良与美德，不是因为他心中充满爱……这一切不过是对完美的表演，不是出自内心的情感。

这一切仅仅是为了外在的完美，而非内在的发展！一些学生因为无法保持优异的成绩而逃避学习与学校，更无法接受上不了重点大学的结果，看似他是一个有上进心的学生，但这不过是出于一种无法接受自己不如人的恐惧。他所做的一切不过是把自己装扮成一个优秀的人，他不愿让别人发现真实的他。

第四，病态的上进心具有盲目性。他就像一个饥不择食的人，不加选择地执着于可以给他安全的东西，不管是否现实，也不管自己有多么盲目。通常在外人看来荒唐是显而易见的，他却可能置身迷雾之中而不知，正所谓"当局者迷，旁观者清"。

一些人在学习和工作中只有对目标的执着，非常拼命，但不切实际。比如，一个成绩平平的人要求自己一定要考上清华，只有当他的身体或精神垮了之后才被迫停下来。因为他的执着和盲目，他也容易被诱惑。一位男性患者为了发财，投机取巧。最后一次咨询，他还和我大谈如何短时间内赚到大钱。虽然我提醒他要收手，这太不现实，但他依然坚信可以成功。之后他因触犯法律进了监狱，从那之后我再也没有见过他。

> 这些追求对患者越是不可或缺，它们的实际价值越是可疑，患者必会越发强烈、越发坚定地去捍卫它们，并证明它们是合理的。因此，一个人用"正当"的盔甲把自己包裹起来，他不仅会为自己的权利争辩，说它是正确、合理、正当的，同时也不会承认他所做的任何事情（哪怕是极细微的琐事）是错误或是可疑的。种种神经症倾向居于精神障碍的核心位置，但患者通常并没有意识到正是这些神经症倾向驱动着他的整个生活。
>
> ——卡伦·霍妮

正常与病态的"上进心"不是量的区别，而是质的不同。因此，并不是少一些就好了，而是要想清楚你为什么这么做。就像希特勒和爱因斯坦都有"上进心"，结果却有很大的不同，他们的无意识动机有所不同：前者是想通过获得权力把他人踩在脚下；而后者是出于对所从事工作的朴素热爱。真实的追求与病态的逼迫，一为"自发性"，一为"强迫性"；一为承认有限，一为幻想无限；一为进化的感觉，一为专注荣誉的结果；一为实质，一为外表；一为真实，一为幻想。一位患者写道："心理疾病真是个复杂的东西，我在反思中更新着对自己内心的认识。我想我听到最多的是接受自己，但最跨不过去的也是这个。不过，今天我突然感悟到：追求更好的永远不是终点，成为更好的自己是个大陷阱，我根本不会真正地平静、停息、体会到快乐。"

一些急于"治好"的患者，当发现自己竟然有如此多的病态要求，就会"要求"自己马上正常起来。因此，他会突然变得对自己没有任何要求，成了一个无所求的人、一个与世无争的人。但这依然是被"要求"所控制，依然是在要求自己成为一个没有任何问题的"正常人"。

一位读者写了这样的留言：

"我总结了，人要想摆脱对虚假自我（荣誉、地位、金钱、受欢迎、被认可）的追逐，最简单的一件事就是不求上进、不思进取、醉生梦死、安于现状，做一个最普通、平常的人，最好是只会照猫画虎，重复做机械的劳动。但凡天资聪颖、勤奋努力、想改变命运的人都会有神经官能症，因为他有一个理想自我在呼唤他、驱使他，特别是当他还能从中得到好处的时候，就更加执着。所以必须有一切归零的勇气，提醒自己一切死不带走，都如梦幻泡影，只有内心的平静与自我的认可才是活着的真正意义，也是最能达到的。"

从逻辑上来讲，"上进心"导致了病症与冲突，那么不要有上进心，做一个最普通不过的，甚至没有任何追求、醉生梦死、安于现状的人，才是最健康的。但凡有追求、想改变命运、有所期盼，都是理想自我的召唤。

然而，事情并不是这样简单，一个有非理性追求的人与一个混沌度日的人也许都是病态的，只是表现形式不同而已。比如，一位非常在乎成绩和别人看法的男性患者因为一次考试不理想，突然变得不努力了。他逃学、玩游戏，和之前判若两人，整天活得如行尸走肉一般。他表面上放下了对名利的追求，不再逼迫自己，实际上他只不过是在逃避失败，依然是在变相维系他的虚荣心——不是我不优秀，只是我没努力而已。

一些人发现自己的要求是病态的，马上就不对自己有任何要求，抑或是放下一切，不再有任何愿望，成了一个"淡如水"的人。他就像一个慌不择路的逃难者，压根就没有思考，只是一味地逃避。如果没有反思，只是傻傻执行"命令"，那么想必他将一无所得。

只有当我们越来越意识到自己对自己的各种暴行，领悟到自己的幻想，知道自己的恐惧，明白自己一直在自欺，并体会到所谓的"追求"就是一种病态执着的时候，我们才能从"心"出发，而不是从"应该"出发——此时我们追求什么或放弃什么，是依据我们的真心与情感，而不是被恐惧驱使。

"上进心"本没有错，错在你利用上进心来逃避现实，维系幻想，找到安全。正如你对爱、权力、地位、荣誉的依赖一样，这些都成了你的"盔甲"。"盔甲"虽然给了你暂时的安全，却阻碍了你成长——不直面伤痕，何时才能医治伤痕？只有当我们敢于直面内心的伤痕，才能还原上进心的本质，而非沉浸在所谓的"上进心"之中自我欺骗。

症状存在与人格扭曲

患者往往只在乎看得到的症状,却不曾注意到人格的病态。症状与人格之间的关系就像枝叶与树根的关系,如果不深入剖析症状,不顺藤摸瓜发现人格病态之所在,只是期盼症状的消除,那么只会让问题更复杂难治。

其实,症状的存在反倒是好事,如果症状潜伏起来,那么骨子里的"细菌"会更加泛滥却又不自知,结果是一步一步陷入深渊而无法自拔。症状仅仅是表象,如果仅仅从症状的角度进行治疗,只会陷入死胡同。患者的症状往往并不固定,会出现一个症状取代上一个症状的情况;有时症状无论如何都无法消除,并且越努力消除症状,反倒越会加重病情;最后就算外显症状消失,它依然会以其他形式表现出来。因此,治疗的重点在于对病因的探索,而非表层的症状。

随着工作年限的增长,一些当初的患者陆续又回到咨询室寻求我的帮助。他们当初求治的症状虽然缓解了，但人格的扭曲并没有得以改善，后续又产生了新的症状。如果不从人格入手，就无法得到真正的治愈。

下面来看一位与我时隔七年再相见的患者的治疗经过。

七年前我们刚认识时，他存在诸多社交恐惧的典型症状，比如，见人紧张，和异性在一起放不开，别人说一些他不愿意听的话他也不敢反驳，总是一副老好人的样子。并且他即将大学毕业，非常担心这样的状态会导致找不到工作，无法适应社会。我们就是在此种情况下开始了治疗。

当然，这一切和他的家庭有很大关系。在农村长大的他本来无忧无虑，但后来母亲改嫁，而继父不允许他再和以前村子的人来往，也舍不得为他花钱，每次要交学费时他都感觉自己像要饭的一样卑微。不仅如此，在学校他还被人打过，也不受老师重视，他越来越自卑，慢慢封闭了自己，和别人交往也找不回之前的快乐。到了大学问题更严重，他脸上开始长痘，整个人更紧张，担心别人看不起他，最后课都不敢去上了，朋友也越来越少。但眼看要毕业，不能再这样混下去，他必须面对自己的问题了。

在治疗初期，我们尝试了各种针对症状的治疗，比如，用认知疗法调整负面的、自我否定的想法，用行为暴露疗法在紧张的情景中脱敏，用森田疗法"接纳"紧张和焦虑的体验……

这一切努力似乎有效果，又似乎没效果——他接受治疗后情况好了一些，但隔了一段时间又是老样子，疗效并没有得到巩固。他又面临着毕业找工作，所以我们的治疗不规律，最后他离开了南京，我们的治疗也终止了。

时隔七年之后我们又相见了，他的问题又有了诸多戏剧性的变化，他又预约了一次治疗，我才对他后来的生活和治疗轨迹有了更多的了解。这让我进一步了解了他，也发现当年的治疗错误是因为我一直被他牵着鼻子走，被表象所迷惑……

当年结束治疗之后，他的症状依然没有减轻，他在工作的地方又找了一位收费昂贵的治疗师。虽然他对此寄予厚望，但结果依然没有达到预期。后来因为他的工作总是要出差，所以治疗了一段时间后他又放弃了。

但这不意味着问题解决了，人际关系的问题、胆小的问题、畏畏缩缩的问题、自卑自闭的问题依然存在，他只能带着症状生活。有两件事情对他找回"自信"起到了关键作用。一是在工作上，他开始是学徒，经常被师傅骂，后来终于媳妇熬成婆，他成了师傅。他在工作中不再表现出畏畏缩缩的样子，反倒变得趾高气扬，工作圈子里的每个人都必须尊重他，每个人都必须给他面子，他的脾气变得很大，领导都要让他三分。二是因为对和异性交往的恐惧，他没有自由恋爱，而是在老家相亲认识了一个漂亮女孩。一开始他依然非常紧张，但这个女孩喜欢他，女孩对他的接纳，慢慢消除了他的恐惧，后来女孩嫁给了他。在这件事情上的成功也帮助他消除了对和异性交往的恐惧。

他痊愈了，终于达到了当初我们刚认识时的治疗目标，找回了自信。周围的人也非常尊重他，就连当初不待见他的继父现在对他也很重视，他工作收入高，还在老家给父母买了新房。妻子也非常好，在家里带孩子，一切都很完美。

按道理，故事应该结束了，白雪公主与白马王子过上了幸福的生活。但不要忘记心理学家霍妮说过的话："人格性神经症乃是潜伏的慢性过程的结果，通常形成于童年时代，并且或多或少、或强或弱地影响人格的各个部分。表面上看，人格性神经症也可以由实际的情景冲突所致，但仔细收集病史就会发现，种种病态的性格特点早在任何困难情景产生之前就已经出现了，而眼前的暂时困境，本身在很大程度上就是由那些先前存在的人格障碍导致的。我们可以形象地说神经症症状并不是火山本身，仅仅是火山的爆发。而导致疾病发生的冲突是深藏在个人内心深处而不为人所知的部分，正如火山一样。所以，治疗的重点不在于症状，而在于性格紊乱本身，因为人格的变态是神经症中持续存在、反复发生的现象，而临床意义上的症状可能不断变换。"

他人格的病态并没有真正消除，他只是用成功维系了自负，用荣誉加强了自尊，用别人的尊重掩盖了自卑，他依然没有真正接纳他自己。这导致两种危机的存在。一是当成功无法维系，他就落入比之前更强烈的自恨之中；二是用成功和荣誉找到"自信"就像吸毒一般，永不满足，需要持续不断的、大剂量的成就才能维系这个泡沫。就像泡沫经济一样，一旦开始就停不下来，并且迟早有一天会破灭。

在消除症状之后，他不出我所料地尝试了更多、更大的成功计划：他开始炒股，但因为家人的反对放弃了；他之后研发软件，但因为不是业内人士，赔得一塌糊涂；他又想辞职开店，目前正在筹划中……不仅如此，在情感方面也出现了问题，他遇到了一个更漂亮的美女，于是有了离婚的想法，只是苦于找不到一个合适的离婚理由……

当问到他为何要如此折腾时，他说心里想要的是更大的成功、更多的尊重、富甲一方……

到此，这似乎是一个典型的成功学案例——心有多大舞台就有多大。一些伟大的人正是从这些异想天开开始的，比如马云、乔布斯、盖茨，他们不都是从这样的幻想开始，开创了一个崭新的时代？而我如果让他放弃，就似乎是扼杀了一个天才似的。

但事情远没有表面看起来这样简单，一个细节引起了我的注意。他工作表现突出，被调入总部工作，这本来是一个很好的职业发展方向，收入也有了大幅提高。但他只干了半年就放弃了，他无法很好地协调和领导及下属的关系，于是旧病复发，在工作中他又变得紧张兮兮、畏畏缩缩，只好又逃回之前的技术岗位，回到那个给了他"自信"的环境中。当然，我们也可以说他的选择是明智的，人贵有自知之明，选择适合自己的很重要。但深入分析就会发现，他是一个无法承受失败的人，他一直都在逃避失败。比如，他这几年一直试图创业，最后都是虎头蛇尾地放弃了，也可以印证这一点。

就算他获得更多成功，带来的也只是更大的自我膨胀，而非真正的自信。沉浸在对成功的幻想之中，会带来一个副作用——对失败更加恐惧。他的所有表现都提示着一点：他已经沉浸在对荣誉的追求之中，迷失了自我。

所以，我建议他放弃这一切计划，如果继续折腾下去，很可能就会失去所拥有的一切，失去原本幸福的生活。但我知道，这样的苦口婆心也许是徒劳的，他就像赌徒一般，不遭遇重大失败，是不会反省与悔过的。正如一位女性患者告诉我的，虽然知道自己不应该以一个完美女人为标准来苛责自己，但过去在每个人生阶段她都是最优秀的，过去的成功给了她光环，给了她价值，给了她荣誉，给了她极大的满足。她宁愿被逼迫，也不愿放弃。放弃了，就意味着"女神已死"。

如果一种神经症倾向获得了满足或者有希望得到满足，那么这种倾向会更难以治疗。比如，需要被爱拯救的人，如果有一个人可以去依赖；需要成功、地位和被别人仰视的人，如果获得了地位和尊重；试图把自己变得完美无缺的人，如果可以维系表面的完美……他就绝不会意识到这其实是一种病，除非这些支撑被现实打破。比如，一位患者的爸爸给他留了千万元财产，他可以不工作，可以过着随心所欲的生活，还有一个丫鬟似的女友。他不必面对现实中的不足与失败，他可以活在用金钱堆砌的城堡里。除非他没钱了，不然他无法被治愈。

因为时间有限，当我们要结束治疗时，我送给他一本我做过笔记的《我们时代的神经症人格》，并折上了我希望他重点看的章节：

对权力、声望和财富的追求

统治和支配他人的愿望，赢得声望和愿望，获得财富的愿望，其本身显然并不是病态的倾向，正如希望获得爱的愿望本身并不是病态的愿望一样。但当对权力、名望和财富的病态追求被用来作为对抗焦虑的保护措施，以对抗自觉无足轻重或被他人看得无足轻重的危险时，对权力和荣誉的追求就成了一种逃避焦虑的手段。而且神经症患者形成了一种顽固的、非理性的权力理想，这种理想使他相信：他应该能够驾驭一切，无论多么困难的处境，他都应该立刻能应对它。这种理想渐渐与骄傲联系起来，其结果是神经症患者不仅视软弱无能为一种危险，还视之为一种耻辱。他把人分为"强者"与"弱者"，崇拜强者而蔑视弱者。因此病人有一种迫切需要吸引他人注意、受到他人尊敬和崇拜的愿望。他会产生以美貌、以聪明才智、以某种出色的成就来打动他人的幻想；他会毫不节制、挥金如土；他会不惜一切地学会谈论最近畅销的新书和最新上演的戏剧，会竭力认识一切显要人物。他的全部自尊心都建立在他人对自己的崇拜之上，如果得不到崇拜他就会一蹶不振。由于他极其敏感，由于他老是感到屈辱，人生对他遂成为一场永恒的苦役，不管他是否意识到这一点，他都会以一种与痛苦成比例的愤怒来对此做出反应。正因为如此，所以他这种态度总是不断产生新的敌意和新的焦虑。

严格地说，对权力的正常追求来自力量，而对权力的病态追求则来自虚弱。

禁闭岛：幻想与现实

电影《禁闭岛》改编自美国小说家丹尼斯·勒翰的同名小说，由马丁·斯科塞斯执导，莱昂纳多主演。

故事发生在1954年，莱蒂斯是一位参加过第二次世界大战（简称"二战"）的美军战士，"二战"以德国阵营的失败而告终。作为美军士兵，集中营的经历对莱蒂斯的人生观造成很大冲击，让他患上了严重的战后综合征。

同时，莱蒂斯也是三个孩子的父亲。"二战"结束后，莱蒂斯回到美国，担任了治安官一职。因为"二战"中受到的深深创伤，莱蒂斯酗酒并疏于照顾患有重度抑郁症的妻子，妻子为了引起他的注意，放火烧了城中的公寓，一家人搬到湖边小屋。

搬家后，莱蒂斯仍然对妻子不闻不问。有一天回家，莱蒂斯发现妻子将三个孩子溺死在湖里。悲痛欲绝而失去理智的他，或者也是想帮痛苦的妻子解脱的他，开枪打中妻子腹部导致妻子死亡。他放火烧掉自己的房子，自己也精神失常，变成了一个患有精神分裂症和极度妄想症的精神病患者。

法院收审了莱蒂斯，他虽犯有杀人罪和纵火罪，但因为患有精神病，因此不能被判处死刑，他被关押至禁闭岛。

禁闭岛是一座全世界独一无二的岛屿，它收治犯有重罪并同时患有精神病的犯人兼病人。岛上不仅配备警卫，同时还有在当时的精神病治疗领域非常优秀的医生。

精神分裂的莱蒂斯，为了逃避现实中的痛苦经历，在精神中塑造了另一个自己，并孕育了一个完整的故事——他将现实中自己的名字重新排列，为"新"的自己命名为泰德，他幻想自己被指派到禁闭岛上调查一起精神病人失踪案，此病人名叫瑞秋·瑟兰朵，曾手刃自己的三个孩子（实则是妻子嫁给他之前名字的重新排列，以及其妻子经历的结合体）。这次任务对他还有另一个重要意义：泰德的妻子因为一场由家中装修工莱蒂斯引起的火灾而死亡，莱蒂斯也被关押在这里。同时，泰德怀疑岛上的精神病院里有某些不可告人的秘密，诸如利用可怕的手术进行洗脑实验。

莱蒂斯被关押在岛上两年来，医护人员发现每次只要暴风雨即将来临，莱斯蒂便会陷入这个幻想故事。两年之中这个故事重复了很多次，几乎所有人都清楚地知道故事细节，只有他自己会像倒带那样一次次遗忘，又一次次重新开始。同时，由于心理创伤和对现实的逃避，莱蒂斯非常敏感，很多事情都会引发他的暴力，加之他曾经是军人，受过专业训练，他几乎伤害过岛上所有人。因此，他成了岛上最危险的病人。

因为莱蒂斯的极度暴力和危险性，督查委员会决定采取一些措施，即为他实施脑叶白质切除术，让他成为一个永远不具备伤害力的"听话"

的病人。

幸运的是，莱蒂斯的主治医生肖恩和院长考利都是"精神分析模式"的精神病医生。在他们看来，所有禁闭岛的犯人更主要的身份是病人，他们反对传统"生物学模式"治疗精神病人的那些不人道的方法，主张倾听病人的心声，来帮助他们的治疗。虽然费时费事，但他们仍争取尝试采用当时最先进的角色扮演法治疗莱蒂斯，试图让他恢复理智。

终于有一天，暴风雨即将来临，莱蒂斯又将开始重复他的故事。这一次，岛上的工作人员做好准备，来配合他演这场戏。肖恩医生扮成他的助手，在他身边保护他并记录病情。他们动用岛上用来运送病人的船，假扮是将治安官泰德从美国大陆送来禁闭岛的船只。虽然这船十分简陋破旧，船上还有桎梏病人的脚镣手铐，但沉溺于自己的故事之中的莱蒂斯是不会注意到这些的……

医生为了治愈他，就配合他的幻想，扮演成帮助他破案的助手。当然，他们希望莱蒂斯发现真相，但因为心理防御机制的作用，他不愿醒来。

考利医生的角色扮演治疗法费时又费事，与当时主流的生物学模式有很大的对立。生物模式学派所谓的权宜之计，无非是利用手术或药物来简单快速地克制病人的不正常行为，但无法真正治愈病人。而考利医生希望通过倾听病人心声的方法彻底从心理层面来治愈病人，可惜大多数人包括被医治的莱蒂斯本人都无法理解。

考利医生最后说出了自己对这次尝试性治疗的心声："我在这里创造的东西是有价值的，但有价值的东西在当时总是被人误解，人人都想要权宜之计，总是那样，我做的事是人们不理解的，包括你（莱蒂斯），但我决不会轻易放弃！"

《禁闭岛》虽然是讲述精神分裂症幻想故事的电影，但也是一部经典的心理治疗影片。主人公莱蒂斯是因为极端的遭遇才患上精神分裂症，并因此沉浸到自己主观幻想的世界之中，但其中的患病机制同样适用于神经症患者——无法直面现实和真实的自己，所以活在主观的幻想之中。

当然，精神病的幻想与神经症的幻想不同：一个是无法和现实兼容，具有强烈的离奇与荒诞性，其病态他人可以轻易观察到，且无法适应社会；另一个则是表面可以兼容于现实，却在内心深处极力维系属于他的幻想世界，连他都被自己所构建的自我与幻想所迷惑，并深信不疑。

卡伦·霍妮对此有这样的描述："了解'想象'在探求荣誉中所导致的内在或外在事实的扭曲后，我们就会碰上一个难题，即神经症患者'想象'的飞跃究竟终止于何处呢？他毕竟尚未失去他所有的真实感觉；他与精神病患者的界限是什么？想象的表现果真存在任何界限的话，那也是模糊的。我们只能说精神病患者易于武断地将心路历程视为唯一的事实，而神经症患者依然十分关心外在世界和他处于其中的位置，因此他仍具有相当完整的定向力。不过，尽管他表面上尚能正常生活，没有明显的障碍，但他的'想象'所翱翔的高度却是永无止境的。事实上，探求荣誉中最显著的特性在于'想象'步入了空想与'无限机遇'的王国中。"

无论是精神分裂症还是神经症患者，都是活在幻想之中的人。差异在于一个武断地将心路历程视为唯一的事实，而另一个尚未失去他所有的真实感觉，还具有相当完整的定向力。就算神经症患者依然可以维系表面上的正常生活，但他却处于空想与无限的王国之中。

和影片中的莱蒂斯一样，只要一个人活在幻想的王国之中，就说明他在现实中有无法承受的创伤。但很多人对此并没有深刻的认识，毕竟大多数人只会认为莱蒂斯遭遇的这类重大事件才属于创伤，并没有认识到日常生活中水滴石穿的影响反倒更可怕，会影响一个人对自己的看法、内心安全感的建立与自我价值感的认同。比如，一位患者从小就被妈妈叫作"怪物""废物"，稍有错误，就会被打，他如何面对这样的现实？他如何能接受作为"怪物"的自己？他一定也会像莱蒂斯一样，在头脑中建构出另一个身份，想必这个身份一定是聪明的、有能力的、成功的、不会被伤害的——总之，妈妈骂得有多狠，他幻想的身份就有多伟岸。

因为"孝道"，患者往往还没有审视成长经历，就"大度"地原谅了父母所做的一切，并认为那都是老皇历了，父母做的一切都是出于爱自己的，自己不应该记仇，应该原谅他们，应该爱他们。一般而言，对症状的恐惧往往提示着内在的不安全感，或者说外在的恐惧正是内心恐惧的一种投射。毕竟大多数患者所焦虑的事情及症状，其实都是很小或不用放在心上的事情，只是他一直耿耿于怀。比如，一位患者告诉我，当他勇敢地与人交往，不再自我封闭之后，突然意识到他之前认为的别人没有搭理他就是不尊重他，别人没有对他热情就是怠慢他，现在看来都是错误的。别人对他的态度其实挺正常的，是一种没有特别尊重也没有特别不尊重的自然状态，压根就不是针对他。之前不过是他的病态自尊在其中作怪——他一直要求所有人都必须尊重他，以他为中心。

不过是这些所谓的症状或问题引发了他内心的恐惧，而不是这些事情本身真的很可怕。正如一个女孩告诉我，当她上班迟到时都不敢进单位，只会像孩子一样在门口哭，虽然她已经是快30岁的人了。当问她为何害怕迟到，她说害怕领导的批评与否定，而这又让她联想到小时候爸爸的责骂。虽然这位女性患者并不认为父亲的苛责和她的症状有什么关联，并且认为自己已经原谅了爸爸，这一切没有什么好探究的。

但是，弟弟的一封信侧面反映出她的内心受到了怎样的伤害，信中写道："我这辈子都不会原谅我爸。他很厉害，成功地把我们家变成了他一个人的家，所有人都围着他转，围着他转之后还要对他感恩戴德，

'谢谢你的关爱',他在享受光环。我不可能原谅他,这个家是他一个人的家,弱势群体不仅被踩在脚下,还要对他感恩戴德,他很成功,他的目标就是这样。他的梦想就是让大家记得他的好,他先登上一个制高点,再用道德感化大家一下。我不会原谅他的,越是口头上讲善良、关心的人越不懂得尊重,他不会尊重任何人。"

童年的创伤就像一股负能量或黑洞,它会让一个人穷其一生去填补。如果小时候父母认为我们笨,我们就会努力表现得聪明;如果父母认为自私是不好的,我们就会形成一种绝不自私的品德;如果父母认为我们失败,我们就会努力获得成功以证明自己其实没有那么糟糕……一位患者告诉我,小时候被爸爸骂没用,他赌气地和爸爸说:"不靠你,我一样可以成功。"结果之后的几十年,"出人头地"就成了他人生的主旋律。虽然他成功了,但他依然没有"成功",因为没有最好,只有更好,他的人生好像一直被钉在十字架上。

此种努力虽然来自试图解决早期冲突的尝试,却让他丧失了对自己的主权——他从做自己,变成了逃离自己。用一个象征性的比喻来说就是,当一个人需要魔鬼来保护自己时,这个魔鬼就会一点点渗透到这个人的神经与血液之中,这个人的灵魂都会被魔鬼笼罩,并最终成为魔鬼的囚徒。

一段关于《禁闭岛》的评论这样写道:人类的悲剧源于个体主权的丧失,人要么是自我意识未曾苏醒,要么是将自我的主权拱手让人。"我是谁""生命的意义"亘古不变地一再警示人类自身,自我放逐是一切罪恶之源,保守你的心胜过一切。

从此,他不再是自己的主人,而成了囚徒。他不能表达真实的情感,不能做出对自己有利的选择,不能发自真心地去爱、去恨,不能由心而发地去生活。他就像是拉磨的驴,一直都在被恐惧所驱赶。就算他得到了荣誉,获得了成功,也无法让他真正地快乐。因为追求荣誉和成功仅仅是为了获得安全，而不是为了成长。他就如同一个身体上被烙印上文字的奴隶，一生都只是在逃避追捕。

所以，他的内心充满了各种冲突。比如，一位男性患者任何事情都想做到最好，以显示他是最优秀的，但当他真的这么做时，他又会突然意识到这样的强求有多么病态与可笑。他在任何方面都不服输，当他要在各个方面都胜过别人的同时，内心又潜藏着强烈的自我憎恨，因为这样做就伤害了别人，不符合他圣人般的形象……他最后无助地问我："王老师，我到底应该怎么做才能停止心中无尽的挣扎呀？"

是呀，我该如何"教导"他呢？是继续压抑自己做一个老好人，维系圣人的形象，还是逼迫自己奋力抗争，在各个方面都超过别人，做一个真正的强者？

也许怎么做都是错，因为这其中没有自我，这一切都是被焦虑所驱使。他一直在要求、逼迫，而没有听从自己的内心。他的错误在于，他一直活在自己所编织的强者、圣人、伟人等一个个可以让他感到安全的角色之中，然后就尽情地在这个剧本中演出。因为太过投入，他不仅迷惑了别人，也欺骗了自己，最后连他自己都已经相信，自己就是这个剧本中的主角。他的人生注定不凡，不是在成就和荣誉上高于他人，就是在圣洁的品行方面与众不同，总之，他不再是那个软弱可欺、容易被抛弃的可怜人了。

他活在梦中、幻境中，梦给了他温暖，即使他有时也会觉得哪里不对劲，他也依然无法让自己看清楚这一切。毕竟一直以来他都是靠着这些"应该"，靠着这些伪装的形象而活。他不知道卸下这些伪装之后，他是否还能生存，是否还能被这个社会和周围的人所接纳。

一个人越是执着于名利、权力、地位、被爱与认可，越是沉浸在自己编织的梦与幻想之中不愿出来，就越说明他的心理创伤很深。在每个案例的背后都隐藏着一个受伤的灵魂，他遭遇了太多伤害、恐惧、创伤、痛苦，因此宁愿活在自己编织的梦中自欺，宁愿被这股邪恶的能量所驱使、控制，害怕没有幻想的支持自己便无法应对生活。因为神经症患者是靠魔力为生的魔术师，朝向自我实现迈出任何一步都意味着要舍弃这些力量，而只能依靠自己的才智。但是，当他意识到实际上没有这些幻觉他也能生活，甚至还过得更好的时候，他才会对自己有信心。

在这之前，他只会继续找寻支撑，继续相信自己幻想的一切是真的，继续与现实、与自己对抗。

建设性的力量与病态驱力进行着激烈的斗争，一个人的态度也变得摇摆不定，他一会儿认识到自己的悲哀，发誓要活出自己，一会儿又因为恐惧而躲到幻想之中。这其中除了需要治疗师的引导，还需要他本身自发的求生欲望，如果没有此种欲望，建设性的力量将无法突破病态驱力的束缚。

分析的工作就是不断地去伪存真，帮助他看清真相，认识自己，发现自己一直被恐惧所驱使。霍妮谈到，只有当病人对"我是谁"这一问题感兴趣时，分析师才能更加积极地让病人知道他对自己的真情实感、愿望或信仰的了解是何其少，是多么不关心。也只有病人对"我是谁"感兴趣时，他才能脱离对症状、对现实困境的纠缠，才能更深入内心和问题的本质。

霍妮进一步谈到，分析工作虽然很困难，而且让人心烦，但也是解放性的工作。病人必须依靠其自身的力量、真实的渴望，才能还原真相，而不是一味地自欺。

《禁闭岛》影片的最后，莱蒂斯对肖恩医生说："这里让我不由得去想，人应该怎么做，是像个怪物一样活着，还是做个好人死去。"

莱蒂斯难道真的又清零了？不！他醒了，醒来后的他无法面对过去的罪行，记忆里的自己就是一个怪兽！莱蒂斯接受不了这样的记忆，太痛苦了！如果去接受手术，他会成为一个白痴，一个记忆空白的"好人",又或者手术会让他死去,但总好过带着自己是怪兽的记忆活着!

身后的肖恩医生此时也完全明白了,因为他试探性地叫莱蒂斯"泰德",可是莱蒂斯没有任何反应——那不是他的真名。肖恩医生知道他醒了,是他自己选择放弃记忆。作为和莱蒂斯相处了两年的主治医师,肖恩医生又何尝不知道莱蒂斯内心的痛苦——好吧,既然这样你可以不那么痛苦,我也会默默支持你的选择!

像莱蒂斯这样的病人是多么值得同情,在外人看来疯疯癫癫、可怕又可笑,其实内心承载了多大的痛苦、创伤才会这样,而最后明明已经清醒的莱蒂斯,又需要多大的勇气来主动接受那痛苦的甚至有可能让他失去生命的手术,是多大的创伤让他宁可去接受这样的结果……

心理治疗从来不是取决于治疗师能否治好患者,而是取决于患者是否想治好自己,治疗师仅是他的战友与同伴,帮助他看清真相。最后患者是选择幻想还是现实,只能由他来决定,别人无法帮他选择人生。当然,在这之前,治疗师的工作就是尽力去调动他身上的建设性力量,来战胜他对未知的恐惧。

CHAPTER 19
第十九章

勇气：唯一的答案

分析是为了更好地面对生活，一些患者却躲在分析中，宁愿一直被分析，也不肯有所改变。一个人的成长绝不是纸上谈兵，而是在现实中磨砺，并且也只有在现实中才能对自己有更深入的了解和体察，才能更加看清楚自己。虽然逃避可以让他暂时感觉好受一些，但长远来看只会让他越来越虚弱。因此，直面恐惧是治疗的基础，离开这一点，治疗就无法深入，更无法阻止病情进一步恶化。

恐惧有两个层次：表层与深层。表层是对症状的恐惧，深层则是对真实自我的恐惧。恐惧时患者的惯常反应就是逃避与伪装，他不敢活得真实，也不敢面对现实。

一位患者给我发来了这样的信：

"我不知道怎么和人相处，只要和人说话我就紧张，和别人一起看电视我觉得好笑时，如果别人没有笑，我就不敢笑，担心别人认为我有病。然后每天在电脑前面玩游戏，玩游戏也不敢和人聊天，怕别人认为我有病。之后我去工作，当了学徒，但我非常紧张，怕出错，怕说错话得罪人。我不知道怎么和人交往，只能非常努力地工作，从不偷懒。最后我实在坚持不下去了，就回到了老家，但还是每天都活得很痛苦，不知道去干什么，也不敢和人说话，连父母都害怕，害怕他们发现我不正常。我天天待在家里，想和人交往，又怕和人交往。然后，我每天就整个人都焦虑不安，看书都不能安静下来，每天用这种、那种方法都无法阻止自己的担心。

"为什么我努力了这么久，还是好不了？表现得蠢不行，表现得凶不行，表现得聪明不行，表现得斯文也不行。我好像怎样做都不行，怎么做都要想一下这样做正不正常，这样做对不对，别人会怎么看。做事很完美的时候就会觉得我是不是有完美欲，我是不是又幻想了。我很害怕自己不正常，我都不知道怎样做才是真实的自己。比如，买东西时我也要想一下怎样做才正常，也不知道头脑里想的哪些是正常的，哪些是不正常的。"

其实，他没有什么不正常，最大的问题是他害怕自己不正常，进而被别人看不起。因此，他把任何可能不正常的表现都当成了症状，并且试图把自己变得绝对正常。他一直都在逃避一个不完美的自己。敢于不正常，敢于活出不正常才是他唯一的出路，不然他会被内心冲突撕碎。

因为恐惧，一些人选择了逃避的生活模式，好像给自己画了一个安全圈，不能越雷池半步，整个人的生活严重受限，无法进行正常的社交与工作。当然，这么做的原因有很多，有症状的困扰，有对别人看法的敏感，有担心影响别人的愧疚，也有对众叛亲离的恐惧，这么做的后果却是让他的人生变得很"无趣"，过着刻板与墨守成规的生活。他一直在浪费生命，没有努力让自己的人生过得精彩，但为了安全也顾不了那么多。比如，一些患者因为恐惧，尽可能少地和别人接触，尽可能把自己封闭在一个狭小的空间里。来做治疗也并不是因为他想挣脱其病态的生活模式，而是他已经把自己逼到退无可退的地步，却依然有一些讨厌的症状来干扰他的平静，让他无法安宁。

有些人虽然意识到了自己的封闭，却以此为荣，认为自己就是安于平淡的人，不屑与世俗的人为伍，并在其中找到了一种超然的优越感。其实，他只不过是给病态生活模式找到了一个掩饰的理由罢了。

这就如同恐高症一般，越不敢到高的地方去，在不得不登高时就会越恐惧。同理，越是逃避，在不得不与人相处时就越会变得惊恐不安。其实，这一切都是因为他的一退再退。一开始，他对与人交往的恐惧并没有后来那么强烈，不过因为他不断地逃避，于是让恐惧更加泛滥。有些人竟然最后只能退缩到家里或整日靠酒精度日的地步，就是因为他对恐惧的退让与纵容。

逃避还会引发另一个严重的问题：麻木无觉。因为封闭的生活模式、逃避的习惯、缺乏与同龄人的正常相处，进而他的心智也无法得到成长。他会一直停留在其病态的思维方式、价值观和幻想之中，缺乏外界的刺激。如此，他就无从对自我进行反思，也不能随着年龄的增长而变得成熟。一些患者常年活在一个人的世界中，他的思想变得幼稚可笑，对自己的病态与价值观的错误没有一点知觉。对他来说，自由与成长都变得不重要，重要的只剩下怎么做才能让自己不出丑，才能不被人看不起，结果他越来越龟缩在自己构建的安全壳子里面。为了保护其病态的自尊心，他也会逃避过去的人和过去的事，也不敢出风头，只和有限的几个朋友联系，甚至长期独自一人。

一位患者告诉我，他害怕狗，见到狗都是绕着走。他对狗的态度，也可以反映出他对恐惧、对生活的态度——"绕着走"。他一直在绕着走，所以他这一生都被恐惧所左右，而没有自由地活过。

在动物身上有一种"习得性无助"的状态，在人的身上会表现得更精巧。因为人"聪明"，会发明出更多逃避的办法，比如假装不在乎，或是让别人帮忙做决定，或是躲在虚假的面具里。壳子越厚说明他越恐惧，也因此改写了他的人生与他原本的道路。

心理分析、认识自己、从症状到本质、治标与治本，这些从来都不是纸上谈兵，而需要在实践中慢慢体悟，脱离了现实的分析与治疗终将无所得。就像一些患者把治愈的希望完全放在和治疗师的沟通或对心理学与哲学书籍的研究中，他似乎在积极治疗，实际上只不过是在避重就轻，幻想毫不费力、不必经历挣扎与痛苦的治愈，但这样做不过是给他的逃避又找了一个合理的借口。一位患者在几年前就在研究我的书，幻想通过"想通"来治愈自己，然后再开始自己的生活。但五六年过去了，他依然在研究，在生活中却依旧"自闭"。因为他的自我封闭，他也越来越害怕出门，害怕见人。他不但没有好，反倒越来越糟。"分析自己"最后成了他逃避现实的借口。

治疗需要两条腿，一条是和现实接触，另一条是在痛苦中求索。如果脱离了现实，一切求索只是空中楼阁，没有任何意义，只会让一个人更加陷入虚无缥缈的幻想世界之中。治疗必须在现实中、在痛苦中、在挣扎中进行，而不能只是在分析中。

当然，一些患者为了"治好"也是豁出去了，他逼迫自己面对现实，也试着融入人群中，像常人一样生活。但这里又会出现两个问题。首先，虽然他在面对现实，但他却把这当成"治好"的手段，而不是当成一种最基本的对自己人生负责任的态度。他幻想面对了，就好了，症状就不存在了，恐惧就减轻了。虽然有时会有如此的疗效，但一般情况下，面对现实之后他的症状会更明显，而痛苦与恐惧会更严重。如果仅仅把这当成"治好"的手段，他就会虎头蛇尾地放弃，因为没有达到他所期待的效果。

其次，虽然笼统地说要面对现实，但怎么面对？是戴着厚厚的面具，还是赤裸裸地面对现实本身？我始终告诫患者的一句话是，面对现实，活得真实。如果在面对现实的同时带着厚厚的伪装，那么这种努力只会让他更累、更焦虑，而不会让他的心灵得以成长，也不会让他发现生活与自己本来的样子。他只是做样子，而不是真正地去生活。

面对现实，不再逃避，不仅仅是行动上的，更多是内心的，其实这是一种"活出自己的勇气"。无论这个自己多么不完美，多么无能，多么猥琐，多么不堪，多么容易被人排斥。具体一点，对有脸红、紧张、手抖、对视、余光问题的患者来说，就是不加掩饰地把这一切都暴露出来，而不去逃避与伪装。

一位女性患者告诉我，当年她看过一个电视节目，一个人端起酒瓶往层叠在一起的酒杯里倒酒，但这个人太紧张了，手一直在发抖。当她看过这个节目后，首先想到的是电视编导为何不把这个人的丑态剪掉。电视没有剪掉，不过她往后的人生就是奋力去剪掉她在人前的任何丑态，每一个可能会让她出丑的场合都让她紧张得要命。她因为痛苦而逃避，因为症状而否定自己，她却没有反思：每一次痛苦其实都是现实与幻想的碰撞。痛苦不是坏事，痛苦正是来自现实对幻想的冲击，此种冲击反倒是多多益善。这不是为了让自己更完美，而是要让自己意识到自己原来如此不完美。

一个人内心最深处的恐惧与冲突不是因为症状，而是接受平凡还是超越平凡之间的冲突。但患者往往喜欢走捷径，不愿深入分析自己。"捷径"只会让一个人偏离问题的本质，最终走上歧途。

如果一个人非要迷惑自己，非要沉浸在表面问题中，与症状对抗，而不是对自己与人生进行思考，那么他只会一直和咨询师绕弯子，浪费治疗时间。就像一位害怕与人交往的患者，每次治疗中他都会问我一些奇奇怪怪的问题，比如，女友不说她的家庭情况，她是否对待感情不认真？朋友总是约会迟到，他是否值得继续交往？什么样的人值得成为朋友？他每一次强迫性地问我一些没有"技术含量"的问题，就是因为他害怕赤裸裸地面对生活。他总是想找逃避的理由，似乎只要找到一个合理的理由，他就可以不用和某人交往，不用和某人恋爱了，他终于就解脱了，似乎就"自由"了。

一些人的外显症状越来越严重，有诸多的内在因素，也和一个人面对问题的态度有关。一些人往往因为恐惧而放弃生活、逃避退缩，从而导致了更多的失败，结果形成恶性循环，无法自拔。一位男性患者虽然每天坚持上班，却只是过着两点一线的生活。这样，他和同龄人相比就没有任何进步，别人都换了更好的工作，有家庭，有朋友，他却依然一无所有。又因为他的一无所有，他更害怕和别人接触，甚至连表弟的婚礼他都不敢去参加，担心别人看不起如此失败的他。他一直被困在原地，认为快乐建立在很多事情的基础上，比如成就和金钱。但他什么都没有，于是更加自卑和绝望，他认为自己不应该这么失败，这不应该是他的样子，他只能不断逃避现实与现实中的自己。

当一个人的"活法"出现问题时，可能会很明显，也可能会很隐蔽。比如另一位男性患者，虽然有老婆、有朋友、有工作，看似过着再正常不过的生活，但我后来却发现，他做了一份销售工作，9年都没有换过工作，也从来没有到外地工作过，并且他一直住在和妈妈直线距离2公里的范围内，他的朋友也只有从小一起长大的几个玩伴。总之一切都是熟悉的，他一直活在一个自己熟悉的圈子里，和熟悉的人在一起，这样他才不感到恐惧，才能找到安全感，却也因此丧失了看清楚自己的机会与成长的可能。

一个人的"活法"又和他的"人生的意义""活着的目的"紧密相关。一位读者给我的公众号留言：

"我小时候成绩特别好,也特别懂事,受到几乎全村人的赞誉,我爸爸恰恰又是个特别爱面子的人,让我从小就体验过与众不同,甚至别人以我为中心的滋味。到现在,我心里依然需要一个闪亮的自己,满脑子都是要受到别人的赞誉,所以我出卖了自己的生活。如果你不让我去试着受到别人的赞誉,我会觉得人生没有意义,估计我追求荣誉太久,中毒太深吧。"

为了成功、荣誉而活的人,就像一具被魔鬼附体的躯壳,他只是在按照指令而活。就算病态的执着让他精力耗竭,他也依然停不下来。他活在幻想中太久,当他面对现实时就体会到一种无与伦比的剧痛,并且他内心深处也一直认为是这样自我保护的生活模式才让他活到了今天,如果放弃了这种自我保护的活法,那简直就是自取灭亡。因此,逃避模式成了他的"龟壳",既保护了他(仅仅是他自认为),也束缚了他(必然的结果)。

一位患者在我的鼓动下换掉了一份已经做了四年的工作,当然他也有这个想法,因为耗在那里就好像是在养老,没有任何成长。不过,他还没到新公司上班,就体会到了强烈的焦虑,甚至产生惊恐。于是他向新公司请了几天假,并给我发来了这样的邮件:

"我感觉内心的恐惧还在,但现在我已经没有办法做出任何改变了,退也不是,进也不是,整个人都快疯了。

"王老师,我晚上可能是惊恐发作了,恐惧得一晚都失眠,产生了死的想法。

"王老师,我难受啊,这样下去我会不会死啊?太难受了。

"王老师啊,太难受了啊,你一定要帮帮我啊。

"王老师啊,别怪我,我真的无法控制自己了,我太难受了,救救我啊!

"王老师，我现在的所有价值观是不是都有根本性的问题，我的价值观如果真的和正常人有本质的区别，我一定改，真的，我现在身处的环境真和地狱差不多，太难受了，还不知道什么时候是个头，王老师你得好好帮帮我！

"……

"王老师，我前两天都睡不着觉，不用猜今晚肯定也是个不眠之夜。搞不懂我到底怎么了，心理咨询做了3年多，身体的疾病也忍受了7年，这20多年来我真的遭受了太多的磨难和痛苦。我也主动离职了，靠努力很辛苦地找到了工作，为什么我的痛苦却越来越多。前天晚上的惊恐发作，让我遭受了比死都难受的痛苦。你让我反思，我发现其实我之前貌似和谐的状态反而是病态的，这样的和谐证明真我被完全压抑与流放了。我无法有一个正常人的情感深度，体会不到真正的人格统合，这样的状态越和谐，我感到越害怕。我太害怕活得和僵尸一样，荒废这大好年纪。我太害怕一直这样下去，一辈子等于白活，白受这么多痛苦！王老师，我到底怎么了？我到底还能不能拯救自己？我真的好想真正作为一个人度过一生，有自己的情感和愿望，并和别人一起成长……为什么这一切对我来说是如此奢侈和难以实现！为什么？为什么？为什么？

"我发现，我之前用来解决问题的办法一点用都没有！今天第一天上班，我都不知道怎么面对啊。"

他现在整个人很崩溃，他把这份新工作看得很重要，所以害怕会失败。同时，他也意识到自己一直被压抑，没有真我，之前他总是维系表面的和谐，其实他早已和僵尸一般，真我被扼杀。

他害怕新同事，因为他们都厉害、职位高。他怕做不好，怕做出出格的事情，甚至害怕在别人面前发疯。在这样的新环境里，他怕被人嫌弃与抛弃。

病态驱力（心魔）控制一个人的手段主要有两种：诱惑与恐吓。"诱惑"告诉他，只要听话，一切都会有的，面包会有，牛奶也会有，一切他想要的虚荣和内心的缺失都会得到满足。而"恐吓"吓唬他，如果不听话，那么你将一无所有，众叛亲离，会成为一个疯子，别人都会嫌弃你，没有人会接纳你。听从"指令"是唯一的选择。

这像极了专制统治，统治者就是用"胡萝卜加大棒"来控制人民，进而让人民丧失本属于自己的权利。之后人们又因为心中的恐惧与脆弱，产生对专制统治的依赖与奴性，似乎离开它就没法活，于是一步一步丧失人的主权，沦为奴隶。但越是退让，越是逃避，就越会丧失人生最宝贵的东西：自由与自我。因此，逃避不是唯一的选择，勇气才是唯一的答案。

CHAPTER 20
第二十章

自由：真正活一回

我们每个人都活在某种规则之中，比如开车时要遵守交通规则，不然就会受到处罚；在课堂上要好好听讲，不然也没有好果子吃；在婚姻中要忠诚，不然会伤害两人的感情甚至导致情感破裂……这样的例子有很多，但这些都属于外界对我们的束缚。如果一个人被内心的"法律"所束缚，结果会如何？

最典型的一个例子是接受我咨询的一位女患者，她十年前有过一次婚外性行为，还是在被老公打了之后赌气发生的。虽然老公不知道这件事，但她内心一直无法原谅自己，整日以泪洗面。为了自我救赎，她经常到网上发帖或看网友如何回复类似问题。如果看到别人说这很正常，不算多大的事，她内心的痛苦就平复一些；如果看到别人骂这样的女人，她就又开始自我憎恨，寝食难安。这么多年来，她就好像被钉在心灵的十字架上，动弹不得。她也试图向老公坦白来洗刷罪恶，但最终只是纠结而不敢付诸行动。

"性"是中国人的一个禁忌。虽然时代变迁，但"性"的禁忌依然是"规矩"的一个突出体现。比如，一个男孩在看到异性时生殖器有勃起反应，他就自认为是一个猥琐的人，甚至之后都无法容忍生殖器和内裤之间有摩擦。只要感到有摩擦，他都焦虑万分。另一位男性患者因为手淫的问题来做治疗，虽然他想戒除，但经过近十年的努力依然无果。当我指出男人大多有手淫行为，这是平常的事情，不用太在意，并且我个人也有手淫行为时，他认为我太没有节操，所以不再继续找我做治疗。实话实说，患者所纠结及无法原谅自己的行为，并不是多大的事。追根溯源，问题不在于患者真的做了什么伤天害理的事情，而在于他的"法律"让他无法接纳自己和自己的行为。

放眼人类社会的发展，其实就是人性不断解放的过程，外界的束缚越来越少，人的内心和身体越来越自由。但是，在神经症患者身上表现出了另外一幅景象——随着时间的流逝，他对自我的束缚不是越来越少，而是越来越多；他对自己的责罚不是越来越轻，而是越来越重；他一切的努力不是为了摆脱束缚，而是活在"规则"之中以找寻安全感，他也因此不断累积对自己的不满，最后陷入自我憎恨之中。一位女性患者总是会阶段性地陷入抑郁，而把她打倒的事情大多是一些小事，比如在生气时删了别人的微信、结婚前谈过不止一次恋爱、答应别人的事情后来反悔了、头脑中出现对别人不敬的想法……当"规矩"和她的行为产生冲突时，她整个人变得崩溃和无力，严重时整个人会瘫软在地，感觉要分裂了。

她一直要求自己做正确的事，说正确的话，稍有不慎就会陷入自恨之中。当然这和她的妈妈密不可分。她的妈妈有精神洁癖，一直在将她塑造成一个绝对正确无误的人。在妈妈身边她没有一点自由，也没有选择的权利，一直依赖妈妈而活。只有遵守"规矩"她才有安全感，才能获得母亲的爱，这成了她在夹缝中生存的唯一办法。

我指出，她内心冲突的焦点就是她理想中的"真善美"和现实中的"假恶丑"之间的矛盾——她就是不愿承认自己其实是一个自私、狭隘的小女人。但是她不让我继续说下去，因为这些话好像一把刀，让她一惊。毕竟她从没有如此认为过自己，在她的心里自己应该是善良、宽容、集所有优良品质于一身的女神。

为了成为一个女神，她无法继续做一个女人，竟为自己仅仅是一个女人而羞愧。通过扮成一个好人，一个易于被社会所接纳的人，一个受人喜欢的人，一个绝不自私的人，她才能得到认可与尊重，并得到"爱"——只有外在的认可与接纳，才能缓解她内心的恐惧。

她一直追求的只是外在的完美，而非内在的丰富——她只是在形式上逼迫自己成为一个各方面无可挑剔的人，内心却越来越空。就算她来治疗，也不是为了自由，而是为了更好地控制自己，继续维系外在的完美。

另一个男孩在高中阶段总是逼迫自己看懂、学会，总是反复回忆和检查，结果书都看不进去，一看就头疼。高三的时候，他整个人都是麻木的。又因为在人际交往中他总是逼迫自己会说话、有活力，结果他不敢和别人交往，害怕别人识破他的伪装。为了成功，他不能吸烟、不能踢球（害怕被球碰到头），害怕这些对大脑有影响，不然之前那些成功学的书和大咖的视频都白看了。

这些"规矩"与"要求"就像一张网，把人绑得死死的，他没有一点作为人的自由与快乐。当我指出这一点时，一些患者也很配合，马上试图破除这些规矩。但是，最后他的内心变得更加冲突和茫然，因为他的初衷就存在问题，他不是为了自由，而是为了"正常"——他意识到"规矩"是一种病态时，无法接受自己的病态，进而逼迫自己去掉一切规矩。这只是用一种强迫来取代另一种强迫，并不是真正的松绑，他依然不是勇敢地做自己，只是让自己活在"正确"的规矩里。

他无法直视深渊（本来的自己与内心的伤痕），才如此依赖规矩。他担心没了规矩，就会变成一个"坏人"、一个"罪犯"、一个"丑八怪"。他甚至认为自己取得的一切成绩与别人的接纳都是规矩的功劳，他担心如果没有规矩，他就会像大海中没有罗盘的小船——会被恐惧、自卑、无价值感所淹没。这就可以解释患者为何如此执着于消除症状、忘掉过去或增强自我控制力，因为这样他就可以继续活在规矩里，可以继续用成功与圣人般的品质来标榜自己，进而忘掉自己本来的样子。

比如，一位女性患者告诉我，她从小到大都没有真正和别人打过一架，上大学时看到别人可以发泄不满，她才突然意识到，原来她也可以对干扰自己的人说"不"呀！这种简单的事情，对她来说就像发现了新大陆般让她惊奇。从此，她才意识到自己的"道德框架"对自己的束缚有多深。最后，连她自己都奇怪：为何对别人不是问题的问题，在她这里就是放不下？为何她比别人更痛苦和不幸？

答案也许就是，她早就把自己丢了，而一味活在这些规矩之中，整天扮演得好像影视剧女主角一般善良。这并不是她自己，她只是在一味地逼迫自己而已，而她还整天为"形象"破碎的危险而焦虑。

规矩的惯常表现形式就是"应该"——比如应该大方、应该友善、应该有霸气、应该被人尊重、应该让身边的人满意、应该做好一切、应该完美无缺……这些"应该"就像枷锁，虽然可以给他安全感，却也因此让他迷失了自己。

规矩与要求并不是对自己的爱，而是对自己的恨。越是活在规矩里，就越不可能真正地活过，而没有真正活过的人，也更害怕死亡。

一位患者给我讲了最近发生的一件事。他谈到一个60多岁的老光棍邻居死了，令他很有感触。老头一辈子都没有怎么享受过生活，死之前还有几千元钱，却舍不得去看病，也没有结婚，这辈子是白活了。而他也突然想到了自己，他也和这个老头一样没有真正地活过，如果继续下去，结局也好不到哪里去。

在这个老头的事件之后，他突然意识到：自己在这个世界上没有行使作为一个人应有的权利，一直活在父亲的指使与压抑下，过着墨守成规的生活。在生活中，似乎有股力量牵制着他，他害怕做出格的事，担心自己的行为影响自己在别人心中的形象。他不能做坏事，不能不考虑别人的感受，不能想干啥就干啥。因此，他的人生早就没有了由心而发，一切都被恐惧所控制。他虚度了自己的人生。

他的人生就像白开水一般，没有爱好，没有冒险，没有出格，没有坏，只剩下"好"。他成了一个标准的"好人"，结果却变得不像一个人，没有任何情感，只是一具只会说好话、做好事的机器。他早已丢失了情感的真实性与自发性，一切都是按照剧本来。在生活中，他总是考虑应该怎么做才不至于太糟糕，所以他总是观察别人，没法依据自己的内心来做判断。他看上去是一个有"良心"的人，但其实他所做的一切只是为了符合"剧本"的要求，这样才可以继续维系他对理想化自我形象的幻想。

最后，这位患者觉得不能再这样活下去了，就在朋友圈里承认患病的事实，也给他爸爸写了一封有关他内心状态的控诉信，而这些"出格"的事，是他之前无法想象的。

很多人有着看似"华丽"的人生，但这样的浮华的背后是空洞与空白。他是一个没有自由与灵魂的人，他只是一个好演员，只是一架运作良好的机器。

也许他可以成功地欺骗自己和别人，却葬送了自己。他的人生表面看起来是在不断"舒展"，实际上是在不断被"压缩"。表面幸福的背后隐藏了太多悲哀，表面华丽的背后隐藏了太多苦痛，表面友好的背后隐藏了太多愤怒，表面完美的背后又隐藏了太多丑陋。因此，他也许会在某些忍无可忍的节点爆发。虽然他的人性不断地被压缩，但依然没有泯灭。也许在某一瞬间，他也会觉察到自己虚度了人生。

不过，在此之前，他会一直维系他的"华丽"。虽然他不是表演系毕业，却实实在在是一个 24 小时没有失误的演员，也是一个夹着尾巴做人的人。他活得很累，有种说不出的苦。他只是维系着一种表面的平静，内心却时常波澜起伏。一些患者总是给人留下文明、有素养和文质彬彬的印象，别人会认为他是有礼貌、有素质的人，其实礼貌的背后是距离，距离的背后是恐惧。一位患者评价自己时也说，自己是"礼貌有余，随意不足"。比如，他和领导在一辆车上时，大家都不说话，他就很紧张，总是急着找话题。虽然他总是试图和领导说点什么，但结果反倒是随意的同事和领导的关系更亲密……

他不仅是勤奋的演员，也是出色的导演、套路专家。做一件事情有简单模式，也有复杂模式，为了满足虚荣心和维系完美形象，他往往会选择复杂模式。比如，一位男性患者给儿子办满月酒，这里就存在两种模式，一种是简单模式，只请亲朋好友就可以了，还有一种是复杂模式，为了凸显成功与江湖地位，就需要请到有头有脸的重要人物，毕竟这类人物的到来才可以让他有面子。另一位男性患者在谈恋爱上从来不主动，而是把自己扮成"受伤的男人"来博得异性的同情，或表现出绅士风度让异性主动追求自己，这样才能体现他的独特魅力与能力，才能带给他巨大的满足感。他就像一个猎人，不是喜欢某一个人，而是通过征服异性来展现不凡，这才是他想要的。有时他也会对某个女孩情有独钟，这样的执着并不是因为爱，而是因为他无法面对自己被抛弃的现实——当对方不要他了，他就会施展各种诡计把对方追回来，如果对方上钩，他又会马上把对方甩掉，他要的不是爱，而是一种报复性的胜利。他没有爱，一切都是套路，他从来都没有用心活过。他不爱任何人，也不爱任何事，一切都只是他达到目的的手段，仅此而已。

真心与自由是人类最可贵的情感与权利，如果一个人丧失了这最基本的人性，他注定会失去活着的意义，也注定没有真正活过。此时，他就像一具僵尸，他是干枯的、冷漠的、麻木的、暴虐的、可悲的。虽然他的外形是人，但本质上他就如"行尸"一般没了人性，没了情感，没了热情与热爱——他已经不再是一个真正的人，只剩下一具躯壳和指挥这具躯壳的指令。

所以，这是一场关乎人性存亡的抉择，更是一场残酷的战争。如果不能直面恐惧，打开枷锁，那么注定无法真正地活一回。

CHAPTER 21
第二十一章

痛苦的意义

痛苦本身是一个信号,它告诉我们出现问题了,需要去了解。如果只是一味地努力减轻痛苦、逃避痛苦,那就是在逃避问题,并不利于心灵成长。痛苦是了解自我的重要催化剂,离开了痛苦,人就没有了了解自我、分析自我的动力,只会一味地活在原有的轨道上,不会发现自己与生活有多么病态。

症状的存在与境遇的坎坷都会让一个人陷入痛苦,当痛苦来临,我们往往不知所措,只是埋怨为何自己比别人更不幸。越是对痛苦的成因缺乏觉知,就越会陷入其中,自怨自艾,或犹如热锅上的蚂蚁,幻想着神奇的方法让自己一下子解脱。但事实上,越缺乏体会痛苦的耐心,就越无法摆脱痛苦。

在治疗中,我经常提醒患者:痛苦不是坏事。一些人也许会觉得我冷血,因为人家痛苦到崩溃,我却无动于衷地说一些风凉话。但我发现每次在崩溃边缘患者都会更用心，而不是用脑；更走心，而不是说一些无关痛痒的话；更现实，而不是幻想马上走出来。他在痛苦中发现的永远比在快乐中要多。我不喜欢患者太快乐，快乐有时是一种麻木，让他就像一个昏君，敌人都已经兵临城下了，他依然活在歌舞升平中而无视问题的严重性。

在一些逃避痛苦的人身上，这种情况更加显著。他尽量不与人交往，回避让他尴尬的情景，似乎他一个人待着就没问题，活在安乐窝中就不会意识到危机的存在，并且还可以自欺这一切并不严重，只要稍加努力就可以走出来，只不过自己现在不想努力而已。当我指出他问题的严重性时，他往往会很诧异，以为我是在危言耸听。他活在病态的生活模式中而不自知，只是通过逃避换取平静，进而相信自己没有问题，这很可怕，就像一个人骨折了不能走路，而选择了坐轮椅。当他习惯了坐轮椅的生活，他就以为自己没有问题了，但这样下去他永远都站不起来——当谎言无法继续，他更无法直面现实。

我经常会建议患者做一些出格的事情，打破他之前的安全界限，这样就能体会到强烈的痛苦——痛苦会逼迫他反思与认识他自己。就像破案一样，"凶手"继续作案，"侦探"才能发现更多证据，才能"看见"真凶。比如，我会建议他去发朋友圈，让别人知道他患病的事实；建议他去谈恋爱与交朋友，不再自我封闭；建议他把情况告诉朋友，让别人了解真实的他；建议他主动面对失败，而不是做缩头乌龟。让所有人都知道他的病态、敏感、不正常之后，他就不用整天小心翼翼地活着了……虽然这些打破常规的事情会引发他的痛苦和焦虑，但做点什么总比什么都不做强，原地踏步永远也无法让他认识到真正问题的所在。

有时，我也会静静地等待——等待一些突发事件。虽然他无意识地活在"龟壳"中以自保，但世事难料，总会有一些突发事件打破他原有的平静。这样的突发事件常常会成为治疗的转机或突破的契机。

一位女性患者每次治疗时都有说有笑，看起来她更像治疗师而不是患者，我也总说她像女神一般无可挑剔。她身边的朋友也没人认为她有问题，她看起来比正常人都要正常，都要可爱。但在一次治疗中我发现她的笑容不见了，变得很阴郁，她说自己已经连续哭了几天，再也装不下去了，她也承认之前就算痛苦也会无意识地在别人面前展现灿烂的笑容，她不想让别人认为她是一个有问题的人。但这次发生了一起突发事件，这一切都无法继续维系了。她是一名老师，会被学生评分，而这次她的分数最低，和学生的矛盾也因此被激化了，现在她每次去上课都像是上刑场。她再也撑不下去了，她爆发了，灿烂的笑容不见了，剩下的只有痛苦与想结束这一切的绝望。她第一次有了轻生的念头，虽然不至于真的那么做，但也足以说明她的痛苦程度。看到她如此痛苦，我却笑了，她很不解。我说其实看到她之前总是笑容满面的样子我并不高兴，虽然她那样看起来很可爱。我解释道：第一，笑容背后是一张哭泣的脸，她只不过一直在伪装；第二，笑容背后也是一种肤浅和麻木，她没有认识到自己人格的病态和对人性的压抑；第三，笑容背后是距离，她没有真诚坦露自己，也没有真实表达她对我和对治疗的看法。而她现在痛苦，极度痛苦。在面子、自尊、伪装等都顾不上时，她才能够真实地、毫无顾忌地表达出情感、想法、绝望。在极度痛苦时，她的情感深度也扩展了，她不再肤浅地只关注症状的存在，而开始反思自己更长的人生。她终于意识到从很久之前开始她就病了，她就已经开始用讨好来维系和谐、用面具来避免伤害、用伪善来获得好评、用成绩来维系自负、用规矩来束缚自己，进而美化自我。

她再也笑不出来了，意识到问题远不像之前认为的那么简单，也意识到她一直不敢做自己。在痛苦中，她反思了这样一个问题："为何别人能接受的，在我心里却过不去。"

这是一个很好的问题，因为这个问题是在向下探究，而不是抱怨命运的不公与现实的不济。如果有一天她能走出来，想必今天撕心裂肺的痛，应该起到了关键性作用。因为痛让她变得深刻，不再停留在之前的肤浅中。

当危机过去，一些人很快地忘记了痛苦，之前试图探究自己的动力也不存在了，又回到了原有的圈子与轨道，又活在"歌舞升平"中而意识不到危机的存在。他也会变得"自信"，认为是自己的力量或找对了方法，让自己走了出来，并自信一切危机都不会再发生，之前刚刚出现的自我探究兴趣和动力又因侥幸过关而淡化。

> 人也有其劣根性，"好了伤疤忘了痛"就是其中之一。

当他侥幸过关，脸上洋溢着"自信"的微笑时，我往往也捏了把汗。我了解治标与治本的不同，他只是逃过了，而不是解决了。当他再次遇到危机时，整个人又会变得惊恐，但这不是坏事。每次侥幸与再次不幸并不是偶然，其中隐藏着太多的必然，他迟早要重视这背后的必然，而不能一直幻想捷径或沉浸在侥幸之中。

在无路可退时，痛苦会逼迫他反思自己与人生。比如，死亡是无法逃避的，当一些人困在死亡恐惧之中时，他不得不承认问题早就存在，只不过他一次次躲过危机，侥幸过关。有的问题是有时间限制的，就算没有解决，也总会结束。比如，一些人担心高考考不好，因此夜不能寐，不过最后它总会结束；一些人担心生的孩子会不健康，但孩子总会生下来，生下来之后这个问题就解决了。但对有死亡恐惧的人来说，担心是没有尽头的，他一生都无法逃避。不撞南墙，他就永远不会直面自己的问题，总是活在一切都好的幻觉之中。

尼采说："杀不死我的，只会让我变得更强大。"想必此种变强不仅仅是内心耐受力的增强，还有我们透过痛苦更能看清楚自己。痛苦的存在，也逼迫我们必须放下对某些东西的执着。没有痛苦作为催化剂，这一切很可能不会发生。就像孙悟空的紧箍咒，虽然禁锢并折磨着他，但也帮助他在最后大彻大悟。

当然，不管是正常人还是神经症患者，都无法逃避命运、逃避痛苦，每个人都在痛苦中成长。我们也很难说清楚，哪些痛苦是正常的，哪些痛苦是病态的。有一些问题很重要——痛苦到底来自真实的伤害，还是来自幻想的破灭；来自现实的损失，还是虚荣心受损；是因为无法承受，还是不愿承受……比如失恋这件事，每个人的反应是不同的。一位女性患者说大学时她谈过几次恋爱，只有一次令她痛苦，这次是她被甩，而之前都是她甩别人。我们就可以怀疑，她的痛苦并非来自真心，而是来自病态的自尊——被甩意味着失败、没有魅力、不如人。另一位男性患者整日不敢出门，担心不会说话、被人看不起，害怕被打、被伤害、不如同龄人混得好。似乎他比常人更容易被伤害和贬低，似乎别人都闲着没事只盯着他的缺点，他稍有不慎就会受到攻击。实际上，他真正受到的伤害并不比别人更多，他念念不忘的伤害也几乎是每个人都会遇到的，比如小时候被人起外号、被老师羞辱的经历。其实，不是这些伤害无法承受，而是他不愿承受。因为这些经历伤害了他神经症的自负，让他意识到自己和常人一样没有什么了不起，但他不愿接受这个必然的现实，所以他的痛苦比常人更加强烈。

> 自负越占上风，这个人越只会凭其自负的情感生活，仿佛他已将真我隔离在一个有隔音设备的屋内一般，他只听到自负的声音。于是，他感到满意、沮丧或得意，以及对人们喜爱与否，主要都是自负的反应。同样，他意识上所感觉到的痛苦主要是他的自负之苦。表面上这并不明显，但当他苦于失败或感到罪恶、孤独、失恋时，他就会觉得这相当真实，他的确就这么觉得。但问题在于"谁在受苦呢"？在分析中，我已判明这是他的"自负的自我"。他受苦，因为他感到自己无法达成最后的成功、无法将事情做得极度完美、无法引人注目、无法使人人都喜爱他。或者他会因他自觉有权成功、有人缘等却无法如愿而受苦。
>
> ——卡伦·霍妮

正常的痛苦来自现实的伤害，而病态的痛苦更多来自自负的受损，简单来说就是他的"应该"无法在现实中得到满足，或现实戳破了他的幻想。比如，一位女孩担心毕业找不到工作，但实际上她总会找到工作，就算工作不那么理想。当我问她为何如此悲观，好像世界末日一样时，她说自己总是在和别人比，她害怕找的工作比别人差，怕研究生毕业没有本科同学混得好，怕那些学习不好的同学都比她强，她的虚荣心与自尊心无法接受这一切，她总是为了可能的不好与失败而焦虑、抑郁。

病态的痛苦不是患者真正遭遇了损失，而仅仅是他可能会遭遇损失；不是他真的很失败，而是他没有更成功；不是别人很可怕，而是他不能放下自尊；不是他真的很笨、无知，而是他无法接受自己不如想象中完美；不是他真的做错了什么，而是他不允许自己犯错……

> 病态的痛苦来自幻想与现实之间的冲突。

对神经症患者来说，他更倾向于责怪不如意的现实、不"给力"的自己，很少反思自己到底活在怎样的幻想之中，才让自己如此痛苦。一位女性患者总是纠结于生活中的各种事，比如脸上的痘痘、晚上的睡眠、和男友的关系、研究生论文，只要有任何做不好或可能做不好的事情她就会寝食难安，以泪洗面。其实，痛苦的背后说明了这样一个事实：不是她拥有的少，而是她想要的更多，她执着于把一切做好，但这一切又不完全在她的掌控之中，她因为无法完全掌控命运而痛苦。

这就好比在"半杯水"的故事中，乐观者看到的是拥有的那一半，而悲观者只会注意到缺少的那一半。幸福的关键在于满足于你所拥有的。

这也就回答了一些患者的疑问："为何我比别人更为不幸与痛苦？为何我的痛苦那么多？"因为他总是执着于半杯水缺少的那一半，或者说得更深刻一些：他的不幸来自贪婪，他执着于要比别人拥有更多。

但对一些急于治愈、急于从痛苦中走出来的人来说，他是不会在意这些的，他只在意如何修复破损的自负（他把这当成自信），把一切变成他想要的样子，找回对自己与生活的控制感。患者来做治疗也是想要找希望，但治疗真正能给他的不是减轻痛苦的方法，而是帮助他在痛苦中发现自己是如何活在幻想中而禁锢了自己的一生。

直面现实虽然痛苦，但也只有现实和痛苦，才能一点点地剥离幻想——痛苦多一些，幻想就少一点。就像灵异故事中被鬼附身的人，只有在阳光下暴晒，才能一点点把鬼魂逼出体外，这个过程需要承受巨大的痛苦。

当自负系统变得动摇之时，真正具有建设性意义的痛苦才会显现——他意识到自我的压抑、人生的虚度、真我的流放，对受苦的自己感到同情，并因此促使他做了某些对他来说富有建设性意义的事，进而开始反思："我为什么对自己如此残忍？"

当他开始对自己感到同情与怜悯时，他才能意识到内心深处那个被捆绑、被流放、被忽视的小孩。但故事远没有那么简单，自负驱力和幻想依然会进行最后的抵抗，在很长一段时间里他依然会不断纠结——是继续寻找支撑，还是放弃抵抗。他依然会对"我是谁"这个问题产生迷茫，到底是那个幻想中的完美自我，还是现实中这个可怜的家伙？当恐惧袭来，他依然会努力维系前者而忽视后者。

第二十二章

我是谁：病人还是凡人

> 这在本质上是个问题：病人是想保留其错觉、要求、虚假自负等所有夸大的有魅力的东西呢，还是能够接受自己是一个常人的事实。接受自己具有常人所有的局限，有其特别的困难，也有其发展的可能。我想，在我们的生活中，这可能是最根本的交叉路口了。
>
> ——卡伦·霍妮

一个人病了，不是因为症状，而是他这个人出现了问题。正是人格上的病态才导致他和现实接触时产生了各种冲突。但症状外显、人格内隐，大部分人只注意外显症状，忽视了本质的人格问题。人格的扭曲可以导致很多外显症状，也会导致症状的不断转移和演变，但无论症状如何演变，问题的本质核心却一直没有变——他这个人。

人格扭曲的最根本原因就在于他没有客观地看待自己，他把自己当成了他所不是的人——一个更优秀、有能力、有魅力、有爱心、有良心、受人欢迎的人。由于缺乏爱的保护与包容，他过于依赖此种幻想，并把幻想中的人当成了自己。

"我是谁"是一切的出发点——如果我是一个王者，就不允许被任何人侵犯；如果我是一个圣人，就不允许自己做任何出格的事；如果我是一个情圣，就要能搞定任何一个异性；如果我是一个成功者，就不允许自己有任何失败；如果我是一个好人，就不能接受任何人说我不好；如果我是一个受人尊重和欢迎的人，就不能忍受任何否定与排斥……正是因为他这个人的人格扭曲，他才会和现实产生如此多的冲突。"我是谁"不仅是一种自我定位，也是一种要求，对自己和他人的要求。他永远无法很好地协调和自己、和他人的关系。问题不在于他不知道应该怎么做，而在于他没有看清楚他自己。

在他的内心一直有两个自己——现实的自己和理想的自己。这两个自己在不断地发生冲突，他宁愿相信理想中的自己才是真的自己，而现实中的这个人是病人。

> 他会成为病人，是因为他不愿面对自己就是一个凡人的事实。

在成为一个病人还是承认只是一个凡人之间，他选择做一个病人，这样他还有希望，还可以"治愈"，但如果承认自己只是一个凡人，他就会绝望，他赖以生存的根基就会动摇。因此，他急于治好自己，但越是如此，他病得越重。他既无法实现理想，又不能面对现实，他被夹在了中间。一位患者形容此种痛苦时谈到，就好像自己被剥了皮不断地在油锅里炸，一遍又一遍。

他"中毒太深"，就算各种事实和证据摆在面前，他也不愿承认自己就是一个凡人。他依然在抗争，依然幻想摆脱现实中这个"丑陋"的人。他认为如果不是因为症状的干扰，他一定会比现在更完美、优秀、成功和受人欢迎。

他把自己和症状分得很清楚，如同某家企业出现了问题，最后抓住的永远是"临时工"——都是他的错，都是他干的。症状就像是这样的"临时工"，患者总是"懒得"反思他的人格、人生观及价值观是否出了问题。人人都期望找到捷径，这样就不必深挖组织中的"内鬼"，就不必牵动其中复杂的利益与权力斗争。

一位患者来做治疗时，带了一本厚厚的日记本，上面满满记录着他的"症状"——反应慢、听不懂别人说什么、智商低、情商不够、没有眼力见儿、不会察言观色、木讷、呆板、不讨人喜欢、没有生存能力。当我问他如果0分是痴呆，10分是天才，他给自己打几分时，他回答0分。当我再次提醒他，0分是痴呆，他才勉强给自己打了1分。他对自己有很多担忧，比如担心以后没法结婚，没法照顾家庭，没法和孩子未来的老师打交道，也没法和其他学生家长交流，总之以后没有办法应对生活的任何压力和挑战，以致他非常焦虑和痛苦。

听了他的长篇大论之后，我发现他没有病——他智商低，还能从外地赶来；他听不懂别人说什么，还能和我侃两个小时；他没有生存能力，还能独立经营一个陶器工作室，并养活自己这么多年……最后，我只问了他一句话："你为什么不能接受自己的缺点和不足？"

如果非要在他身上挑点毛病，那就是——他害怕自己有毛病！他害怕自己在任何地方、任何方面、任何时候的毛病。他一直试图把自己打造成一个完美的人。在一味苛求之余，他却没有反思一个重要问题：到底哪个自己才是真正的自己，是现实中那个不堪的自己，还是想象中那个完美的自己？

简单来说就是：你是谁？

我们对生活的期望、对自己的要求、对未来的幻想，一切的一切都来自"我是谁"这个根基，正是有了这样的根基，我们才开始做选择、做判断，去进行取舍，决定我们追求什么或放弃什么，什么对我们来说是有意义的，什么对我们来说是重要的。

我是谁？这个问题似乎很傻，毕竟我不就是我？这还用问？我应该是最了解自己的，我还能把自己搞错？就像在医院生完孩子还能把孩子抱错？不是开玩笑吧。但这个"玩笑"在生活中无时无刻不在上演。

> 心理问题冲突的核心是"我是谁"的冲突。

"我是谁"有很多缘由——父母的看法，身边的人的评价，已经取得的成绩或未来能达到的高度，或我们在幻想中认为自己应该是一个怎样的人。正因为来源复杂，其中就有很多"暗箱操作"。比如，我们可以乖巧地讨好父母，努力地迎合老师，很拼命地超越他人以获得财富和地位。似乎这些就是关于"我是谁"的证明、证据。后来，别人也开始这样看待我们，就像自我实现的预言一样，我们真的就成了自己所期望、所认为的人——我们从一开始幻想、迷恋某种形象或气质，然后开始模仿与要求，最后相信这就是自己。

一位女性患者告诉我，她终于意识到了，之前一直以为自己完美得像公主一般。其实那并不真实，她只是逃避了很多失败的可能，逃避了很多不喜欢她的人，活在用物质堆砌起来的虚荣之中，并自以为别人很喜欢自己、羡慕自己。现在看来，这一切不过是自欺罢了，毕竟别人并没有真把她当公主，这一切只是她自以为的。另一位男性患者每天都在表演，谈恋爱都把自己设定为影视剧男主角的模式：体贴入微，阳光帅气。虽然他整天都在演戏，但他在评价自己时表现得真诚和真实，想必他的真诚和真实也是表演的结果，而非真实的品德，但经过他的自欺、表演、塑造和选择性记忆，他内心竟真的认为自己非同一般，已经不再是一个普通人，而变成了一个理想中的完美人物。他坚信这个美好的、理想化的人才是自己，而现实中的那个人是一个病人，他来治疗是为了消除现实中的障碍。他不愿直面本来的自己，注定要与症状做斗争。一些患者在治疗中就很直白地说"我就是一个天才、伟人、强者、完美的人",而另一些人虽然嘴上没说,但内心深处依然坚信自己非比寻常或具有圣人般的美德。这类信念也会在梦中或幻想中不停上演。比如,一些患者总会梦到自己与国家领导人或行业领袖亲切交谈,或正在和明星谈恋爱。

这终归是一个梦,也终归是一个人的命——人注定无法成为神。

就算如此,他依然不能放弃幻想,依然为理想化自我辩护。比如,他会想起之前的辉煌、现在的成就、美好的品德、良好的口碑,这些都是客观存在的。但这一切又是那么不真实,因为都来自"苦心经营",或者说这一切都是用自我压抑与逼迫换取的,仅仅是一场完美的表演而已。

真的假不了,假的真不了——他内心的冲突与痛苦,不过就是现实与幻想的碰撞。他越是沉浸在幻想之中,在遭遇现实时就越痛苦。一些极小的或在常人眼里无关紧要的事情,都会成为打破平静的导火索,比如别人的一个眼神、一句话,自己极小的失败或是被人冷落。一个患者就因为妈妈的一句"你的眼睛怎么不看人呢"让他觉得自己眼睛有问题,最后真的就再也不敢正眼看人了。

幻想中的一切往往是那么真实,让他难以相信"自己"是虚假的,就好像《禁闭岛》中的莱蒂斯,他不仅给自己创造了一个身份,还创造了一个完整的故事,让自己没有一丝怀疑地活在这个本不存在的、虚构的剧情与身份之中。这都归功于我们神奇的大脑,它为了保护我们,会创造出一些东西,这些东西有时仅仅是凭空捏造的。而"我是谁"同样可以捏造,这完全由我们内心的需要决定。

正常人同样存在很多幻想和误区,比如,小时候我们认为公务员是公仆、老师是蜡烛、我们是祖国的花朵,但后来现实摆在我们面前时,我们认识到自己的认知存在误区,取而代之的是我们不再以职业来衡量一个人，转而客观地看待一个人本身。毕竟，就算监狱里也不都是一样的坏人。此时，我们成长了，我们成熟了，不再以单一的维度来评判事物，可以从多个角度更客观地评价事件、人物及我们自己。

对神经症患者来说，要打破他的幻想很难，虽然现实每天都在用痛苦来"警示"他，他却"不甘心"，不愿相信这一切是假的，他认为只要努力就可以成功，世上无难事，只怕有心人。一位患者虽已陷入症状之中十多年，依然不愿承认症状是自己的一部分，依然不愿接受自己就是一个社交能力不足的人。他在心里依然认为自己是一条龙，只不过症状的存在让他无法发挥实力。不死心、不甘心，成了他与现实对抗的最后筹码。

此种"固执"也属于心理防御机制的一种，正是因为他内心有无法承受的创伤，他才沉浸在自己编织的幻想中。一位女性患者谈到，因为看见了太多"丑陋"的东西，所以才对"美"如此执着。"丑陋"就是"伤害"，当一个人的内心经受了太多伤害，尤其是在生命早期，他就无法接纳自己，无法建立价值感与自信，就需要活在光鲜的面具背后来掩盖脆弱。而"我"的赝品，也有了存在的价值——它可以用来掩盖真相，让我们逃避伤痕。

但这"真我"与"假我"的冲突迟早要爆发。因为现实总是不时地拷问他："你是一个'病人'还是一个'凡人'？"这就像一场战争，现实与幻想的战争，正义与邪恶的战争。

CHAPTER 23
第二十三章

认识你自己

"你"才是问题的核心,一切"执念"皆来自你自己。只有了解自己,才能理解痛苦、冲突、恐惧的缘由;只有认识自己,才能明白症状存在的意义;只有看清自己,才有机会获得内心的自由与解放。

> 认识你自己,是一切理论与治疗的根本。

人总是自大地认为已经了解自己,或没有比自己更了解自己的人。但是,对自己的了解分为几个层次——外显行为、意识与思想、潜意识的欲求、内心的冲突、人格的结构、虚假与真实的自我。通常,我们只是了解意识层面的自己,却并不了解潜意识中的冲动与需求,但大多数时候我们是被潜意识指令所驱使的,而意识往往只是为此找了各种合理化的理由罢了。例如,一个人潜意识里害怕他人,就会试图去迎合他人,但他这样的卑微也会被意识所美化——"我只是善良"或"人不能没有朋友"。他不是喜欢这样做，而是不得不这样做，只是他没有觉察而已，他没有觉察到自己受到的潜意识驱力的影响有多深，生活在多大程度上被此种影响控制与驱使。

他意识层面的"理智"也总是拗不过潜意识中的"情感"，就像"末代皇帝"不能自己选择，表面上他是一个决策者，但其实背后一直有一股力量在操控他的人生。

我们在生活中往往有很多的无奈与冲突：明明想要得到一个东西，却不敢去争取；明明应该放弃某件事或某个人，却一直难以割舍；明明以为自己是一个正派的人，却经常做出一些猥琐的事；明明认为自己应该爱别人，内心却充满了愤怒；明明应该放下对荣誉的追求，却总是逼迫自己成功；明明知道没有人能获得所有人的肯定，在别人面前却又不自觉地开始表演了起来……

这一切都表现出"理智"与"情感"之间的冲突，准确地说是理智与潜意识需求之间的冲突。如果我们不彻查潜意识中的自己，我们就永远也无法破解这种种谜团，更无法搞清楚我们自己。

人生就像是在走一条路，当我们被石头绊倒，只会责怪石头挡住了路，却没有因此反思我们走的方向到底对不对。如果因为错误的方向而误入歧途，我们是应该责怪石头，还是责怪自己呢？

当我们带着满身伤痕，一副受害者的模样，把一切都怪罪到悲惨的境遇或伤害我们的人身上时，我们没有领悟到这一切的痛苦其实是对我们原有活法与价值观的一种警醒。人总是认为了解自己，但患者陷入内心的冲突无法自拔的事实，说明了他对自己的了解有多么肤浅。一个人病了并不是因为症状，而是因为他无法和自己及他人很好地相处。如果一个人只执着于外在的痛苦与症状，而不能感受到内心深处的挣扎，那么他终将无法获得心灵的真正自由。

"我是谁？"

"我到底是一个怎样的人?"

"我与自己和他人的关系到底出了怎样的问题?"

这些重要问题往往会被人忽视,毕竟我们总是活在一厢情愿的"真相"之中。因此,苏格拉底提醒我们:不经审视的人生,不值得一过!

那么,我们该如何审视和了解自己呢?

对认识自己,霍妮给出了这样的建议:"一个老掉牙的真理:如果你想分析自己,必须不仅仅研究最显著的部分,还要抓住每个机会去熟悉这个陌生人或熟人——那就是你自己。顺便说一下,这可不是在打比方,因为绝大多数人对自己的了解微乎其微,只是渐渐才得知他们多大程度上生活在无知之中。如果你想了解纽约,你不能只从帝国大厦上看它。你要去一下东区,漫步穿过中心花园,坐船环游曼哈顿,乘坐第五大道的公交车,还有许多许多。熟悉你自己的机会将自行出现,假如你确实想了解这个过着你的生活的奇怪家伙,你会发现这些机会的。那时你将惊讶地发现,你一会儿冒起无名之火,一会儿下不了决心,一会儿毫无意义地冒犯别人;你一会儿莫名其妙地没有胃口,一会儿却沉浸于口腹之欲;你一会儿无法定下心来回一封信,一会儿突然害怕独处时周围的噪声;你一会儿做了一个噩梦,一会儿感到受伤或屈辱……所有这些无穷的观察都代表着许多通往未知场地的入口,这个场地指的当然就是你啦。你开始惊奇——在此,好奇心就是所有智慧的开端。通过自由联想的方式,你可以试图理解这些情感的意义。"

"自由联想"意味着努力敞开内心世界,毫无保留地表达内心的想法与情感,不管这些表达是不是微不足道、偏离主题、语无伦次、不合情理的,也不管是否举止轻率,令人尴尬为难、恼羞成怒。在自由联想中,我们要努力表达出现在头脑中的任何事情,而不要顾及后果或进行价值评判。

以上是自由联想的专业定义,在自我分析中就意味着诚实面对自己——当我们对自己的情绪、状态、内心感受有困惑和怀疑时，我们就需要反思与琢磨自己，也就是自省。此时的自省并不是道理的说教与对自我的美化，而是诚实地对待自己与内心，无论此时心中出现怎样奇怪的想法都不要排斥，让自己的内心自然流淌，这样才能尝试体会情绪与行为背后的意义。

比如，一位女性患者有一个奇怪的症状，就是不能靠近别人，就算对方是女性也不行。前段时间因为太痛苦，她靠在一个女性朋友肩上，但这之后她就陷入了极度的焦虑之中。在咨询中我让她去感受自己的焦虑，看看可以联想到什么，她首先联想到的是"脏"，再对"脏"进一步分析，她联想到了"精子"。之后，她谈到了这一生仅有的一次婚外情。她是一个如此"纯洁"的人，婚外情、性关系、精子，这些"不纯洁"的东西会玷污她原本的纯洁，她极力回避这些。她就算穿着裤子坐在长椅上都担心有"脏东西"跑到身体里，她也觉得这很奇怪，不过她就是感到很恐惧。恐惧的背后折射出她内心的冲突——虽然她已经不纯洁了，但她的内心一直没有接受这样的事实，她的强迫行为就是对肮脏自我的排斥。她不是害怕脏，也不是害怕精子，而是一直没有接受一个"不纯洁"的自己。

通过自由联想与自我分析，我们往往会把自己看得更清楚，也更接近内心真实的感受、目的与潜意识诉求。

下面是一位患者对自我的分析与反省。

关于网游

在游戏里的每一步我都算好了——每天9点40分起床，就为了一个小时一次的任务。我觉得自己处于一种病态，每当快要刷"新门"时总是很紧张，害怕有人跟我抢，整个人都在发抖。

我一直觉得这个游戏不错，但是为什么我那么激动，为什么别人不激动？

继续玩，我想看透自己为什么会这样。

今天玩的时候，我脑海里出现我要努力、要加油，我要把全身的石头刷到四级，我要比别人强的想法。我看到一个人全身都是五级石头，脑海里就浮现出：等我有钱了，我弄一套三万元的装备，在你老婆面前炫耀，在频道上喊"你有什么好拽的，要找碴？你不是很强吗？来找爷，爷教你什么叫强……"。

就像王老师说的：游戏，其实也是一个世界，一个虚幻的世界，在这个世界里也能发现自己。

关于唾骂

现在，我要解决的问题是关于唾骂的问题——只要想到佛，或者遇到与佛有关的物品，我心里就会唾骂。不是不相信佛的问题，而是我控制不住自己。

我要找到唾骂的原因。

有的时候，我看到我妈妈也会在心里唾骂，是不是他们有共同之处？是不是他们有什么没有满足我，才导致我这样？

我心里在唾骂，意识里却不想唾骂。

因为这件事，这两天我多次接近崩溃，不管花多大精力，我一定要弄清楚我心里唾骂的原因，是什么导致我心里唾骂的。

我分析了一下，不知道对不对：我每次去拜佛，总会有个愿望，可惜愿望从没实现。

对于我妈：从小我妈对我就很抠，不给我钱。从小我爸就那么打我，我却没骂他，因为我一问他要钱他就给。

我和老婆也商量过，我老婆问我："你在心里骂我吗？"我说不。我老婆说："是的，你叫我做什么我都做，不知道和这有没有关系。"

求佛，只是一种精神寄托而已，我可能要的太多了。

这是什么心态

我遇到一个朋友,她和男朋友在一起。她男朋友我认识,挺帅的,我一看到她男朋友就想赶快去健身,瘦下来,我也要变帅。这是什么心态?

我在游戏里被杀了,是被自己人杀的,我很愤怒,但是我不敢爆发。我就是这种心里很愤怒,但言行很懦弱的欺软怕硬的人。最后我退帮派了,心里想,等我变强了,弄死你们。这又是什么心态?

逛超市,我会突然很没耐心,觉得不爽,想骂人。我想找原因,后来想想可能是开始看清自己了——是不是自己本来就是一个脾气暴躁、缺点无数的人?以前一直在伪装,现在慢慢撕掉虚伪、不装了之后,这个自己才是真正的自己,我觉得我有点不敢接受。

我装了二十几年,原来自己是个这样的人。我现在有点害怕,我怎么会这样,我该怎么继续活,我白活了二十几年,什么都没学会,什么都不懂。我该怎么办?

关于爱情与友情

我感觉自己确实不敢爱,害怕失败。虽然我谈了很多次恋爱,却没有一次真正爱过。比如,前段时间和女友聊天,其实我很烦她,不想和她聊,我很被动,想找个机会跟她说分手,不想谈下去了。

她貌似已经被我征服了,我想我是不是在报复?这样的感觉好像已经存在很久了,女友对我越好,我越不想理她,她几天不找我,我才会想找她。我心里总是有个理论:我对那些女人越不好,她们越会黏着我。还有,我觉得我的人生就是为了女人、为了虚荣而活的。我买件衬衫,脑子里想的都是我穿上这件衣服女人会不会觉得我帅;我买个车垫,会想女人会不会坐在我车里觉得这个车垫坐着舒服,会不会夸我。

同时,我感觉和朋友的关系也很扭曲。和一个从小一起长大的朋友在一起,我一开始觉得挺好,但是过段时间我就慢慢变得不耐烦,不像一开始对他那么好了。小时候就听一个朋友说过,我刚开始对人很好,然后就慢慢变了,因此我从小到大都没有真心的朋友。

关于幻想

王老师,我总是控制不住要去幻想,可能因为特别痛苦,我就特别需要幻想,我不知道为什么。比如跑步,我时不时就要拿旁边的人和我比,我觉得这是一种动力的来源。记得小学时打羽毛球,我看到妈妈来了,就特别想努力打好给她看。比如做心理治疗,我总是幻想有一天可以治好,然后把我好了这件事分享给大家。我的意志力可能一天比一天薄弱,我的内在世界全是幻想,漫天的幻想。控制不住幻想时,我自己就飘起来了!我好累,我该怎么办!

还有,我发现我自卑起来特别自卑,就像今天在健身房,我知道自己练得很差,脑子里总是能"听见"别人的嘲笑声。虽然我知道他们没有嘲笑我,但是我就是害怕,内心不够坚强。其实我知道,明明人家确实没有笑我,只是我自己在笑自己。

透过现象看本质

今天,我又难过了,很难过。我在上海,不敢说家乡话,不敢大声说话,怕别人看不起,反正逃避各种被人看不起的地方。

最近我学了一句话:透过现象看本质。我为什么这么怕别人看不起?我到底是在怕什么?难道还是自我膨胀?不至于吧?那我自我膨胀又是为什么?我到底在逃避什么?什么东西让我非要自我膨胀?

我想了很久,回忆了很久。是的,小时候我总拿钱交朋友,很傻地拿钱就为了让他们和我玩,以至于我不拿钱他们就不和我玩,甚至侮辱我,还找人打我。我很痛苦,但他们越是这样,我越觉得拿钱可以买到朋友,拿钱就有友谊。所以我没有了感情,越长大越孤单、害怕。我没钱从不出门,有钱立刻打电话叫朋友,喜欢别人追随我的感觉,哪怕是假的,我也很享受,至少那一刻我是大爷,别人必须听我的。我可以为了享受这种感觉,把钱借给人家,那时候我不懂,觉得自己是一个好人、一个圣人,根本认识不到我是在寻求那种感觉。谁打破了我这种感觉,我就愤怒、发火,不允许别人破坏这种感觉。

"透过现象看本质"真的很有用,这句话非常好,帮了我很多。

透过现象看本质的过程,就像拼图。当一块块拼图拼到一起,这幅画就越来越清晰了,而这幅画就是你自己的样子。

认识自己也类似于福尔摩斯的破案过程,我们的各种梦境、日常生活中的细节、情绪的波动、情感的变化,我们的过去、现在及对未来的幻想,所有这些都是重要信息。把这些碎片进行整理、拼接,慢慢就会形成一个更完整和清晰的自我的画面。越能看清这个画面,我们就越能发现自己是如何逼迫、要求、伪装、自欺的,也越能理解内心到底存在怎样的恐惧,才甘愿为此出卖灵魂。

不满足于既定答案,不放过任何一个线索,才能一点点拨开迷雾,看清楚"未知的自我"。在这个过程中,他会增加对自己的理解和同情,明白内心的苦痛远比症状更严重,因此之前才宁愿躲在症状中而不愿直视内心的伤痕,最后他会发现——症状仅仅是扭曲的人格和现实无法相容的产物罢了。

认识自己的起点在于痛苦、挣扎、纠结、矛盾、不解的情景与事件。如果认真对待这些,我们就会对自己及整个事件有更深刻的认识。比如,别人的一句话、一个眼神,为什么能让我们想一天;明明我们想要得到某样东西,为什么却一直不敢争取,为什么总是拖延和逃避;明明讨厌一个人,为什么总是对他满脸堆笑;本来不想做的事情,为什么不懂得拒绝……

认识与了解自己需要时间,也需要耐心,并且需要克服内心的阻抗,所以治疗往往是长期性的,无论是自我分析还是专业的心理咨询。

但一些人执着于探求怎么做，没有耐心去发现自己到底怎么了。一味执着于"做"而缺少"悟"，只会让人更迷失。

> 闪电战在心理学问题中绝不是好方法，这种战术忽略了对要进攻的领地进行的前期侦查。而造成这种情况的部分原因是，人们在心理学问题上一直普遍无知，当他的抗争、恐惧、防御、幻想等异常复杂时，就呈现出相互矛盾和冲突的趋势。他无法集中精力工作，便是这些因素作用的一个最终结果。可是，他竟然相信他能以直接的行动来根除它，就像关掉电灯那样简单！他想快速消除困扰他的病症，这种期待在某种程度上就是痴心妄想。他倾向于认为，除了这些突出的困扰，一切都很好，却不想面对这样的事实，即明显的困难只不过是暗示在他与自己、与他人的关系上有什么地方不对劲了。
>
> ——卡伦·霍妮

他就像梦中人一样混沌，对内心冲突视而不见，因为内心的防御机制会阻碍他看清自己、看清事情的真相。一个人活在"梦"中是因为内心深处的创伤，然而出于自我保护的目的，防御机制让他希望维持现状，继续活在幻想提供的安全感之中。

防御机制就像大脑里站岗的卫兵，它检查着每个过往的"车辆"与"行人"（各种想法与行为），只有它审查认为适合的才会放行。通过这样的审查，它不让我们看到真相，只让我们活在它希望我们认为的真相之中。比如，一位男性患者对岳母的胸部太大了，还不下垂非常反感，觉得这和她的年纪不符，希望岳母做缩胸手术。当然，这种无理要求不会得到迎合，他也越来越反感岳母，反感她的胸部。平心而论，岳母的胸部大小和他没有任何关系，除非他被岳母的胸部吸引，但他又不愿承认这一点。最后，他把对自己的愤怒投射到岳母身上，认为是她胸大的错。通过防御机制，他维系了心中"无邪"的形象，又把"邪恶"嫁祸给了别人。

经过这样的颠倒黑白，他保持了自己的自尊与形象。就像一位男性患者，在生活中一直是孤家寡人，他却不认为是自己的问题，反倒认为是周围的人素质太低，不值得来往。通过贬损周围的人，他就可以不必意识到自己的孤僻与病态的生活模式，就不必改变自己，不必让病态自负在现实中陨落——发现自己其实没什么了不起。

心理防御机制只让我们看到它想让我们看到的，不想让我们看到的都已经被它屏蔽了。霍妮提醒我们，在内心存在两组对抗的力量，一组致力于维持神经症结构提供的幻觉与安全感，并使其保持不变；另一组则试图通过瓦解神经症结构来获得内心的自由与力量。当他直接面对一系列问题时，也就是说，当他关于生活的私人信条、主张被公之于众，他的想法被质疑，他的安全系统处于危险中时，他就会启用防御机制。不仅如此，当他远远地靠近那一系列问题时，他也会启动防御机制。他越想保持已有领域的完整性，对外界的威胁就越敏感，即使威胁远在天边。心理分析，是阻抗的力量与解决这些阻抗所需的自我力量的一场博弈，最终的结果主要取决于这两种力量的对抗。

患者在治疗中的阻抗，会以或激烈或微弱的方式表现出来。比如，对一位有"公主病"、希望一切都好的女性患者，我只是说了一句她对自己与他人的要求太高了。结果下一次治疗中，她就愤怒地指责我摧毁了她一年来维系的希望和信心。她希望在治疗中得到我的鼓励，却得到了要学会"凑合"这类负能量的话，因此她情绪大爆发。还有一些患者在治疗中总是迎合我、赞同我，不肯表达观点和想法，担心说错话，担心被讨厌，脸上一直挂着笑容，不让别人知道他内心的真实想法。

虽然防御机制一直阻挠我们看清真相，但这并不是说防御机制无法觉察与突破，毕竟它总有"打盹"的时候——在梦中、幻想中、臆想中或喝醉、口误、笔误、情绪爆发的时候，这些都是防御机制容易打盹之时，此时我们往往能一窥平时无法觉察的"秘密"。

首先，我们来看看"酒后吐真言"。一些社交恐惧症患者只有在喝酒的时候才能放松，当不得不出现在公众场合时，他总是要先喝两口酒，不然都不敢见人。这说明在酒精的麻痹下，他可以暂时放下各种恐惧与焦虑，可以暂时不在意别人的看法，这样和别人在一起才不至于感到那么恐惧。

喝酒的时候（喝得不能太多，也不能太少），一个人的防御机制就会处于一种麻痹状态。此时，他才敢于说出心里的话，才能做想做的事。此时，他所说的、所做的更符合他内心真实的想法。这种情况在生活和治疗中非常常见，比如一些沉默寡言的人喝酒之后，话就变得多起来，甚至会说一些气人、伤人的话。其实，这说明他平时太过压抑自己，把真实的情感和感受压抑在了心里，只有在喝酒之后，他才能不在乎那么多。一位女性患者平时一直为家人付出，为了父母，为了弟弟和妹妹，没有任何怨言，因为她觉得应该听话和孝顺。平时家人对她说什么她都不反驳。一次她喝多了，爸爸又和她说她是老大，就应该为家人负责，结果她再也压抑不住心里的愤怒，和爸爸吵了起来。不过，事后她并没有自责，反倒很爽，她终于说出了心里的话。

有些患者会酒精成瘾，无意中酒精成了他唯一的宣泄和做自己的途径。只有在喝酒时他才能释放自己、活出自己，而不喝酒，整个人就非常压抑。喝酒暴露了他内心真实的想法，让他做了一些出格的事情，然而当他酒醒后，防御机制又开始起作用，他就会后悔，觉得这不是自己，酒后所做的也不是自己应该做的事情。比如，一位患者每次喝酒之后就要把他的领导骂一顿，而平时他总是毕恭毕敬的。之后他会非常内疚，认为自己不是这样的人，自己应该是理解、包容、好相处的，他就带着内疚的心情向别人道歉。当下一次别人伤害他自尊时，他又会爆发，之后又会愧疚，如此反复。

我们从中可以发现，防御机制维系了理想化的自我，只要和理想化自我不符的地方，都会被防御机制过滤和否认，这样他就无法看清真实的自我。

除了喝酒，人在做梦时往往也会"泄露"很多平时他意识不到的东西。因此，梦也是认识自己的重要途径。

霍妮谈道："在梦中，或以神经症方式，或以正常方式，我们更接近真实的自我。梦代表我们努力去解决自己的冲突。在梦中，建设性力量会起作用，甚至在它们几乎无法被发觉时也会起作用。然而因为梦的怪异和夸张，人们往往忽视梦中包含的信息。"

对于理解梦，霍妮也提出了两个原则："第一个原则是，梦所提供的并不是感情或意见的一幅照片式的静止画面，而主要是倾向性的表达。梦可能比我们清醒时的生活更能清晰地揭示我们的真实情感，本来受到压抑的爱、恨、怀疑或悲伤，都能在梦中毫无保留地感受到。梦表达了我们的努力、我们的需要，常常反映了我们在尝试解决当时打扰我们的冲突。它们更像是表现情感力量的戏剧，而不是对事实的陈述。第二个原则是，我们只有将梦与刺激产生的实际情景联系起来，才能理解梦。"

因此，分析梦是了解自我的重要一环，分析梦的方法依然是"自由联想"。比如，一位女性患者做了这样一个梦：一个男人在神像面前把一个女人强奸了，在梦中她体会到了强烈的罪恶感。当我让她试着分析这个梦时，她谈到其实梦中的女人就是自己，她联想到自己高中时谈恋爱，有几次亲密行为，但她一直没有原谅自己，也没有原谅对方。"神像"就是她圣人般的价值观，她一直不能接受自己，并认为对方把自己毁了。

下面简要分析几种常见的、具有显著意义的梦。

■ 考试梦

做此梦的人往往已经成年，并没有面临实际的考试，而是反映了他的焦虑。他在青少年时期的考试对他来说是压力很大的事情，而高考对他来说也很可能是一段痛苦的回忆。当日后遭遇压力时，他总是会梦到考试，梦中的他没准备好，不是忘记带笔，就是遇到了解不出的题目。这种梦往往提示他眼前正遇到一件没有准备好或心里没有底的事情，但他又害怕失败，正如当年的考试一样。

之前提到过的一位患者的梦：她在梦中发现自己还没有毕业，还在考研、考博，一直都考不到头，一直都在提升，好像在一个大学或研究机构，她总是达不到目标。梦境也正是她人生的缩影，她一生都在提升自己，就算她取得了成就，她也依然觉得不够，不是想考学历，就是想考证书，她就是不能闲下来。她表面是在进取，实际上不过是在逃避骨子里的自卑感与本来的自己。

■ 悬崖、跌落的梦

此种梦意味着失去或可能的损失，也许他正失去光环、荣誉、骄傲或价值等那些对他来说重要的东西。而此种东西往往是他人生的支柱，失去它们就如同从高空跌落。他在潜意识中充满了焦虑。

■ 飞的、漂浮的梦

此种梦说明此人不接地气，或活在一种高高在上的自负之中，他往往有一种俯视芸芸众生的骄傲——自以为了不起，并轻视他人。他就算在意识层面是谦虚的翩翩君子，骨子里也一定是个自大狂。

一位女性患者经常梦到悬浮在半空中，一直不着地，家具也在空中。这位患者本身就非常自负，看不起周围的人，并幻想可以衣锦还乡、光宗耀祖，被所有人看得起。虽然她发展得已经相当不错了，但依然不满足，她的成功还不能让她足够闪亮，她经常参加学习班来提升自己，并结识更多成功人士。

■ 恐惧的梦

恐惧的梦多种多样，有的人害怕动物，有的人害怕鬼魂、死人，也有的人梦到一种恐怖与诡异的气氛。这样的恐惧的梦往往提示两个问题：第一，在当下的生活中有令他恐惧的事情；第二，恐惧的梦反映了他内心深处的基本焦虑。这样的恐惧来自童年，提示他童年时产生的心理伤痕。

■ 强烈的愿望和情感的梦

此种梦往往提示被压抑的愿望与感情，在理智状态下这些情感被压抑，而在梦中往往以夸张的形态表现出来。一位女性患者谈到，她经常会梦到一些和各种人性爱的梦。这个人可能是以前的老师，也可能是理发师，或异性朋友。她说从小妈妈就不让她和异性接触，她从来没有恋爱过，也没有对身边喜欢的异性表白过。现在做了这样的梦，她有深深的负罪感，因为她"应该"是一个好女人。

在分析梦时，我们应该着眼于一些经常做的或印象深刻的梦，此类梦会对了解自我提供更多线索。而为了更好地分析梦，我们也可以习惯性地记录一些重要的梦。不仅是晚上的梦，也包括白天的白日梦、幻想、意象，这些都可以成为分析的对象——越是不放过任何了解自己的机会，就越有可能认识你自己。

当然，无论是分析师还是患者，都不可能百分之百地实现目标——不存在完全与绝对的分析。理想的价值在于，为我们的治疗和生活指明方向。如果我们不能清楚地认识到理想的真正含义，很可能就会用新的完美标准来取代旧有的理想化幻想。虽然不存在彻底的分析，但治疗给患者提供了一个机会，一个重新认识自己的机会。

顿悟：有深度的觉察

> 严格意义上来说，智慧上的实现就是根本没有"实现"，这种实现对患者来说并不真实，它没有成为他的个人财产，没有在他身上扎根。他用智慧看到的具体东西可能正确，但是，正如镜子不能吸收光线而只能反射一样，他也可能只把这种"见解"应用在别人而非自己身上。他似乎期盼智慧单独就足以驱散问题：看见便是解决。
>
> ——卡伦·霍妮

了解自己不能只是知道，仅仅智力上的知道不能成为一个人的财富，更不能让他放弃病态的追求，也不能改变他原有的生活模式与价值观——知道不能成为一种改变自己的动力与力量。我们知道日本侵华战争,我们甚至知道更多细节,但我们并没有亲身体验,因此我们不能像当时的民族英雄那样深刻体会到"一寸河山一寸血"。

心理治疗同样是争取自由与解放的过程,如果只是感受到症状存在的痛苦,而不能体会到自己的情感被压抑、人生被扭曲、真我被流放,就不能产生解放自己的决心与勇气。他依然活在他的"解决法"中,依然执着于那些可以给他安全和荣誉、可以维系他的幻想的东西。

认识自己,不能只是智力上的。尽管刚开始时是这样,但最终必须成为一种切身体会。正如《禁闭岛》中的肖恩医生并不是向莱蒂斯说教,而是配合他的幻想,使他自己发现了幻想的存在,让他自己对幻想世界产生怀疑。只有当他意识到自己活在梦中时,才能产生摒弃幻想的力量。

一些患者总是给自己灌鸡汤,这是没有任何作用的。比如,他总是和自己说不要在乎别人的看法,不要对自己要求太高,完美主义是错的,自己只是一个平凡人。这些仅仅是他为了获得治愈的手段,而非真正的醒悟——他并没有体会到自己活在幻想中,也没有发自内心地放下对自己无情的要求。

> 用心而不是用脑!

用脑意味着说教与要求,而用心重在发现与顿悟,如果没有内心的触动,一个人就无法拒绝幻想的诱惑,也无法抵挡恐惧的侵蚀,在关键时刻他又会开始退缩、逃避和表演。比如,一位男性患者在治疗时可以说得头头是道,也知道自己活在幻想中,并明白是"应该"导致了痛苦,他也想要放下虚荣心与比较心,面对一个不优秀的自己。但一到现实中,他该逃避还是逃避,该幻想还是幻想,该自恨还是自恨,依然没有放下伪装。他也知道不应该这样,现实中却有一种穿心的痛,让他不得不躲到编织的安全壳之中。另一位患者在被人审视时的心态就像没有穿衣服,羞愧难当,想马上找个地缝钻进去。此时,之前的知识、治疗中的语言一点用都没有，他整个人都被这种强烈的恐惧所控制、所束缚。

恐惧就像"敌人"的武器，如果没有坚定的信念、必死的决心、对虚假自我与虚假人生的痛恨，就无法在关键时刻挺住，也不会有勇气直面恐惧。

患者大多数时候只能体会到对症状的恨，却没有体察到自己的人生早已被幻想、恐惧所控制，真我早已被流放，这远比症状更可怕。他早就不是在为自己而活，他最对不起的人就是他自己。

一位害怕患癌症的女性患者，总是担心各种"不正常"的身体变化（疑病），也总是担心家人的身体健康，并为此陷入严重的焦虑之中。她治疗的目的是消除焦虑，但随着她对自己的了解越来越多，我发现她其实也很可怜，虽然表面上她是那么成功、那么幸福、那么无可挑剔。

她出生在军人家庭，从小缺少温情，只有严厉和规矩。这也决定了她接下来的人生：她一直努力把自己装到"规矩"里面，不敢做任何出格的事情；她一直努力做好她应该做好的一切；她一直控制情感以保持形象；她一直在压抑自己，让别人觉得她绝对正常。但她是一个人，一个女人，她有脆弱、不满、压力、坏想法、叛逆，但这些真实情绪都被她压抑了，她活得永远是那么正统、正派、正直。其实，她在高中就谈恋爱了，但直到第九年才结婚，有了性关系。从这一点可知她对自己的人性压抑得多厉害，但她对此浑然不觉，并以为对自己的控制是一种美德。

她所有的努力都是为了获得他人的肯定，她一直都在一个"模板"中活得循规蹈矩。她的人生目标并不是活出自己，而成了控制自己，维系完美的形象与万无一失的幸福。以前她一直都自信能控制这一切，但死亡的出现让她惊慌，死亡可以轻易夺走"万无一失的幸福"和她"应该"拥有的一切。

她出卖了自己的灵魂，签署了魔鬼协议，幻想被完美拯救，但她所做的一切只会令她更加虚弱。她只有"看见"这一切，才能反省一些比症状更重要的东西，比如她对自己人性的压迫。她一直都被恐惧所逼迫，而没有按照自己的真心来活。她一直只是维系表面的完美，这并非真正的幸福，所以她才对现实如此恐惧——她也会如常人一般死去。

这一切不能只是笼统地知道，她必须"看见"所有的细节，以及这一切对自己的整个人生造成了怎样的影响。虽然这很重要，但她内心其实抗拒这种"看见"——她不愿也不敢直面内心深处的恐惧。一些患者的心态就是：当症状来临，他想着改变、反抗；当症状离去，他又开始活在自欺之中。这说明：他只是知道，而没有更深的体悟。

一个女孩看了很多心理学的书，在治疗中她也试图自我分析：她说问题产生于童年时期，妈妈脾气不好，总是和爸爸吵架，总是苛责她，总是拿她和别人家的孩子比较，因此她内心积累了很多负面的东西，形成了病态人格，产生了症状。当我追问她病态人格有哪些表现，对她的人生造成了怎样的影响，又是如何引发她的症状的时，她却回答不上来。我提醒她，她的病态人格体现在极端追求成功，所以才对任何影响学习的东西感到恐惧。比如，她害怕学习时别人说一句话，或她头脑中产生一个和学习没有关系的念头；她极端地在乎别人的看法，因为她幻想赢得所有人的肯定，进而维系她高高在上的地位；她疯狂地想要考一本，无法接受考不上大学的可能。她一直自命不凡、目空一切，所以才无法接受失败。不过，她根本就感受不到也体会不到我说的这些，她只是知道"病态人格"这个词，而根本没有"看见"病态人格是如何一点点把她吞噬的，更没有"感受"到自己是多么贪婪。

对理论的记忆和背诵，只是一种肤浅的理解和认识，那并不是真正了解自己，更不会让人产生转变的动力。"心理学达人"大概属于此类，他自负地认为已经了解了自己，他几乎读遍了各种心理学和哲学的书，他几乎知晓所有理论，也遍访心理学名家。他懂得了这么多依然没有什么用，这些都是他看来的知识，而不是在自己身上的发现，这一切只是智力上的，而非情感上的。一位焦虑的女孩突然想到"别人是怎么看我的"这句话，当她意识到别人可能会看不起自己，整个人变得非常惊恐，甚至不敢出门见人。她知道这一切都是来自完美主义与"公主病"，但这种肤浅的认识就像在说别人而不是她自己。后来有一次她失恋了，这件事触动了她，她意识到自己太闹腾了，以前那么多好男人自己看不上，现在竟然沦落到被人甩的地步。她也觉悟到了一个事实：她虽然总是怀念从前，遗憾自己的失去，但她就算得到了也不会满意，更不会珍惜，她总认为应该有更好的在等着自己。

虽然她对自己的认识较以前多了一些，但这远远不够。她还没认识到她的"应该"是如何破坏了她原本和谐的恋爱关系的；她的"应该"是怎样把她人生的一手好牌打烂的；她的"应该"又是怎样让她迷失本性、丧失主权的……

> 患者必须认识到，他是身不由己地被某种特定倾向所驱使，尽管那并非其本意或利益所在，甚至还经常跟他的真实需要相反。第一步就是让患者看到问题的严重程度，第二步就是让他感受到问题背后力量的强度。这两个问题都会激发患者进一步检视自己的兴趣。没有哪一种神经症倾向或冲突仅仅是过去遗留下来的，它不像习惯那样，一旦养成就一直存在。我们可以肯定，神经症的倾向或冲突是由于当前的人格结构中有迫切需求而存在的，认识到神经症产生的历史根源是次要的，我们首要的任务是改变目前起作用的力量。
>
> ——卡伦·霍妮

是什么让一个人不能为自己的人生负责？是什么力量让一个人沉浸在幻想世界之中？又是怎样的恐惧让他一直不敢做自己？

一位男性患者幻想一下子就好起来，他懒得付出努力，也懒得分析自己。治疗的转机发生在一次他终于鼓起勇气追求一个女孩，却被对方拒绝时。这件事让他体会到了自杀般的痛，他终于知道自己为何那么"宅"、那么畏缩、那么孤独，他太害怕失败了。这次"自杀式袭击"让他直面了失败，他异常焦虑。他发现自己一直深陷在功成名就、有钱有房有车有美女的幻想中，也因此离现实越来越远。此时，他也想起了一件小时候的事情：小学时他是班长，老师信任他，让他检查同学的作业。一开始他挺认真，不过后来有一次他忘记写作业，老师也没有问，之后他就开始蒙混过关，不再交作业了。

"蒙混过关"这个词引起了他的注意，他目前这副"死猪不怕开水烫"的样子就是因为潜意识中幻想这一切困难与问题都会自动、无痛地解决，就像之前不写作业总是被他巧妙地逃过去一样。但这次失败打破了他的幻想，他不得不意识到：一些问题不去面对就永远都不会解决，只会越来越严重。

后来，他给我发来了这样的邮件：

"是啊！王宇老师，我发现我病得比我想象的还要严重，我的精神很脆弱，我的神经症快把我整个人都吞噬了。我想救自己，但有心无力。我很想为自己做点什么，我已经意识到自己的很多病态要求。但我从小就是那么幻想的，现在突然发现自己从小就活在梦中，而且自己的追求和希望都是一种幻想，看到现实的无情、人的自私，我好害怕、好害怕。从小我就暗示自己，对自己要高要求，对自己要狠，不能让别人看笑话，不能出任何差错。我一直在和这个世界作对，和现实作对，我很后悔。而我的自救之旅是这么艰难，就像走在一个迷宫里，找不到任何出路。"

卡伦·霍妮提醒我们："在恰当的背景中去感觉情感，并去体验那些还只是看到但并未感觉到的情感或驱力，也非常重要。慢慢地，他会注意到那些连他自己也认为无理的期望。后来，他意识到这些不是无害的愿望，而是苛刻的要求。他最终会发现这些自负驱力及其幻想，然后会体验到当这些自负受挫时，他就会被完全压垮、狂怒不已。最后，他开始明白这些情感固有的力量。但是，这与他宁死也不愿放弃这些情感的感觉相差还是极大。"

"宁死也不愿放弃这些情感的感觉"，是因为这种自负驱力是有力量的，就像签署魔鬼协议的人，出卖了灵魂，而魔鬼也渗透到了他的身体中，慢慢融入他的血液中——当幻想成了他生活的一部分，幻想就不只是一个想法，而成了一种掌控他人生的力量。它的存在是有价值和意义的，它就像一个壳，可以保护他如此脆弱的内心。

治疗并不是方法的授予、道理的灌输，而是帮助和引导患者注意到他未曾发现的真相。而他也要明白，他一直追求的闪闪发光的"荣誉"，并没有让他真的变得坚强，只是让他越发虚弱。

真正改变的力量来自对自己的同情，来自对自由的渴望，来自对自己人生负责的态度。当他领悟到自己一直没有真正活过时，解救自己的动力想必不是为了完美，也不是为了给别人看，而是来自想要像一个人一样活一回。这种力量会让他改变活法，纠正错误的价值观，也会让他勇敢地从"壳"中走出来。

认识自我最终的目的是解放自我，解放自我则是为了成为自我。一切的病症皆因他没有活出或不敢成为他自己，因此在主观和客观之间产生了强烈的冲突所致。但当他的精神力量一点点变强大之后，他就没有必要为了得到肯定而讨好别人，没有必要牺牲自己以换取安全，没有必要为了成功而逼迫自己，没有必要为了"爱情"而依附他人……当他不再被恐惧左右，他就能和别人一样好好地活，并为生活而努力。最终，他定会成为他自己。

CHAPTER 25
第二十五章

治愈：成为你自己

> 分析治疗之路是一条古老的道路，是基于自我了解的重新调整之路——分析者帮助患者意识到身上的所有力量，包括阻碍的力量与建设性力量，帮助他战胜前者，调动后者。治疗目标最全面的表述应该是，不虚假，情感真挚，全身心地投入情感、工作和信念中去。只有冲突被彻底消除，才能够实现全身心地投入。制定这样的目标是因为我们坚信人格可以改变，不只是儿童才具有可塑性，所有人都具有改变自己的能力，甚至是脱胎换骨的改变。
>
> ——卡伦·霍妮

"认识自己"的目的是"成为自己"，真实的自我才是一个人内在的核心力量。治疗是对患者的人格扭曲和病态价值观的调整，他只有改变了错误的价值观与人生方向，才能停止内心的冲突，并把精力投入自我实现的努力之中——按照个人的本性及天赋潜能，自由、健康地发展。此时，他变得更为简单，情感更为真挚，可以全身心投入自己所爱的人和事当中。

这就是对人性的"解放"，之前患者的真我被恐惧所挟持，被"应该"所束缚，被幻想所迷惑，被假装所掩盖，他早已迷失了自我，而治疗的本质正是解放其压抑的自我与人性，帮助他最终找回自己。但这一切必须建立在"顿悟"的基础之上，他必须透过现象看到本质——他需要领悟到人性的压抑与扭曲才是问题的核心所在，他所谓的"理想"不过是幻想，他没有脚踏实地地活，一直在徒劳地浪费生命。

一些患者会告诉我，他不敢放弃他的理想与追求，他害怕因此成为一个废人。在内心深处，他觉得自我太弱小，一直都不敢依靠自己，只能依赖虚假的价值与幻想来生存。虽然有时他自己也知道自己只是在假装，但他没有勇气面对真相，所以他宁愿自欺。

一位患者谈道："碰触到内心最深处的，是那些让我深深自卑的东西。所以我不敢坏，毕竟在我眼里'坏'是那么可怕。最终的问题是我没有勇气去面对那些让我自卑的东西——去面对面感知它的可怕，不再屈服于它。我总是羡慕别人的样子，是因为我不敢面对可怕的自己，他太可怕，太让我自卑。懦弱的我一直想去改造，却没有意识到其实什么都不用做，真正要做的是去面对这个'差'的自己。治疗没有捷径，只有'面对'这一条路，而能不能面对取决于是否有勇气。在我想说时怕错而不敢说，在我想坏时不敢坏，在我想怒时不敢怒，在我想反抗时选择温顺……我感觉自己很懦弱，从始至终都缺乏勇气，我感觉勇气才是让人的一生更精彩的捷径，这跟心理问题没有关系，活着一直都需要勇气。"

◎ 分析治疗之路就是一条自我了解的重新调整之路

在这条路上，患者需要调整他的价值观、人际交往模式、对自己苛刻的要求、虚幻的理想与追求、扭曲的人生意义与活法，并放弃他的"解决法"。简而言之，就像灵异故事中被鬼附身的人，需要摆脱魔鬼的控制，奋力活出自我，按照自己的意志而活，重新夺回人生的主权。

在这条路上往往有如下的"方向"与"路标"。

□ 首先要认识到自我的迷失

他终于从对症状的执着中发现了人格的病态与扭曲，他不再执迷于消除症状，开始反思自己的活法与价值观。比如，一位赤面恐惧的女孩经过分析，终于意识到自己的问题不在于脸红，而在于她从很小就开始取悦别人，不敢做自己，更不敢得罪人，因此她一直戴着面具而活，试图讨好身边所有人。她真正的问题并不是脸红，而是她一直都不敢活得真实，一直都活在一个假装的自我与虚假的生活之中。

当她醒悟到这一点之后，她关注的重心才开始转移——从对消除症状的执着转移到对自己人性的反思。

□ 我是怎么把自己丢了的

考察一个人心理问题的严重程度不能只关注症状的轻重，有时他可能没有任何症状，但不能就说他健康。评价一个人的心理健康程度要从人格的扭曲程度、从一个人内心冲突的角度来评判。为了平息内心的冲突，他找到了诸多办法，就像用一个谎言来掩盖另一个谎言，最终他只能活在谎言之中，迷失了自我。

一个人迷失自我的开端是因为他不爱自己，甚至对自己感到恐惧，进而他活在了幻想之中。但幻想是有生命力的，就像把灵魂出卖给了魔鬼，此时魔鬼就会控制他的整个心智。虽然幻想是为了解决自己内心的冲突，但结果却让他越来越脱离自我，让他的人格变得更加扭曲——他的整个人生已经不是为自己而活，而是为了摆脱自己。

□ 解决法：无奈的选择

遇到问题就解决问题，这本无可非议。但因为心理问题的复杂性，有时这又行不通——他所有试图解决问题的方法，都反倒成了问题的一部分。

有这样一位女性患者，从小到大总觉得自己低人一等——自卑、自恨、恐惧、痛苦占据了她大部分的生命。为了让别人喜欢她，她每天都在讨好别人、委曲求全中度过，从来没有活出过真正的自己。

因为骨子里的自卑感，她的"解决法"就是试图讨好每一个人，力图把所有事情做好，以博得别人的肯定。"做好一切"成了她的解决法，她无法忍受哪怕一个人的否定，也无法接受哪怕一丁点的不足，更无法忘记犯的任何错误。试图救赎自己的努力，反倒让她更加自卑，也更加讨厌自己，尤其是当她失败和被人否定的时候。

解决法只是掩盖了问题，而没有真正解决问题，患者的自信不过是海市蜃楼般的幻象，当日后遭遇挫折，他内心的自卑与自恨会一股脑地迸发出来。解决法所营造的，只是一种虚幻的安全感。

□ 没有真正地活过

一位患者写道："经历过一次恐惧后，我觉得我的认识还是太肤浅了。比如，别人的否定为什么会这么可怕，当别人觉得我自私、不会做人时，我感到极度恐惧。这是否说明我一直在排斥那个'自私''不会做人'的自己，我想还有'无能''懦弱''不会说话'……我就像惊弓之鸟，我在想是不是我看都不敢看的这些东西才更像是一个人的特质？"

他把幻想中的自己当成了自己，一直躲在一个完美的躯壳中，他没有真正地做自己，也没有真正地活过。因为担心不完美的自己被他人发现，担心被人否定，担心面具的剥落，他整个人都活在焦虑之中。又因为他一直活在各种病态的要求与"应该"之中，他没有按照自己的真心而活。他人生的意义就在于如何让别人认为他好，继续用自己足够完美来催眠自己，而不是为了自我真实的需要与情感而活。

□ 体会到真正的痛苦

他终于体会到没有真正活过、没有真正做自己的痛苦，而非"症状"带来的痛苦。他慢慢地看清楚了自己的谎言、面具与幻想，他开始震惊于自己好像白活了，而不再需要咨询师提醒他浪费了生命。

他开始意识到对自己的某些想法是幻想。他开始怀疑对自己的要求是否真的对任何人来说都是可以实现的，怀疑他对别人的要求是不是可以实现的。他开始看到自己并不具备的品质，看到自己的过分自负。

最后，他开始质问自己的价值系统及目标的正确性。所有这些变化，可以说是现实检验与价值测验的逐渐展开。通过这些步骤，自负系统便会日益松动。重新定向是治疗的目标，这些步骤则是实现这一目标的必要条件。但是迄今为止，它们都是打破幻想的过程，如果富于建设性的举动不同时发生，单单这些步骤不能也不会产生彻底而持久的释放性作用。

他开始觉悟，也开始审视自己的人生，不再轻易被伪装与谎言所迷惑，他开始思考接下来的路该怎么走。

□ 抉择：我该如何度过一生

是在幻境中迷失，还是在勇气中重生？这是一个选择，一个关乎人性存亡的选择，更是一场残酷的战争。人天生就有逃避痛苦的倾向，当无路可逃时，也许绝望反倒会成为抗争的推力；当不再沉醉于幻想的诱惑，看清自我的迷失与悲惨时，在找回自我的路上会更坚定一些。这一切并不容易，却值得一试；不是为了荣誉，而是为了真实；不是逃避深渊，而是直视深渊！

如果他开始承担起责任，而不再继续蒙蔽和欺骗自己，那么此时他就会开始想要做点什么。这是为自己的人生负责，而不是为了虚荣心和面子。

□ 富于建设性的积极的行动

他的人生态度发生了转变，人生的意义得以重新定位，他的"活法"也会有相应的调整——他开始尊重并倾听内心的声音，而不再被"应该"所束缚。

一位患者写道："我想对自己说'为自己而活'。有时候看到别人的笑脸，真的觉得我没有为自己活，别人并不是我生命的重心。但由于成长经历，我不断用别人的肯定来填补内心安全感的缺失。现在的我有种感觉，什么是'为自己而活'，就是'自私'，这个'自私'就是人本应该活得任性，按照自己的来，去找到自己的快乐，自己才是生命的主角，无论别人说什么，都无法代替自己。放弃取悦和讨好别人，不被别人的要求和评价束缚，想怎么活都可以。"

他比之前更自由了，少了一些束缚，多了一些"坏"，少了一些"好"。他活得更像一个人，而不是幻想中的神。

在与人的交往中他更真实了，不再隐藏和压抑自己，可以勇敢地让别人了解真实的自己；在工作和生活中他不再逼迫自己，可以允许自己犯错和失败；在和他人的相处中他可以说想说的话，做想做的事，不再逼自己说对的话，做对的事；在个人品行方面，他不再一味地做一个好人，开始变"坏"了，他也敢于面对被人否定的可能性，不再为别人的看法而压抑情感……他真实的情感与行动越来越多，而套路与伪装越来越少。

□ 反复：进一步、退两步

罗马不是一天建成的。在治疗中我经常发现一些患者被某些人或事所触动，然后对自我的认识提高了，生活的尺度变大了，开始朝着好的方向发展。他也觉得自己变得不同了。但过了一段时间，这股劲头变弱了，他又开始自欺、控制、幻想、逃避，回到了之前的状态。

这说明心灵的解放是一场残酷的战争，既是与内心恐惧和伤痕的战争，又是与内心各种阻碍力量的战争。毕竟，每个人都幻想捷径与不费力的解决法，都幻想逃避恐惧与问题，他有时也会不自觉地退缩到之前的"龟壳"中以找到安全感。

真我一直都被"关禁闭"，而假我一直是驾驶室里的司机，患者不敢让真我来指导生活，不敢放下控制，担心由着自己只会惹出更大的乱子。为了"维稳"，他内心依然不敢放开自己，不敢做自己，不敢让真实的自己来指引生活。不过，当他试着让真我来驾驶室里"开一段路"，他会发现也没什么乱子，这样他才能更放心大胆地让真我来把握人生的方向盘。而此时，真我也有了成长的契机。

> 任何朝向自我的一步都令他产生一种成就感，这种感觉与他以前所知的感觉都不同。虽然这种体验刚开始时很短暂，但最后出现的频率会更快，而且持续时间更长。即使在初期，这也比他所想到的任何东西、分析者所说的任何话都更让他坚信：自己走对了路，因为这给了他战胜自己并具备生活协调能力的可能性。这可能是促使他研究自身发展、迈向更多自我实现的最大动力。
>
> ——卡伦·霍妮

□ 他"自己"越来越强大了

此时的强大和过去不同,过去的强大来自幻想,此时的强大来自内心。他越来越接纳自己,越来越敢于活出自我,也越来越相信自己。他发现不再掩饰、不再逃避之后,他的人际关系没有更糟,反倒更好;他越来越有安全感,此种安全感是来自对真实自我的信心,而非表演的完美;他越来越不用依赖表演与幻想而活,他可以靠自己,依靠真实的自己来面对人生。

> 他为了摆脱别人的白眼和轻视,被迫表现出一系列的防御性态度,变得狂傲自大、自我疏离、盲目幻想,从而加剧了自己的神经症。敌意的减轻主要是因为患者的无助状态得到了改善。一个人越强大,就越不会害怕别人的威胁。力量的增长也有很多原因。过去他把重心放在别人身上,现在回到了自己内心,他感到自己更有活力,并开始建立一套属于自己的价值观。
>
> ——卡伦·霍妮

当他的精神力量一点点变得强大之后,他就没必要为了肯定而讨好别人,没必要压抑自己以换取安全,没必要为了想象中的成就而逼迫自己,没必要为了维系形象而束缚自己的人性……经过不懈的努力,他终于朝着一个良性的、实现自我的方向发展,不再因自我保护而被迫活在防御性态度之中。因而,他的神经症倾向慢慢得以减轻,他人格上的病态得以缓解,他外在的人际关系也因为内在的冲突减轻而变得越来越正常与健康了。

□ 找回真实的自我

最后,他越来越活在现实之中,能以真实的自我和情感与他人打交道，不再躲在面具背后，不再被恐惧与无价值感所牵绊；他能够正确地看待自己，不妄自菲薄，也不自以为是；他可以接受自己在这个世界上的位置，以及因此需要承担的责任。在这个过程中，他的内在力量变得越来越强，他越来越不需要外在的支撑，可以为自己的人生负责，活出真实的自我。

但我们也需要知道并不存在绝对的治愈，就如同世界上没有绝对健康的人一样。只要一个人可以越来越依靠自己的力量，而不是沉浸在幻想中来找寻价值，只要他是自己的主人，并按照自己真实的情感生活，我们就可以说他已经是一个基本健康的人了。虽然他的内心依然可能存在冲突，但这样的冲突不会动摇他的价值，不会扭曲他的人性，也不会导致他对自我的憎恨。无论怎样，他在内心相信他自己，爱他自己！

一位读者为此写了一首诗：

当我开始学会真正爱自己

当我开始学会爱自己
那些经历过的
苦痛挣扎
都不再是失败落寞的证据

当我开始学会爱自己
黑暗的过去
迷惘的未来
都不再是我梦魇的道具

当我开始学会爱自己

孤单寂寞冷
背叛与远离
都不再是我深藏的恐惧

当我开始学会爱自己
时时正确、事事不错
人人认可、人人喜欢
都不再是惩罚我的刑具

当我开始学会爱自己
拼命乞寻施舍的援手
蜷缩、逃避、等待的卑微
都不再是我救赎的唯一

当我开始学会爱自己
对过去的沉溺
对明天的忧虑
都不再是我裹足畏惧的枷锁

当我开始学会爱自己
曾唾弃的所谓自私自利
曾美化的所谓无求无欲
都不再是我舒展羽翼自由飞翔的阻力

当我开始学会爱自己
我是谁、谁是我

我是怎样、我要怎样
都不再是困扰我的问题

当我开始学会爱自己
过度的思虑
病态的疲乏
都不再是折磨我的利器

当我开始学会爱自己
矛盾分歧
误解嫌弃
都不再是我挣不脱的镣铐

当我开始学会爱自己
跌宕起伏、波澜壮阔的艳丽
童话世界里的纯洁完美
都不再是啪吮我精气的魔鬼

当我真正开始学会爱自己
我不会再沉溺于与他人生活的对比
我不会再深陷于与他人种种的泥潭
我不会再蜗居在黑暗中无法释怀

当我真正开始学会爱自己
我理解
任何同我相遇的人与事

都是命运给我发出的邀约
都有它存在的意义
警告我不必过于用力
告诫我不可违背本意
教会我找寻美好安静
指引我活好此时此刻
提醒我将幸福快乐的开关交还自己

当我真正开始学会爱自己
我看见自己
我听到自己
我触摸自己
我描画自己
我认识自己
我安慰自己
我亲吻自己
我接受了自己

当我真正开始学会爱自己
我决定
用我的方式
循着我的韵律
牵起本真的自我
远离那些使我远离自己的一切
活在这一刻
活在当下

> 当我真正开始学习爱自己
> 当我真正开始学会爱自己
> 　把苦难踩在脚底

在本书即将完结之际，一些执着的患者依然会说："分析了这么多，你依然没有告诉我该怎么做呀。"对执迷不悟的人来说，"方法"胜过一切，毕竟有了方法他就有了希望——他太希望好起来了，他懒得分析自己。

想要好起来，必须明白本书所说的一切，包括理想化的自我、"应该"之暴行、自负与自卑、沉浸在权力与被爱之中、脱离自我……你要知道自己是怎么一点点丧失主权、活在主观幻想之中，并把幻想当成人生支柱的。当你超越症状本身，当你体会到内心深处的伤痕，你就会发现，此治愈非彼"治愈"。真正的治愈并不需要方法，仅仅是惊醒梦中人，当我们从梦中醒来，看清楚自己，并接纳了自己，内心的冲突自然会停止，而此时"症状"存在与否已经不那么重要了，我们可以直面平凡的自己与人生。

心理疗法的核心不在于该怎么"做"，而在于"悟"，认识自己才是一切的关键。解放自己、找回真实的自我，才是终极目的。

当终于找回自我之后，你就会发现，生活其实很简单——做自己喜欢的事情，爱自己所爱的人。此时，你才会把精力投入那些有建设性意义的事情上，而非为了保护自己或证明自己，而徒劳地浪费精力。此时，你能体会生活中简单的快乐，并且可以脚踏实地地活，而非沉浸在虚无缥缈的幻想之中。

摩西奶奶在她100岁的时候谈道：

"今年，我100岁了，趋近人生尽头。在我人生的这段时光中，我许多次因为失去而感到难过，失去我爱的人、失去宝贵的时间、失去许多自己曾经拥有却并不曾珍惜的东西。

"人的一生，能找到自己喜欢的事情是幸运的。有自己真正兴趣的人，才会生活得有趣，才可能成为一个有意思的人。当你不计功利地全身心做一件事情时，投入时的愉悦、成就感，便是最大的收获与褒奖。正如写作是写作的目的，绘画是对绘画的赞赏。

"这世间的事情应该都是如此，你之所以恐惧、担忧，是因为你不满足，在你的人生清单上，列了太多要做的事情。静下心来，抛开清单仔细想一想，到底哪些事情对你来说是最重要的，是真正想去做的。想好之后，就去好好做你喜欢做的事情，并且把它做好。

"你要去相信，你最愿意做的那件事，才是你真正的天赋所在。对我而言，对人生的要求其实很简单，能够始终保持快乐的心情，去做自己喜欢做的事情，就是莫大的幸福。"

幸福来自对自己所爱的人与事投入的满足感，而非力图证明自己的功利心，当我们越能有勇气活出真实自我的时候，才越能体会自己与生活本身的美好。

最后，以一位患者在结束治疗之际给我的信和我的回信，结束这一章。

您好！我是明。这是最后一次咨询了，我之所以想用信件的方式来做，是因为想留下点什么，以后看到这些文字，我还可以对自己说，我确实很努力。

恐惧，纠缠了我三年，让我痛不欲生，但细细体察、品味恐惧之后，我发现其实是我自己让自己痛不欲生的。因为我一直无法接受症状，我把消除症状作为人生的第一目标，拿来奋斗，拿来思考，却把很多重要的东西放弃或忽略了。有时候真的挺痛恨自己的，怪自己被它牵着走。

如何让自己过上积极的生活？

我可以学习，我可以恋爱，我可以自由走动，我再也不想因为某个不曾相识或不怎么了解的人而让自己的心情被阴霾笼罩，我希望我能自我欣赏，我希望我能自信。但自信的生活不是写几个字那么简单，我必须投入生活之中。

之前，我一直活在负性循环中，我无法接受余光的存在以及它对我生活的影响。后来，我试着去体察这份恐惧，思索恐惧背后的原因和结果。以前，我总是在内心排斥余光，远离它，一直在掩饰，这却让事情变得更糟。后来我发现这一切的原因也许是自己的要求过高，太注重别人的看法了。

我在想我为什么总有种被别人注意的感觉，我不得不把这件事归因于我的父母。他们把我看得太重，让我以为所有人都应该以我为中心，所有人都应该关注我，如果不是那样的话，我就会觉得别人讨厌我。现在，我应该重新认识自己和周围的一切，摆正心态。其实绝大多数人都围绕自己在转，没有人总是以你为中心。

路漫漫其修远兮，吾将继续与恐惧做伴，我还是要更多地投入生活之中，才能感受那份美好和希望，才会感受到信心。希望王老师从我的角度，宏观和微观地给我点意见。这是最后一次了，在此十分感谢您，陪同我度过了这么长的时间，做我心灵唯一的支持者。心理工作者给人们带来希望，谢谢您！

以下是我的回信。

你好，明：

希望你的心灵因为真诚与勇敢而慢慢成长。

你的恐惧来自内心，而不是余光。"余光"仅仅让你意识到自己并没有那么完美，也不会一直被别人所喜爱的现实。你一直活在对完美的幻想之中，这种幻想来自你父母的宠爱，让你误以为自己就应该是中心，就应该是焦点，这一切却被余光及余光所带来的负面结果所打破。这就像《皇帝的新装》中的皇帝一样，说真话的男孩反倒救了他，虽然真话一开始让他痛苦。

重要的不是余光问题的存在，而是你一直都没有真实、真正地活——你一直都在通过别人的肯定获得虚荣，用完美的外在表现来维系自负，用伪装与表演来欺骗自己。你一直都活在自己编织的梦中，并把梦当成了现实。

而余光的出现破坏了这一切，让你觉得无法得到所有人的肯定，也让你无法成为理想中的自己。你的"天空"破了一个洞，因此你才急于去补，补上了，你就又可以自欺，又可以活在完美的幻觉中，又可以找到那种高高在上的优越感了，你就可以不必面对现实中自己的渺小。

恐惧，只是一个人在现实将要撕碎幻想时的惊魂未定。但人总要回归现实，而不是一味地迷失在幻想之中，所以恐惧是不能逃避的，反倒是需要直面的——就像灵异故事中被鬼附身的人，只有阳光之下的暴晒，才可以驱散他身上的魔鬼。所以，"让暴风雨来得更猛烈些吧"，勇敢面对你就是一个有余光恐惧、容易紧张，甚至不正常的人的现实，这是自我接纳的第一步。以这个真实的自己出现在交际圈中吧，不带任何掩饰与伪装，也许不能得到所有人的欢迎，但这才是你自己。

成为一个人，而不再幻想做一个神！

王宇

APPENDIX
附 录

社交恐惧症日记

我真正患病应该是在读高二的时候。那时我经常帮同桌打水,有一次我想让他帮忙打水,但他说没时间。我和他吵了起来,觉得他很自私,之后他和我说话我也不理他。后来我们都忙于学习,很少沟通。

寒假期间,我遇到一个同学,和他打招呼,但我的表达和手势连我自己都感觉很奇怪,那个同学也表现出不悦。之后我几乎每天都睡不着,一闭眼就在想我和别人之间的种种,成绩也直线下滑,根本没法专心学习。

之后,我一直说头疼,我爸带着我去看病,检查说是鼻炎,后来还是没治好。之后我又去精神科做了心理测试,检查结果是我的心理确实有问题,后来开了药回去吃。我刚开始感觉还好,时间一长又是老样子。

那时正值高三,快高考了,我没精力关注自己,只能勉强学习,最后只考上了三本，我觉得这不是我的实力，最后决定去复读……

到了大学，学习轻松，我加入了很多社团，也加入了学生会，自己还做了很多兼职。大学生活过得丰富多彩，我似乎已经忘记了高中的事情。但后来的一次高中同学聚会上，过去的种种又浮现在我的脑海里。虽然同学们很久不见，有说不完的话，我却表达不出来，在他们眼中我还是孤僻高傲、沉默寡言的，就像高中时一样。即使我很想跟他们好好聊聊，却不知道该说什么，以至于有时开口了反而显得多此一举。

现在思考过去的种种，或许一切都是必然的。小时候妈妈去外地打工，我跟爸爸一起生活，他经常打我，要我好好学习，要我听话，于是我就成了父亲眼中的好孩子、老师眼中的好学生，每学期都能拿到奖状。上初三那年，妈妈回来了，却经常和爸爸吵架，家里的气氛就像天气一样难测……

◎ 治疗日记

2月19日　周五　多云

今天终于来南京接受心理治疗了，虽然生活没多大变化，精神也依旧压抑，但前行的路不再孤单，我始终相信有柳暗花明的那一天。今天王老师让我讲一些事实，我竟然讲不出起因、经过、结果，只能说出被我加工扭曲的观点。这样对我的治疗没有任何意义，王老师更想了解的是事情的本质及对我产生的影响……

说说我为什么自大学以来没有谈恋爱吧，我觉得自己有心理问题，脑袋不灵光，也很难跟别人打成一片。谈恋爱会让对方发现我的问题，所以我一直没谈。这算是一种逃避，其实我内心还是很渴望的，尤其是看到身边的同学、朋友陆续有了女友的时候。

2月20日　周六　晴

不知道从什么时候开始我把说话当成了一种任务，是不是我想锻炼口才，满足自己的虚荣心？但这样做的结果是让我更不想见人了，一个人待着更放松。

到底从什么时候开始，这种状态成了一种逃避？我想不明白，日后会有答案的。太累了，先写到这里！

2月21日　周日　小雨

不知道从何时起，我变得那么在乎自己在别人心中的位置，为什么总是对那些失望的人和事念念不忘，对那些对我好的人却不曾注意呢？生活因心存美好而幸福，为什么我总是忽视身边那些微小而美妙的事呢？

2月22日　周一　阴

为什么我会忽略自己的长处，咬着自己的短处迟迟不肯放下呢？

有时候我也很难理解自己，明明一个人很孤单，却融入不了别人的圈子。看着别人成双成对、三五成群，心中倍感失落。今天我了解到自己的一个问题：之所以我交的朋友都是佼佼者，或是能力很强的人，是因为认识他们之后，我站在他们身后，很多事情都不用自己去面对，有他人为我遮风挡雨。

2月24日　周三　晴

人群中一个个聊得畅快，我却怎么也挤不进别人的世界，也没人与我搭讪，难道我就这么差吗？一定是我表现出来的气质不够好，没人留意到我。还有一点是我控制情绪有些力不从心，喜怒形于色，一眼就被别人看穿，这都是我未来需要改变的地方。

我想融入大家庭，为什么我会感到如此吃力，明明想说话，最后却什么都没有说。总是感觉没有什么话跟其他人说，也开不了口，只好沉默，慢慢就和大家都生疏了。在人群中我的一言一行仿佛都小心翼翼，更是显得很不自在，最后我也被孤立。这种有话说不出、有苦不能言的滋味，想必没有人能懂。

2月26日　周五　晴

今天心理咨询的关注点是，为什么我那么在乎别人的看法，想要得到所有人的接纳呢？

归根结底应该是一种信念，要做一个好人，得到别人的肯定便是受欢迎，自然说明我是一个好人。自信心的缺失让我不敢随心说话、做事，有时觉得生活很累，殊不知依赖别人的自信怎会长久和稳定呢？

这一切为何会发生在我身上呢？

是自信心不足？家庭条件不好？口才不好？还是和自己喜欢的人相对而坐却不欢而散？

为何别人能快乐地生活，我却无法快乐地生活呢？

现在的我就像一个滤镜，总是映射出生活中的种种不愉快。

2月27日　周六　阴

并不是每个人都会喜欢我、尊重我，何苦为不相干的人劳神费力呢？是不是我这个人长着一副老实相，别人让我怎样就怎样，即使明知是损害自己利益的。有些事要放心大胆去做，不用委曲求全来换取尊重，这样的尊重是何等脆弱。

经历了那么多，我发现自己变了，可是忽然发现一切似乎又没有变，不过是因为一些人、一些事求而不得而安慰自己罢了。我缺乏自信的一部分原因或许是我对现实的期待太过美好，把别人想得近乎完美，以致开口正常谈话也成了一件不寻常的事。外面的世界很美好，我整天穿一件变色衣，把自己包裹得太好，因而里面有些发霉。是时候脱下外套，在阳光下行走了。走过身边这片树林，前面定是柳暗花明。

2月28日　周日　阴

为什么总是想着别人能主动呢？或许是因为这样显得自己受人尊重。总觉得自己是为别人而活，有时感觉很累，在人群中总是不自在，喜欢独处。我发现自己似乎很懦弱，任何人都能轻视我，对我大呼小叫，难道我就这么好欺负吗？

总是希望能通过和他人轻松沟通来引起他人的注意，结果却是我的关注越多，他人的忽视也就越多。把心给一个人，他却狠狠地踩了一脚，让你无言以对，只能在心里默默流泪。

2月29日　周一　阴

今天是本月最后一天，感触颇多，想了想自己当初孤身一人来到南京，目标和现实差距很大，夜不能眠。今天晚上去买晚餐，我去的时候看见前面有几个人，老板在忙，我就站在旁边没有出声。等了一会儿，后面来了四个人说要什么，他们点的餐很快就做好了，而还没人理我，让我等了很久。我当时心里很生气，想一走了之，但是感觉太没面子，忍着没吱声，想着以后再也不来这家店了。我晚上想了想，这也不能怪老板，是自己不够主动，机会是要靠自己去争取的，等是等不出结果的。若不是后来我开口了，说不定老板还不会顾及我的。

当时不开口是因为自卑，觉得自己不灵光，不会说话，慢慢发现是自己的原因，把不好放大了，其实别人没有这个意思。我主动性太弱了，总想着别人能主动帮助我，而自己可以默默等待……

3月2日　周三　阴

我觉得自己太浪费时间了，没有把精力用在有用的地方，总是喜欢乱想，用自己的主观想法去揣测别人的举动和态度，以至于小心翼翼，不能集中精力高效率做事。还有一点是，在公司里我总感觉很自卑，心里似乎在害怕或压抑着什么。

3月5日　周六　晴

现在的自己好像很要面子，为了一点小事就觉得不好意思，就会牺牲自己的利益来换回别人的谅解。其背后的原因是什么？总结这些年的过往，我时常把别人的理解和支持放在首位，因此阻碍了自己的工作与正常生活，为什么这么多年过去了，我还是那么在乎别人呢？或许这是我生命中所缺失的，其实我一直是一个追求完美的人，对未来充满希望，但很多时候总是孤孤单单一个人，也许追求什么，最怕失去的也会是什么。

3月6日　周日　阴

我为什么总是一副老好人的样子呢？我心思细腻，个性脆弱而敏感，别人的一言一行总是会影响我。我这么在乎别人，主要是希望不会伤害到他们。我总是用自己的思维去看待或猜测别人的反应，继而产生很多不好的想法，开始对那些不曾主动搭讪或那些不理我的人感到恐惧。我明明想过去打招呼却没有勇气，只好低头装作没有看到，或者看到了也不说话，最多笑笑就算了。我现在的状态是对任何人或事都提不起兴趣，也不想说话，尝试去改变，发现自己有时太过天真，想象的总比现实好太多，到最后就失落了，巨大的落差会让我闷闷不乐。不以物喜，不以己悲，人生平淡就好。

3月7日　周一　晴

我的思想停留在2008年，以至于身边的人都成长和变化了很多，而我似乎一成不变，一直坚信自己没有错。我一直追求做一个完美的人，对别人的不完美也总是嫌弃和远离，难道完美真的那么重要吗？是我幻想得太美好，一步一步熟悉和了解身边的人就会让我失望，为何要这样呢？不好就不好，只要活得坦然自在便好，为何要求自己那么多呢？再努力我也不可能达到完美，人毕竟是普通的，总有一些人和事无可奈何，看淡人事，云淡风轻。

3月10日　周五　阴

现在的自己感觉越来越力不从心，是我封闭太久了，连主动的动力都没有了吗？我发现自己不是在进步而是在倒退，人不是都越学越聪明吗，我却是反其道而行之，发现自己倒退了很多，越来越不灵活，越来越怕人了。每天第一次见人，不管是熟悉的人还是陌生人，我都会害怕，心里一愣，那种感觉记忆犹新，这样的生活仿佛每天都在上演，我的努力似乎也越来越微弱，或许有些力不从心了。想一下此次来南京的目的，当初的坚持和执着现在似乎一点都感受不到了。一切都变得茫然，似乎看不到前进的动力和方向，每天生活的意义是什么，我都感觉不到。给自己一点信心和鼓励，收拾好心情继续面对，没有等到的美丽，只有拼搏出的辉煌。

3月15日　周二　晴

人总应该为自己奋斗，或者有自己应该走的路、该承担的责任和义务。其实每个人都有自己的目标和追求，不能一直活在想象的世界中。真实的生活、真实的感受才是最完美的。

现在的我好像每天注意的是自己的心情。我来南京整整一个月了，收获了什么？人生没有那么脆弱，多吃点苦，一切都会过去的。

3月17日　周四　阴

在别人眼里，我是什么样子的呢？其实我还是有些在乎别人的看法和态度的，很清楚要为自己而活，却始终放不下别人。有时看着旁人犯错误，宁可麻烦自己也心甘情愿地去帮忙，然而他们从未对这些事情表示感激，甚至有时还看我的笑话。当时心里那种懊恼和伤感，不是只言片语可以形容的。

有时我真的把自己藏得太深了，以至于变得可有可无，很多人都可以忽略我，甚至我还是惹人讨厌的。这貌似并不是我的本性，是什么让我失去了本性？也许是气质和精神面貌，年轻人不可以失去生机和活力。

3月19日　周六　晴

未来的我将何去何从？

近些日子发现自己面对别人的挑衅，依然沉默不语，不知所措。这或许就是我显得沉默又不愿意和别人亲近的原因吧。

我怕陌生人，怕那些不接纳我的人，归根结底是懦弱。为什么我要如此在意别人，如此委屈自己？别人有什么好怕的，能把我怎么样？做那么文弱的样子给谁看？没有人会怜悯你，只有让自己足够强大，方能获得别人的尊重与重视。走过了那些年，经历了很多人和事，有的让我不舍、怀念，有的让我伤心、压抑、逃避，我内心依旧那么天真。过去的我觉得身边的人太现实和残忍，一直不愿接受，甚至逃避，从不理睬，以为这样的自己可以保持不被别人影响，却从不知一切只是自欺欺人。

3月21日　周一　阴

世界很美好，电影也很美好，现实却很残酷。看自己的状态及周边的生活环境，自己的想法和愿望都是完美的，而自己有很多问题，貌似离现实越来越远，自己的心也离别人越来越远。不是我不去怎样，而是大家很忙，没空理我。

我也很知趣地我行我素，每天忙碌的生活似乎与我无关，我只想静静地待在我的世界里，没有悲伤也没有快乐，有的只是可以让思想遨游天地间，难道我想采菊东篱下？

3月30日　周三　小雨

今天的我似乎成熟了许多，因为我最近看了《你的孤独，虽败犹荣》，感触颇多，让我重新开始对人生及未来进行思考。在我这个年龄，正值奋斗之年的我却浑浑噩噩，是不是有一种哑口无言的失落呢？这个年龄该有的成熟、该有的能力，我似乎都没有，我有的只是问题、形单影只罢了。

不为梦想而努力的人生，不仅是茫然的，更是充满恐惧的。我的人生看不到任何希望，而我仍在努力是因为理智告诉自己，今天你所经历的终究会过去，会成为你人生的宝贵经验，我相信柳暗花明会到来，相信明天会更好。

3月31日　周四　晴

一个人的时候，我常常辗转反侧，夜不能眠。有一种哀伤叫作"说不清、道不明"，你不处在其中，是不会理解的。每天的生活对别人来说多姿多彩，对我来说却枯燥乏味、了无生趣。每天之所以重复着过去的种种，是因为对未来还抱有希望，有美好的憧憬。那些曾经瞧不起我和不理我的人，我会让他们后悔的。当我一个人孤孤单单的时候，希望你们能多注意和关注我，可你们没有这样做，将来的我或许不是高富帅，但我会有自己的生活姿态，会让你们高攀不起。

4月5日　周二　晴

我曾羡慕别人自信、阳光、口才好。当我跟自己羡慕的人离得很近的时候，发现他其实也有一些问题，不像我想象中那么完美。以前是我喜欢沉浸在思想的海洋中，觉得别人的一切都好，当我慢慢去接近、了解的时候，才发现其实也不过如此。

最近看书得出了一个结论：人成长的过程就是一个接纳和了解自己的过程。有时候在自己和他人眼中的我有些木讷，其实这也是我不接纳自己的地方。

4月8日　周五　晴

如果一直把自己和理想中的自己对比，会发现自己永远都不可能变成心中的神。接受自己多一点，多为自己着想一些，也许就会更了解自己。逼了自己那么多年，终于可以停下来好好看看自己，聆听内心的声音了。生活中不仅仅只有别人，那些人再优秀也终究不是自己，哪怕天天在一起，自己也不可能变成他，不要自欺欺人了。当遇到困难和挫折的时候，谁都帮不了你，也不一定会帮你，有些苦必须自己吃，有些路必须自己走。不要为了讨好和迎合别人而委曲求全，迷失自己。凡事要分轻重，慎重选择，把握程度，做真实快乐的自己。

4月13日　周三　晴

今天的我有些失落，因为王老师说我一直都在趋炎附势，从未改变。我的心情一下子很失落，似乎我治疗了一段时间却从未改变过。今天晚上本来是一次难得的聚会，但最终因为有人临时有事而告吹，我本来想好好锻炼一下自己，结果聚会却取消了。我希望自己足够强大，可以不依赖任何人，但个人能力总是有限，再强大的人也会有脆弱的时候。有时我觉得自己都二十多岁了，算是比较成熟了，可总会在一些朋友面前显得很小，有些卖萌的样子，那或许就是最本真的自己吧！

4月14日　周四　晴

今天我发现，最不了解自己的人是自己——想象很美好，现实很残酷，自己总是把心思放在一些很虚的东西上，喜欢和优秀的人在一起，可现在自己依然不优秀。偶尔觉得我跟一个优秀的人关系很好，那么自己也会很优秀，高人一等。等到了某一天，才意识到自己和别人的差距，优秀是别人的，与我何干。一切不过是自欺欺人罢了，总是把自己的期望放在别人身上，只会让自己越来越迷失，看不清前行的路。

外面的世界很精彩，请不要迷失自己，做自己该做的事，走自己要走的路。年轻的生命请不要留下遗憾，有一天你也会成为他人心中优秀的那一个。

4月15日　周五　晴

今天我的压力空前，不过最艰难的时刻也让我认清了自己——好高骛远、想入非非，最终却一败涂地。努力挣扎着坚持走自己该走的路，却发现自己又回到了原点。

有时情不自禁就被那些优秀的人吸引了，曾经觉得跟他们在一起，自己就会阳光，可到了最后才发现，每一段友情都以失败告终。想来也是可以理解的，一个孤独的人做一件孤独的事，结局注定孤独。

4月16日　周六　晴

经历了那么多故事，我发现自己越来越脆弱，还是那么爱幻想。

当在生活与工作中看到很黑暗的事时，心会很痛，并且常告诉自己，世界很美好，只是那个人自私罢了。我依旧天真，接受不了阴暗的一面、不美好的现实，当知道别人自私时，心里是很难过的，决定从此以后再也不跟他在一起，不理他了。回头一想，还是自己太天真了，不懂人情世故，跟这样的人在一起，虽然有压力，自己不也在成长吗？没有事情会顺顺利利，经历越多，成长越多，收获也就越多。

4月17日　周日　小雨

今天的小雨连绵不断，始终未曾停歇，也正映衬了我此时的心情，从刚开始的不安，到后来的迷茫，似乎对自己和未来没有任何信心与希望。

我的第一反应是否认——这不是我。慢慢觉得自己很理解这样的举动，很理解这样的自己。另一方面又对自己严格，要求自己必须表现得优秀。

优秀是什么？或许我并不能很好地理解。但不管过了多久，发生了什么事，我都能不忘初心。

话虽容易，好好活却很难。在不经意间，世事改变，初心难再。好的人生不是说最后要多风光、大富大贵，而是在每个日夜你都是幸福的，人活着的过程比结果重要得多。

4月19日　周二　晴

人际关系中出了问题，我的第一反应就是那是自己的错，很难摆脱。有时也真是够犯贱的，别人越是不理，自己却越是忍不住去挽回，途中却丢了自己。这种过程周而复始，我总是困在其中无法自拔，想到不开心的事，我的反应越来越慢，思维也僵硬了。

做人、做事总是有一定的要求，但若是到了极致，就失去了本身的乐趣，成为一种任务。凡事做好，自己开心就好，每个人的度都不同，但一味忍受只会让人嫌弃，觉得你软弱可欺。优雅的人做事有度，让人心情愉悦，他不是没脾气，只是不喜欢喜怒形于色而已。自信的人，凡事有主见，不会轻易改变，不易受人影响，做真实、自然的自己，快快乐乐地生活。

4月26日　周三　大雨

自己如此不堪，以至于连大声说话都不敢。但事实上我并不比别人差——大学毕业，人好心善，工作稳定，为什么还要为难自己呢？快乐的人不是拥有很多，而是想要的少，知足者常乐！

5月3日　周二　晴

自卑，觉得自己做事做不好，小心翼翼。想象是美好的，总是对想象的事抱有过高的期望，当在现实中发现不好时，落差很大，觉得自己这个人没那么优秀。自己不会说话，很低调，以至于被人忽视，总是想证明自己给别人看，但是那种被人不信任、不理解的心情总是莫名难受。也常会因为自己能力不够或没有做好而自卑，努力想要走出人生低谷，但每次面对挫败和打击，当初的那一点点自信就被消耗殆尽，不知道未来的路该如何走。

想要未来美好，首先要了解自己，坦然面对别人的闲言碎语，然后适时做出回应，自古圣贤皆寂寞，一个人也没什么不好。

5月9日　周一　小雨

在人群中，我说话似乎没有底气，跟别人打交道能力不足成了我的软肋。当我去跟别人交流时，总好像别人比我高一等，自己仿佛没有要求似的。当有事想向别人求助时，一下子觉得无人可信，无人可以帮助自己。这或许就是我的悲哀，我仿佛与世界隔离，与他人隔离，每天重复打交道，说不同的话，心里却似乎从来没有被认可过一样。有时我也在想，是什么东西把自己的内心掩饰得如此之深，让自己从未疯狂过。想起过往，我一直把别人的要求当成自己的目标，取悦别人，累得自己不苟言笑，迷失自我。自己也可以从容生活，不必再压抑自己，其实种种回避和不敢，或许是不敢正视真实的自己。

6月6日　周一　晴

这两天一个最大的感触其实是对自己的一个认识，曾经我会因为一个人不喜欢我而闷闷不乐，现在我是怎么想的呢？只要有喜欢我的人就够了，我又不是什么了不起的人，不可能所有人都喜欢我，不要因为某个人不喜欢自己而自我埋怨、自暴自弃。

我不是神仙，总有不完美之处，又何必用神的标准去苛责自己呢？当我这样想时，忽然发现心情好了很多。

我发现自己不敢和别人说话，遇到别人和自己意见不同或被人反驳的情况，总是默不作声，其实是不敢表达自己的意见，以至于后来连说话都有困难了，归根到底是不敢做自己。

6月17日　周五　晴

我忽然觉得自己挺孤单的，心情好或不好，总是一个人，即使跟一群人在一起也会觉得孤单，因为没有人会在意我高兴与否，也许现实就是如此吧！

内心的悲哀日积月累，我终于受不了了，停下工作，再也无法集中精力，更没有兴趣投入工作。日复一日，长久积累下来，便成了现在这样。

从小到大，我成绩优秀，是老师眼中的好学生。这慢慢成为我引以为傲的资本，自然和别人相处也有了优越感，交朋友的标准也不一般，我的朋友圈越来越小，心灵备受煎熬，离自己的理想越来越远。我跟身边的人说话，发觉自己像个外星人，听不懂别人说的话，也受不了别人的傲慢和轻视。

某天晚上，我接到一个电话，多年的兄弟考上了研究生，准备转让画室。挂了电话后我陷入了沉思：我未来会怎样，难道一辈子忍受无休止的孤独？第二天，我信心满满，立志要改变。一周后，我似乎又恢复如初。就这样周而复始，便是我现在的生活。

6月29日　周三　晴

生活的无助和迷茫，让我看不到希望。无论多努力去忽视它，内心的那个声音始终在呼唤我停下脚步，去想一想这是我想要的吗。

生活总是向前，我曾经以为自己和优秀的人关系好，自己也会变得优秀。某天突然发现，这样的想法是多么可笑。因为别人而改变自己，仿佛我就是为了讨好、迎合身边的人，在不知不觉中迷失了自我。我那么在乎、那么讨好别人，然而这些人还是与我渐行渐远，分道扬镳。

7月2日　周六　大雨

昨天看完了电影《被嫌弃的松子的一生》，感触良多。她的一生似乎和我相似，有同一个影子，追求他人的爱，用执念来填补内心的空虚。在外人看来松子是可怜的，在我看来是一个警示，因为她的人格和我有太多相似的地方。可悲的是我们都在生活中错位，迷失了自己，一味地讨好别人，结果被身边的人抛弃。越是在乎对方自己就越有压力，当"在乎"超越人与人的关系时，对方就会厌烦和嫌弃，这其实也是对自己的不负责。我看完电影，想了很多，很多事情真的该放弃了，想一想，这些真的是我自己想要的吗？很多时候，我所做的就是为了别人委屈自己，不敢做自己。

7月16日　周六　晴

多少个夜晚，我静静地一个人发呆，想着现在，想着未来，想着那些渐行渐远的旧友，烦闷的心情久久难以平静。很多时日，积攒的郁结，常常令我心力交瘁，无法专心去做眼下的事。想到松子的一生，忽然感到很害怕，自己或许也会有那样的遭遇。

8月22日　周一　晴

最近的生活平淡中夹杂着无聊，总想着外面的世界那么大，天空那么蓝，总会有美好的生活。现在的我总是一个人，喜欢一个人的世界，无拘无束，自由随性。但是我好像并不快乐，时间在一点点流逝，我却在原地，不曾改变和成长。面对这样的状况，我突然觉得很害怕，怕未来依然如此，不敢面对不能掌控的未来。

现在考虑到之前的种种，觉得自己是多么不堪和失败，不愿去面对这样的自己和过去。我的世界像一场梦，在梦中觉得很美好和幸福，不愿醒来，梦醒了才恍然顿悟，过去的种种不过是自己的一厢情愿罢了。时间在流逝，人在成长和分离，想要得到和留住的东西渐行渐远，在旅途中还是失去了。人也总是在得到和失去之间迷失自我，看不透生活。

9月3日　周六　晴

生活总是奇妙的，因为你永远不知道下一秒会发生什么，看着发生的种种，我在思考，这就是我想要的吗？面对生活中的种种，我总是在逃避，我给自己的一句话是，放得开，敢面对。

跟故友在一起貌似有说不完的话，朋友说我健谈，真是这样吗？在工作的时候我总是放不开的样子，三句就没话了，显得很沉闷。我想要摆脱这种局面，却总是无从下手。跟别人建立一种亲近、信任的关系总使我害怕，不知所措，但内心又渴望。我跟别人的差距不仅在经验上，融入也是一个难题……

生活总给我希望又让我失望,面对生活的种种,我似乎提不起一点兴趣,整个人那么木讷,只想睡觉。生活状态就这样反复着……

◎ 分析与治疗

"亮亮"为了治疗特地来了南京,虽然也有患者从外地前来求治,但和他一样为了治疗把"家"搬到南京来的不多。如此强烈的求治动机虽然是治疗的助推器,但有时也是治疗的阻碍——"治好"和"成为自己"有时不是一回事,甚至是截然相反的两极。

初次见面他给我的感觉是"笑"比"说"多,他的脸上总是不自觉地挂着笑容。这种笑容就像变色龙的保护色一般,也许是在掩饰紧张和尴尬。在首次会面中,他说的并不多,也无法顺畅回答我的提问,自我陈述时总是断断续续、欲言又止,难以畅快地表达想法,因此治疗初期就像我一个人的独角戏。

他也意识到自己的问题,所以他之后更多地用"写"来弥补自己"说"的不足——他每次治疗都会带来上一周的日记,让我更好地了解他。

在治疗中,他确实很努力。虽然他不善于说,却尽了他最大的努力配合治疗,我也能感受到他对我的殷切期望,因此我也尽我所能地帮助他,希望他的付出能有所收获。

他叙述自己在人际交往中反应迟钝、沟通困难,所以不愿和别人交往,尤其是陌生人和不喜欢他的人。如果对方是熟悉并接纳他的人,他就能够放松,侃侃而谈。因此,他的朋友们都难以发现他有社交问题。

对他而言,一个关键点就是"接纳"——在接纳他的人身边他就可以放松,而在不喜欢他或他不确定是否接纳他的人身边就会紧张和焦虑。虽然每个人都喜欢在接纳自己的人身边,但其他人也可以忽视那些不喜欢自己的人，而他则不能自动过滤那些不喜欢他的人，甚至会更加关注和讨好这些人。因此，这是一种病态的敏感，他无法面对别人的否定和不接纳。

除了人际交往中的敏感，他整个人也非常自卑。他觉得自己不优秀，口才不好，事业也不顺利，不能赢得周围的人的尊重。每当他和别人相处时总感觉自己比别人矮半截，没有底气，尤其是和优秀的人在一起时。

优秀，一直是治疗的一个关键线索。第一，他更在乎优秀的人对他的看法和评价；第二，他更喜欢和优秀的人交往，排斥不优秀的人；第三，他对优秀的人有一种盲目崇拜，并幻想有一天可以成为他们。他对优秀的幻想与执着也多次出现在他的日记中，"优秀"成了他的幻想主题。

他的自卑正源于此，他也知道自己就算没那么优秀，其实也不差，毕竟有工作、有学历、有朋友，只是他总是幻想成为一个更优秀的人，比身边的人都强，他总是用神一样的标准来衡量自己。而在此标准下，他对现实中的自己感到无地自容。

他来求治的主要目标就是消除人际紧张，变得更灵活，并获得周围的人的喜欢和尊重，成为一个优秀的人。这样他的自信心就会增强，就可以摆脱自卑与自恨，当内心变得更强大之后，他就可以获得更多成功。这样就没人敢小瞧他，他就可以在和别人的比较中保持优势，维系自尊。

在工作的选择上，他更喜欢做销售，而不是他大学所学的技术。因为他认为销售更容易成功，而在技术岗位一辈子都只能普普通通混个温饱而已。这一切都是出于对成功的期待与幻想，或者说与他不允许自己不优秀有关，虽然他意识上不承认这一点，他认为自己只想要采菊东篱下一般悠然自得的生活，但他的野心、比较心却出卖了他——他每时每刻都在和别人进行比较，和同事比较，和同学比较，和过去的自己比较。总之，他无法接受自己任何方面不如人，好像"脑残粉"一般盲目崇拜那些"成功人士"。

他满脑子都是成功，交朋友也总是盯着那些他崇拜的人，就算热脸贴冷屁股也愿意。因此，我总是说他"趋炎附势"。当然，他过于"现实"，最后反倒交不到朋友，也并没有被优秀的人接纳，这令他气急败坏。但这也不能全怪别人，就像"拜金女"接近"高富帅"，动机不纯，最后被抛弃也在情理之中，只是他自己没有意识到这一点罢了。

满脸堆笑不过是一种讨好，因为别人的肯定是他人生的支柱。他也总是一副老实样子，并且会牺牲自己的利益来换取别人的谅解。因此，他在别人面前根本就没有自我，最后也就没人把他当回事了。

但这又让他不满意了，因为他认为别人都应该尊重他，以他为中心。当他的付出没有收获，当别人没有按照他期待的方式来对待他，他就变得愤怒，充满报复心理，幻想有朝一日让那些伤害过他的人高攀不起。

所以，他一直幻想被成功拯救。这样就没人再敢伤害他。

讨好别人、幻想成功、趋炎附势等病态人格却被他看成一种善良的美德，并认为自己是一个善良、实在的人。因此，他痛恨那些践踏过他的"善良"的人，并坚信迟早会证明自己的价值和能力。

他虽然表面自卑，骨子里却是自负的，因为他过去的"成功"和"优秀"——"从小到大，我成绩优秀，是老师眼中的好学生"。这些他引以为傲的资本，让他对待别人也有了优越感，交朋友的标准也不一般……

为什么对他过去的"成功"和"优秀"我要打引号呢？因为这些都是他刻意"做"出来的，是为了维系自负幻想罢了。简单来说，他不是喜欢学习，仅仅是喜欢通过学习来赢得别人的重视，把他看得高人一等，以维系他的优越感；他一定要和别人搞好关系，不是因为对方是他喜欢的人，仅仅是为了把自己扮成一个好人，或通过别人的喜欢来抬高他自己。所以，这一切并不是因为"心"，不过是一场"秀"。

他不是从高中才开始生病，而是从更早的时候——小学。这种病不能由外在症状来评判，而要由是否活得真实来评判。据此可以推断，他早就病了，而且病得很重——他早已活在套路、虚荣、自以为的品德和成就中，并以此为傲，看不起那些不优秀的人，活在他自认为的优越感之中。而活在完美幻想之中的他不仅对自己，也会对他人提出近乎完美、苛刻的要求，所以他不但无法接受自己，也无法接受那些不够完美的他人，他的人际圈子就一天比一天缩小。

他在日记中也写道："我的思想停留在2008年，以至于身边的人都成长和变化了很多，而我似乎一成不变，一直坚信自己没有错。我一直追求做一个完美的人，对别人的不完美也总是嫌弃和远离，一步一步熟悉和了解身边的人就会感到失望，为何要这样呢？不好就不好，只要活得坦然自在便好，为何要求自己那么多呢？"

他一直坚信自己没有错，因此他总是抱有幻想，来治疗也是想让我帮他圆梦——他幻想治愈了，自然就变得优秀了。正是因为"病"才让他如此失败，他一直坚信治好之后就可以成功了。所以，他不能放下要求，他因为要求而不同，如果放下要求他也注定和周围的凡人一样了。

> 努力的方向比努力的程度更重要。

他希望我能给他正能量，给他方法和鼓励，因为他总是孤军奋战，他的痛没人能懂。虽然我能懂他的痛，但我并不看好他努力的方向。

他在理智的时候也会感受到他对自己的逼迫，他也意识到自己永远都不可能变成心中的神，他也希望自己可以停下来聆听内心的声音，那些优秀的人终究不是自己，不要为了讨好和迎合别人而委曲求全，迷失自己。但是，在发现别人比他更优秀伤害了他的自尊心，而他又不能接受平凡人生的时候，他的"小宇宙"就爆发了，他又"满血复活"了——他不断给自己打鸡血，灌输正能量，坚信只要努力就会成功，迟早会超越平凡。但现实中的挫败又会把他打回原形，之后他又会开始上述的循环。

这样的病态执着，其实来自他内心深处的恐惧与价值的缺失，他一直用幻想、成功和优秀来掩盖内心卑微的自己，这成了他的"解决法"。他不敢直视内心的伤痕，躲到了幻想之中，极力维系幻想中的完美自我，因为他不敢成为他自己。

因为他小时候没有被爱过、被接纳过，没有得到过尊重与包容——缺席的母亲、暴躁的父亲，家里的氛围好像天气般难测。因为爱的缺失，他只能好似变色龙一般去取悦他的爸爸及周围的人，但这样的乖巧不过是一个面具，而非真实的他。他给自己构建了一个厚厚的壳，这个壳由幻想、优秀、完美、肯定、尊重组成，活在这个壳中他找到了安全感。但这个壳也阻碍了他的发展，让他越来越脱离自我，落后于同龄人。

所以，他在日记中也这样写道："外面的世界很美好，我整天穿一件变色衣，把自己包裹得太好，因而里面有些发霉，是时候脱下外套，在阳光下行走，走过身边这片树林，想必前面定是柳暗花明。"

他就像一个精神乞丐，别人的肯定成了他的支柱。他一直在别人眼中找肯定、找价值。因此，他才如此在乎别人的评价，无法获取肯定与接纳，就如同乞丐无法获得他人的施舍一样可怕。他一直为了别人而活，他总是盯着那些不肯定他的人，因为他需要获得所有人的接纳，这样他才安全，他的完美幻想才能得以维系。

看了松子的电影，他感触良多，因为他和松子是同一类人——依赖"爱"而活。但祈求来的"爱"并不牢靠，因为祈求只是"保命"的手段，而非发自真心。因此，最后得到的也只能是虚情

> 安全成了他追求的目标，而非成长！

假意。

缺乏真心的爱，同样无法获得别人真正的爱。此种"解决法"注定失败——通过别人的接纳与爱来救赎自我，通过完美自我的幻想来减轻自恨，这只是在逃避自我，而非成为自我。

> 逃避自我只能带来暂时的安全，唯有成为自我才是生命的基石。

自我救赎的关键在于自爱，但自爱不等于妄自尊大，而是接纳自己的好与不好，客观看待自己，并接受自己在这个世界上的责任与位置。

但他难以接受这一切，因此他变得越来越颓废，越来越失落，从一开始迫切要求治疗，到后来治疗间隔拉长，从每天一篇日记，变成一个月一篇，从这些细节的变化中可以发现他内心有多么失望——对治疗，也是对生活，更是对自己。所以，他整个人变得越来越迷茫和消沉，对待工作也没有了之前的热情，毕竟他做销售就是为了成功，现在看来却离成功越来越远。

重新定向对他来说是重要的——是成为他自己，还是继续做梦；是为了别人而活，还是为了自己而活；是接纳自己的平凡，还是执着于不凡。

后来他在日记中写道："时间在一点点流逝，我却在原地不曾改变和成长，面对这样的状况，我突然觉得很害怕，怕未来依然如此，不敢面对不能掌控的未来。"

在不可控的世界中找寻控制感，本来就是不可能完成的任务，但他已经不再是自己的主人，他早已被幻想所控制，被心魔所左右，他一直幻想用他的"解决法"来解决一切难题。执迷不悟只会让他进一步浪费生命，让他的内心更加冲突。

可怜之人必有可恨之处——虽然他的伤痕来自童年，他却用一生来逃避伤痕。他本有机会看清这一切，放下执着，但因为他太恐惧，太卑微，所以他不敢，他不愿。他固执地和现实对抗，和自己对抗，幻想一切成为他理想中的样子，他宁愿死在幻想中，也不愿直面现实。

他无法接受一个不优秀的自己，或者说他一直坚持的就是让自己优秀和成功。因此他没有投入生活中，没有投入现实中，没有活在当下，而这种"修炼"不但不会让他优秀，反倒让他更落后于同龄人，让他陷入更深的旋涡之中，变得更加自卑与自恨。

两个疗程（20个小时）结束后，我就没有再见到他。这段时间的治疗不能说成功，我只是试图让他明白——他追求卓越的时候，注定自我毁灭；他一直活在变得优秀的梦中，迷失了自己；他一直试图被"爱"与"成功"拯救，却注定被恐惧淹没……人生就是一个成长的过程，治疗仅仅是其中的一段路，它不见得会把一个人送到"终点"，而是试图让他走上正确的路。他的路还有很长，他还要经过很多的苦难。现实才是最好的老师，痛苦才是必不可少的解药，总有一天他会明白——他的痛苦不是因为他不好，而是因为他不能面对自己的不好，不能直面最真实的自己。

虽然理性化的治愈标准难以达到，但能改变一点，能看清一些，能放下一部分，总归是巨大的进步。我努力的方向不是一定要达到完全的治愈，而是帮助患者把自己看得更清楚一些，给自己多些自由，多些勇气，多些真实，多些随意，少些面具，少些执着，少些要求……最终，他离自己越来越近，也活得越来越真实。我仅仅是帮助他，并提供了一种机会和可能，但我知道这条路很长，注定要经过很多的曲折。我当然不希望患者一直离不开我，我努力的目标是帮助他在离开我之后可以活得更好。

如果"亮亮"可以看到这本书，我想对他说的是，你所纠结的并不是问题的关键，关键在于为何接受不优秀的自己这么难，这是需要好好彻查的问题。并且，也需要看清自己，你到底是个"病人"还是只是个"凡人"？不要放过任何了解自己的机会，对自己的认识和了解多一些，就会少一些自欺与套路，就更有可能看清自己问题的本质，而不是只关注表面的症状。就好像"无间道"一样，一眼看得见的敌人，不一定是真正的敌人，真正的敌人往往在我们放松怀疑和警惕的地方，它一直在潜移默化地影响和改变着我们。这一切需要我们用心去寻找和体会，当我们的感悟更多，看得更清楚时，就会产生一种"重新定向"的动力——从依赖外界，变为相信自己。当自我的力量越来越强时，我们也就不必依赖外界的成功与肯定，此时一个良性的循环就可以形成，并改变之前病态的人格与追求。

最后，我们定会成为我们自己，这才是真正的治愈。

孩子五岁了

从孩子出生就计划写这样一本书,每年都有来访者问我是否写完了,我总是说快了,快了。从女儿呱呱坠地,到咿呀学语,后来就没有人再问了,我也开始怀疑自己是否可以写出一本让自己满意的书。

看着女儿一天天长大,我却越来越焦虑,因为我并没有兑现承诺——对自己,也是对我的患者。

焦虑让我的心静了下来,我不再沉浸在生活小事中,而是全身心投入本书的写作中。写着写着,思路也变得明晰了,头脑中杂乱的想法也得以归纳总结,最后便有了本书的完成。

虽然很辛苦,但它就像我的孩子一样,希望它可以给这个世界增添一些色彩,可以让迷茫的人找到方向。

虽然我尽量写得简明扼要,但难免有理论的堆砌与抽象的论述,如果一遍没有看懂,我希望你能多看几遍,也许每一次你都会有不同的收获与感触。

写作这本书不能说呕心沥血，但至少可以说是用尽全力。除了我的女儿，想必这个世界上没有什么让我像对待心理学这般用心。

当然，我也非常感谢我的女儿，因为从她的眼睛里，我看到了纯真。很庆幸，心理学让我保持纯真，希望这份纯真可以感染你。

本书也许并没有告诉你方法，而是提供了审视自己的视角与对症状的分析。希望这本书可以帮你看清自己，并鼓起勇气找回真实的自己。

各种"治愈"各种"症"

欲罢不能
作者：亚当·奥尔特 ISBN：978-7-111-58751-4 定价：59.00元

我是ADD，怎么了？！
作者：凯特·凯莉 ISBN：978-7-111-45131-0 定价：49.00元

这世界唯一的你
作者：巴瑞·普瑞桑 ISBN：978-7-111-53011-4 定价：45.00元

取悦症：不懂拒绝的老好人
作者：[美]哈丽雅特·布莱克 ISBN：978-7-111-50494-8 定价：35.00元

终结拖延症
作者：威廉·克瑙斯 ISBN：978-7-111-50329-3 定价：35.00元

走出抑郁症
作者：王宇 ISBN：978-7-111-51015-4 定价：35.00元

走 出 抑 郁

重塑大脑回路
作者：亚历克斯·科布　ISBN: 978-7-111-59681-3　定价: 49.00元

重塑大脑，重塑人生
作者：诺曼·道伊奇　ISBN: 978-7-111-48975-7　定价: 45.00元

走出抑郁症：一个抑郁症患者的成功自救
作者：王宇　ISBN: 978-7-111-38983-5　定价: 32.00元

抑郁症（原书第2版）
作者：阿伦·贝克　ISBN: 978-7-111-47228-5　定价: 59.00元

产后抑郁不可怕（原书第2版）
作者：卡伦R.克莱曼　ISBN: 978-7-111-48341-0　定价: 39.00元

精神问题有什么可笑的
作者：鲁比·怀克丝　ISBN: 978-7-111-48643-5　定价: 35.00元

人际·沟通·心理